管理学学术前沿书系

DAXUESHENG ZHIYUAN FUWU ZHONG
JIAZHIGUAN PEIYU YANJIU

大学生志愿服务中价值观培育研究

丁帅 著

经济日报出版社

图书在版编目（CIP）数据

大学生志愿服务中价值观培育研究 / 丁帅著 . —北京：经济日报出版社，2020.5

ISBN 978－7－5196－0674－9

Ⅰ. ①大… Ⅱ. ①丁… Ⅲ. ①大学生－青年志愿者行动－社会服务－研究－中国②大学生－思想政治教育－研究－中国 Ⅳ. ①D432.6②G641

中国版本图书馆 CIP 数据核字（2020）第 066003 号

大学生志愿服务中价值观培育研究

作　　者	丁　帅
责任编辑	陈　悦
责任校对	徐建华
出版发行	经济日报出版社
地　　址	北京市西城区白纸坊东街 2 号 A 座综合楼 710（邮政编码：100054）
电　　话	010－63567684（总编室）
	010－63584556　63567691（财经编辑部）
	010－63567687（企业与企业家史编辑部）
	010－63567683（经济与管理学术编辑部）
	010－63538621　63567692（发行部）
网　　址	www.edpbook.com.cn
E－mail	edpbook@sina.com
经　　销	全国新华书店
印　　刷	北京建宏印刷有限公司
开　　本	710×1000 毫米　1/16
印　　张	14.75
字　　数	237 千字
版　　次	2020 年 5 月第 1 版
印　　次	2020 年 5 月第 1 次印刷
书　　号	ISBN 978－7－5196－0674－9
定　　价	48.00 元

摘 要

“把培育和弘扬社会主义核心价值观作为凝魂聚气、强基固本的基础工程”，[①] 大学生志愿服务是践行社会主义核心价值观的有效载体之一。大学生在参与社会奉献、进行志愿服务的过程中能够提高精神境界，培育文明风尚，树立起社会主义核心价值观。因此，在大学生志愿服务中嵌入社会主义核心价值观培育，厘清社会主义核心价值观与大学生志愿服务两者之间的关系，从而对大学生志愿服务中价值观的具体内容进行提炼和总结，明确大学生志愿服务中价值观就是社会主义核心价值观在大学生志愿服务领域有针对性体现的部分内容，可以为大学生更好地培育和践行社会主义核心价值观提供现实依据和理论参考。

本书在吸收、借鉴已有研究成果的基础上，以社会主义核心价值观为依托，以大学生志愿服务活动为载体，着重阐释了大学生志愿服务中价值观的具体内涵，及其与社会主义核心价值观的辩证关系。进一步明确了大学生志愿服务中价值观是社会主义核心价值观的“三个倡导”在大学生志愿服务中有针对性体现的部分内容，即爱国价值观、友善价值观、和谐价值观、文明价值观和公正价值观。在此基础上，对现阶段大学生志愿服务中价值观培育现状进行了详细的调查、分析与研究。坚持问题意识，借鉴国外有益经验，进而提出我国大学生志愿服务中价值观培育的要求、机制和路径。力图初步建立起大学生志愿服务中价值观培育的完整体系，增强对大学生进行社会主义核心价值观教育的创新性和实效性。

根据研究思路和研究需要，本文分为三个板块，共七个专题。

第一板块包括导论、第一章。导论部分概述研究的背景及意义、国内外

① 习近平：使社会主义核心价值观的影响像空气一样无所不在 .［EB/OL］.http：//www.xinhuanet.com//politics/2014-02/25/c_119499523.htm，2014-2-25.

研究现状、研究思路、研究原则、研究方法及研究的创新点等。第一章是大学生志愿服务中价值观的理论综述。首先，从志愿、志愿服务、价值观、社会主义核心价值观的具体内涵入手，对相关内涵进行了理论阐述。在此基础上，明确了大学生志愿服务中价值观是社会主义核心价值观在大学生志愿服务领域中具体呈现出来的价值目标、价值行为和价值准则，是社会主义核心价值观与大学生志愿服务活动有针对性结合的部分内容。其次，进一步阐述大学生志愿服务中价值观与社会主义核心价值观的辩证关系，为本文后续的研究奠定理论基础。最后，对大学生志愿服务中价值观的指导理论进行了综述。明确了马克思主义理论、马克思主义中国化理论，特别是习近平新时代中国特色社会主义思想为大学生志愿服务中价值观提供了理论支撑和现实依据。

第二板块包括第二章、第三章。第二章梳理了我国志愿服务的历史进程和我国大学生志愿服务的发展回顾，分别概括总结出我国古代、近代、现代志愿服务的特点以及我国大学生志愿服务发展的具体特点。在此基础上，进一步明确提出大学生志愿服务中价值观的具体内容，分别是爱国价值观、友善价值观、和谐价值观、文明价值观和公正价值观，并对其分别进行具体深入阐释。第三章对大学生志愿服务中价值观培育的必要性和重要意义进行了探讨。明确指出，在新时代背景下，世界范围内思想文化不断交流、交融、交锋，大学生意识形态领域呈现多元、多样、多变的新特点，在这样的形势下，开展大学生志愿服务中价值观培育，显得必要而迫切。本章主要从大学生本人、高等院校、整个社会以及中华民族伟大复兴等方面分析了大学生志愿服务中价值观培育的必要性和重要意义。

第三板块包括第四章、第五章、第六章、第七章和结束语。第四章通过对大学生志愿服务中价值观培育现状进行审视，开展相关的实证研究，总结大学生志愿服务中价值观培育取得的主要成绩；分析大学生志愿服务中价值观培育存在的主要问题，并从学生、高校、社会和家庭四个方面分析了产生问题的原因。第五章对国外志愿服务中价值观培育的做法进行了分类阐述，概括出国外通过志愿服务培育本国价值观的相关经验和做法，并对其进行客观审视和筛选分析，进而提炼出其对我国大学生志愿服务中价值观培育的启示。第六章是在综合前期研究的基础上，提出了大学生志愿服务中价值观培育的原则和方法。指出大学生志愿服务中价值观培育要坚持正确导向、要坚持联系实际，要坚持与时俱进。在具体的培育过程中，要探寻大学生志愿服务主体特征，强化示范引领；要着力实现多措并举，善于运用新媒体；要紧跟时代，利用好重大志愿服务活动；要整合非政府志愿服务组织资源。第七章主要是在现有基础上，根据新时代、新形势的发展需要，结合调查研究和域外借鉴，对大学生志愿服务中价值观培育的要求、机制和路径进行了全面的探讨和深入的论述。本章明确指出，大学生志愿服务中价值观培育要面向新时代、突出着眼点、强化聚焦点。在此基础上，提出培育工作要牢牢把握大学生志愿服务这个载体，构建大学生志愿服务的培训机制、运行机制和激励机制，保证培育工作的科学性和实效性。最后，总结出大学生志愿服务中价值观培育的具体路径：立足高校培育、强化政府支持、借助社会环境、筑牢家庭阵地、提升自我修养以及创新志愿服务载体，保证培育目标顺利实现，为践行社会主义核心价值观提供现实路径。结束语部分对全文的研究进行总结，指出了研究中存在的不足之处，并对未来的研究进行了展望。

关键词：大学生，志愿服务，价值观，培育

Abstract

Cultivating and carrying forward the socialist core values is a fundamental construction of spirits gathering and foundation reinforcement. Voluntary service is the effective carrier of practicing the socialist core values. College students could improve the spirit level, cultivate the civilization and set up the socialist core values by taking part in the process of social dedication and voluntary service. Thus, embedding the socialist core values into the college students' voluntary service and sorting out the relationship between the socialist core values and college students' voluntary service to extract and summarize the contents of values in college students' voluntary service and to clarify that values in college students' voluntary service are the specific embodiment of the socialist core values in college students' voluntary service could provide the theoretical source of greatly practicing the socialist core values for college students.

Based on previous researches, this article takes the socialist core values as basis and college students' voluntary service as carrier to emphasis the concret content of values in college students' voluntary service and its dialectical relationship with the socialist core values. Further clarification has been made that values in college students' voluntary service are the targeted embodiment of the partial content of "three initiatives" of the socialist core values in college students' voluntary service, which are the concepts of values of patriotism, friendship harmony, civility and justice. Based on that, this article investigates, analyzes and studies the status of the cultivation of values in college students' voluntary service. Taking problem consciousness and foreign experiences to consider, this article suggests the requirements, system and methods of the cultivation of values in college students' voluntary service, which aims at setting up the complete system of the cultivation of values in college students' voluntary service and improving innovation and effects of the cultivation of socialist core values of college students.

Based on the research requirements and route, this article has three parts, including seven chapters.

The first part includes Introduction and Chapter 1. Introdution shows the background and meaning of this research, status of previous researches, research route, research principal, research method and innovation. Chapter 1 is the literature review of values in college students' voluntary service. First, sum up and define related terms, such as voluntary, voluntary service, the concept of values and the concept of the socialist core values. Then clarify that values in college students' voluntary service are embodiment of objects, behaviours and principals of ths socialist core values in college students' voluntary service. Second, elaborate further the dialectical relationship between the values in college students' voluntary service and ths socialist core values, which provides theoretical foundation for next chapters. At last, review the guidance theory in the cultivation of values in college students' voluntary service. It is clear that Marxist theory and Marxist Sinicization theory, especially Xi Jinping's socialism with Chinese characteristics in new era, provide the theoretical support and realistic basis for values in college students' voluntary service.

The second part includes Chapter 2 and 3. Chapter 2 reviews the history of the voluntary service and college students' voluntary service in China and summarizes the characteristics in ancient times, contemporary times and modern times. Then put up the content of values in college students' voluntary service clearly and specific explanation, which are the values of patriotism, friendship harmony, civility and justice. Chapter 3 discusses the necessity and the significant meaning of cultivation of values in college students' voluntary service. It elaborates that thoughts and culture communicate, intergrate and combat all over the world in this new era. Ideology of college students shows its diversity various and changeable characteristics. Within this new situation, it is necessary and urgent to do the cultivation of values in college students' voluntary service. This chapter analyzes the necessity and meaning of the cultivation of values in college students' voluntary service mainly from the aspects of students, colleges, society and Great rejuvenation of the Chinese nation.

The third part includes Chapter 4, 5, 6, 7 and Conclusion. Chapter 4 analyses the present situation of the cultivation of values in college students' voluntary service with empirical research to summarize the achievements of the cultivation of values in college students' voluntary service. It also analyzes the problems in the cultivation of values in college students' voluntary service and discusses the reasons from students, colleges, family and society. Chapter 5 elaborates the cultivation of values in college students' voluntary service in other countries separately and summarises the experiences and methods of cultivation of values in voluntary service of other countries. It also reviews and screens these experiences objectively to get the enlightenment to China in the cultivation of values in college students' voluntary service. Chapter 6 puts forward the principles and methods of the cultivation of values in college students'voluntary service on the basis of previous research. It is pointed out that the cultivation of values in university students'voluntary service should adhere to correct guidance, practice and keep pace with the times. In the process of cultivation, we should explore the main characteristics of university students'voluntary service, strengthen the demonstration and guidance, carry out multi-measures and be good at using new media, keep up with the times and make good use of major voluntary service activities; To integrate the resources of non-governmental voluntary service organizations.Chapter 7 deeply elaborates the requirements, system and paths of the cultivation of values in college students' voluntary service, combining the requirements of new trends and new era, survey and enlightenment of other countries. This chapter points out clearly that the cultivation of values in college students' voluntary service needs to face the new era, outstand the point and enhance the focus. Based on that, it suggests that the culitivation needs to grasp the carrier–college students' voluntary service, to build up the training system, operating system and motivating system of college students' voluntary service, to ensure the scientificalness and timeliness of cultivation. At last, it summarizes the paths of the cultivation of values in college students' voluntary service, which includes based on higher education, strengthening government' s support, with the help of social environment, enhancing family basement, improving self–discipline and innovation of voluntary service carrier to make sure the realization of cultivation objection and provide actual paths for practicing the socialist core values. Conclusion summarizes the whole research and points out the disadvantages. It also proposes some future research prospects.

Key Words: college student, voluntary service, values, cultivation

目　录
CONTENTS

导　论

一、研究背景及意义

（一）研究背景

中国共产党第十八次全国代表大会明确指出：“加强社会主义核心价值体系建设，倡导富强、民主、文明、和谐，倡导自由、平等、公正、法治，倡导爱国、敬业、诚信、友善，积极培育和践行社会主义核心价值观。”①“三个倡导”是社会主义核心价值观的基本内容，分别从国家层面、社会层面和公民个人层面提出了具体的价值目标、价值取向和价值准则。同时，2014 年 2 月，中共中央政治局就社会主义核心价值观和中华优秀传统美德的发展举行了第十三次集体学习，习近平总书记强调：“把培育和弘扬社会主义核心价值观作为凝魂聚气、强基固本的基础工程，继承和发扬中华优秀传统文化和传统美德，广泛开展社会主义核心价值观宣传教育，积极引导人们讲道德、尊道德、守道德，追求高尚的道德理想，不断夯实中国特色社会主义的思想道德基础。”② 新时期以来，党中央始终高度重视社会主义核心价值体系建设，党的十九大报告进一步指出：“培育和践行社会主义核心价值观，把社会主义核心价值观融入社会发展的各方面，转化为人们的情感认同和行为习惯。”③ 要想实现社会主义核心价值观内化于心，外化于行，就需要广泛开展社会主义核心价值观培育和践行活动。大学生是培育的主要群体，对其进行社会主义核心价值观培育，对于他们的成长成才、继承和弘扬中华民族优秀传统文化、增强社会意识形态的向心力等方面，都具有重要的现实意义。当前，各个高校通过开展课堂教学、宣传引导、文化熏陶、社会实践等形式积极践行和培育社会主义核心价值观，与此同时，也在不断的开拓新思路，积极探索新的培育路径和载体。

近年来，我国志愿服务蓬勃发展，方兴未艾。在这个过程中，大学生已

① 胡锦涛．坚定不移沿着中国特色社会主义道路前进为全面建成小康社会而奋斗——在中国共产党第十八次全国代表大会上的报告［M］．北京：人民出版社，2012.

② 国务院新闻办公室会同中共中央文献研究室、中国外文局．习近平谈治国理政［M］．北京：外文出版社，2014.

③ 习近平．在中国共产党第十九次全国代表大会上的报告［N］．人民日报，2017，10（18）：1.

经成为志愿服务发展的主力军。20 世纪 90 年代初，中国共产主义青年团率先启动“青年志愿者行动”，此后，从社会帮扶到大型抢险救灾、从爱心奉献到国家大型的社会活动，都出现了大学生志愿者的身影。大学生在参与社会奉献、进行志愿服务的过程中提高精神境界，培育文明风尚，树立起社会主义核心价值观。志愿服务为越来越多的大学生深刻理解和践行社会主义核心价值观提供了示范平台。但是，在大学生志愿服务中，更多的人关注的是具体的志愿服务活动如何发起、如何开展、如何总结，鲜有人关注大学生志愿服务中社会主义核心价值观培育和研究。而且，大学生志愿服务作为践行社会主义核心价值观的有效载体之一，其所承载的内容是有限的，它很难完全明确体现出社会主义核心价值观的“24 个字”。因此，深入挖掘大学生志愿服务与社会主义核心价值观的共通之处，准确理清大学生志愿服务中价值观的具体内容，进而有针对性地分析其特点，从而找到具有“中国特色”的培育路径，可为社会主义核心价值观的培育和践行提供新的思路。与此同时，所谓的多元化价值观伴随着志愿服务活动悄然渗透，无形中影响着大学生的思想观念，为了争夺对大学生进行意识形态教育的主导权，建设具有强大凝聚力和引领力的意识形态，使大学生志愿服务中价值观培育研究显得必要而迫切。因此，以大学生志愿服务为切入点，积极培育和践行社会主义核心价值观，成为了本文的出发点和落脚点。

（二）研究意义

当今，大学生志愿服务过多注重活动规模和形式，轻视甚至忽略了其中社会主义核心价值观的培育，就使得大学生志愿服务出现表面化、形式化，削弱了其作为价值观培育载体的重要作用。与此同时，由于大学生志愿服务中价值观培育的不足，西方多元化价值观的逐渐渗透，冲击并影响了大学生的思想观念，使一些大学生在价值取向上缺乏向心力和凝聚力。从理论意义上看，本书有利于实现大学生对社会主义核心价值观的高度认同，牢牢掌握对大学生进行意识形态教育的领导权；从实践意义上看，本书不仅有利于大学生志愿服务活动的顺利开展，保证其科学性、方向性，更有利于大学生在参与志愿服务中认可、认同社会主义核心价值观的深刻内涵，使其内化于心，外化于行，成为符合时代要求的新青年，为实现中华民族伟大复兴的中国梦奠定坚实的基础。

1. 理论意义

第一，有利于丰富和完善社会主义核心价值观培育体系。在大学生中进行社会主义核心价值观的培育，有着不同的方式和载体。以大学生志愿服务为视角，以其与社会主义核心价值观之间的关系为依托，在大学生志愿服务中进行社会主义核心价值观培育研究，大大拓宽了培育思路。本书提高了大学生在理论层面上的理解和认同程度，使两者高度契合，从而使大学生感悟社会主义核心价值观所倡导的价值理念的科学性、引领性，逐步实现其对社会主义核心价值观的高度认同。因此，通过志愿服务这一载体，广泛开展社会主义核心价值观培育，在理论层面上有利于丰富和完善社会主义核心价值观培育体系。

第二，有利于丰富和发展大学生思想政治教育理论。中国共产党历来重视大学生的思想政治教育工作，《关于进一步加强和改进大学生思想政治教育的意见》明确指出："加强和改进大学生思想政治教育的主要任务是以理想信念教育为核心，深入进行正确的世界观、人生观和价值观教育。"[①]"大学生思想政治教育的目的是为了使大学生群体建立起符合社会主义发展的价值理念。"[②]把社会主义核心价值观培育融入到高校思想政治教育中，是高校思想政治教育的应有之义，而大学生志愿服务作为社会主义核心价值观培育的有效载体，更应成为高校思想政治教育的主要内容。因此，高校应当充分利用大学生志愿服务这个载体，梳理相关素材，形成大学生志愿服务中价值观培育的完整链条，挖掘并丰富高校思想政治教育的内涵。总之，以大学生志愿服务中价值观培育为基础，发现并解决存在的问题，既可以帮助大学生建立起社会主义核心价值理念，也有利于大学生思想政治教育的发展，丰富其内涵。

第三，有利于丰富和发展中华民族优秀传统文化。中华民族优秀传统文化作为世界上唯一一个传承有序的智慧结晶，它的内涵丰富，韵味无穷，其包含大量慈善、互助、奉献、友爱的思想，它们是影响大学生志愿服务开展的思想因子。深挖这些思想，也是对我国优秀传统文化的重新梳理和学习，有利于实现优秀传统文化和大学生志愿服务的有机结合，使中华民族优秀传统文化的内容得以丰富，内涵得以升华。同时，大学生志愿服务中价值观培

① 中共中央国务院关于进一步加强和改进大学生思想政治教育的意见［EB/OL］. http://old.moe.gov.cn/publicfiles/business/htmlfiles/moe/moe_1408/200703/20566.html，2015-6-18.

② 田利杰. 社会主义核心价值观引领大学生思想政治教育研究［D］. 河北师范大学，2015.

育过程中，有益借鉴中华民族优秀传统文化中的有效因子，使中华民族优秀传统文化在新时代背景下，彰显时代印记，是其能够与时俱进，不断得到传承、弘扬、发展和创新的一个重要原因。因此，借助大学生志愿服务，开展社会主义核心价值观培育研究，拓宽大学生对中华民族优秀传统文化的认知范围和层次，加快了大学生对中华民族优秀传统文化的认知进程，同时，也有利于丰富和发展中华民族优秀传统文化，使其兼具传统性和时代性。

2. 现实意义

第一，有利于促进大学生的价值认同，形成社会主义现代化建设的合力。当代大学生的成长时期正是中国社会急剧变革的时期，是社会结构转型最为激烈、人们思想观念最为解放、价值观也最为多元的时期。随着改革开放的逐步推进，东西方文化交流的广度和深度不断增加，使西方多元化价值观趁机而入，影响着我国大学生的思想观念。大学生志愿服务中价值观培育，有利于保证大学生志愿服务的方向性、科学性，使更多的大学生逐渐了解、认识、认同社会主义核心价值观，让大学生在参与志愿服务过程中感受到社会主义核心价值观倡导的价值准则、价值行为和价值目标，从而强化大学生社会主义核心价值观教育，进而利于发挥其向心力、凝聚力，使不同价值取向的大学生，在社会主义核心价值观的影响下，凝聚共识，努力奋斗，形成社会主义现代化建设的合力，为中华民族伟大复兴的中国梦贡献力量。

第二，有利于拓宽大学生志愿服务覆盖的广度，实现大学生志愿服务的全面化、整体化。实践证明，志愿服务是当今我国大学生参与面最广、程度最高的社会实践性公益活动，是他们进行自我教育、内化政治理念和培育价值观的重要手段。其实，大学生志愿服务本身就是对社会主义核心价值观的生动诠释。因此，大学生志愿服务中价值观培育，有利于社会主义核心价值观具化到大学生志愿服务中，从而增加大学生志愿者的数量，由点带面，带活全国大学生志愿服务“一盘棋”。“当今，很多高校成立的大学生青年志愿者协会，在组织多种志愿活动的基础上，加大了对相关理论内容的总结和提炼，使该协会越来越吸引到更多的大学生群体，促使大学生志愿服务更广泛的开展。”[①] 大学生志愿服务中价值观培育更能使大学生感受到志愿服务的价

① 梁绿琦 . 志愿服务与大学生社会主义核心价值观培育研究［M］. 北京：中国社会科学出版社，2016：171.

值，从而提升对其的认可度，增强其影响力和覆盖范围，为大学生志愿服务的深入开展提供支持和动力，实现其范围的全覆盖。

第三，有助于实现大学生个人与社会同时发展的理想。马斯洛的需求层次理论指出："自我实现是指个体的各种才能和潜能在适宜的社会环境中得以充分发挥，实现个人理想和抱负的过程。"① 大学生是中国青年群体的中坚力量，他们普遍具有比较高的个人理想和实现自我价值的迫切需求。但是，自我需求的实现离不开社会，离不开集体，只有为集体奉献，培养友爱、互助的意识，积极投身志愿服务，奉献社会，才能真正实现自己的人生价值，实现本人和社会同时发展的理想。

二、研究综述

（一）国内研究综述

1. 中国古代关于公益思想的研究

我国社会的公益思想源远流长。在古代，封建统治者从维护民间群体稳定的角度出发，在颁布法令的时候常常会照顾一些民家疾苦，皇帝在诏书中往往会提及民间救助的话题，以达到稳定社会的效果。可以说，国家层面自上而下的社会救助体系，是我国古代公益的显著特点。我国古代社会救助的主要办法是建立粮仓，丰年储藏，荒年放粮，以度饥馑。而关于中国古代社会保障的思想基础，社会保障领域的郑功成教授认为，"大同社会论、社会互助论、后备仓储论和社会救济论等共同构成了中国社会保障的思想基础。"② 在封建社会，慈善、公益、社会救助等概念是混淆的，基本上不加以区分，是通过自上而下发起的，政府色彩浓重，这与西方单纯的慈善思想基础是不同的，这也是由当时社会的经济特点所决定的。我国封建社会时期社会救助的形式上虽然略显单一，但社会救助的思想却异常丰富。苏州大学王卫平教授认为，我国慈善事业的思想渊源不仅要从佛教的教义中寻找，还应到中国传统思想宝库中去找。③ 他将封建社会时期我国的社会公益思想总结为周朝以后的以民为本、儒家的仁义思想、佛教的慈悲为怀和因果思想以及道家思想

① 林崇德等．心理学大辞典［M］．上海：上海教育出版社，2003：1349.

② 郑功成．社会保障学［M］．北京：商务印书馆，2000：56-65.

③ 王卫平．论中国古代慈善事业的思想基础［J］．江苏社会科学，1999（02）：116-121.

等。山东大学学者王君南将中国古代社会保障体系对现代的启示总结为六个方面：第一，社会保障是人类历史的必需品，任何程度的社会都需要；第二，强调国家责任，注重民间自助；第三，制度安排与非制度安排并举；第四，推行监督机制，确保保障效果；第五，保障元素多元化投入；第六，有偿救助与无偿救助相结合。①

2. 关于大学生志愿服务中价值观的研究

以“大学生志愿服务”和“大学生志愿服务中价值观”为关键词，在知网、万方、龙源等学术网站进行检索，可以发现，大学生志愿服务中价值观培育方面的著作较少，即便是高等院校教材中涉及的内容也是很少，部分相关著作见表 1。

表 1　大学生志愿服务价值观培育相关著作

作者	著作	年份
丁元竹、江讯清	《中国志愿服务研究》	2007
李自根	《志愿服务二十年》	2007
谭建光	《中国志愿服务研究文库》	2007
冯英等	《外国的志愿者》	2008
沈杰	《志愿服务：中国社会的探索和践行》	2009
魏作雨	《志愿者在行动，扬志愿精神，圆中国梦想》	2013
陶倩	《当代中国志愿精神的培养研究》	2013
郑朝静	《大学生志愿精神培育》	2013
梁绿琦	《志愿服务与大学生社会主义核心价值观培育研究》	2016

除专著之外，笔者在中国知网上对近 15 年研究成果（2002 年 -2017 年）以“大学生志愿行动”为主题检索词进行检索，共有 62024 条显示结果；以“大学生志愿服务中价值观”作为主题检索词进行检索，有 48118 条显示结果，而且后者多是研究社会主义核心价值观。用“志愿行动”为主题词在“中国优秀硕士学位论文数据库”和“中国博士学位论文网络出版总库”中检索，优秀硕士学位论文的显示结果有 43744 条，博士学位论文 8150 条；以“志愿服务”为主题词进行检索，共有优秀硕士学位论文结果 53927 条，博士论文

---

① 王君南 . 基于救助的社会保障体系——中国古代社会保障体系研究论纲［J］. 山东大学学报（哲学社会科学版），2003（05）：57-62.

8701 条。以“大学生志愿服务价值观”为主题词，共有优秀硕士学位论文结果 16107 条，博士学位论文 3339 条。但是这其中绝大部分是关于志愿精神方面的文章，并且具有一定的重复率。由此可知，学术界关于大学生志愿服务中价值观培育的研究还有待深化和加强。综观学术界已有研究成果，关于大学生志愿服务中价值观培育研究的成果可以概括如下：

第一，关于志愿服务概念的研究。

对于志愿服务的概念，国内外学者给出了不同的定义。美国学者 Barker 认为，志愿服务着重面向公共需求，而对其具体内涵和特征并没有详细总结。① 英国学者 Dunn 认为，志愿服务是一种社会公益行为，具有自愿性、无偿性、公益性的特点，比较完整的介绍了其具体内涵和特征，对其概括较为完善。② 联合国志愿组织认为，“志愿精神是一种在自愿的，不计报酬或收入条件下参与推动人类发展、促进社会进步和完善社区工作的精神”，是“个人对生命价值、社会、人类和人生观的一种积极态度”。联合国教科文组织的定义是：“志愿服务是一种利他行为，是指人们在正式（非私人）场合中，在一段时间内自愿、无偿地贡献自己的时间和专业技术。对志愿服务，人们要进行实务的考量和安排，比如志愿者维持生活所需的费用、交通费以及安全问题。”③

国内学术界对志愿服务活动、志愿服务活动存在的问题和相关对策的研究比较丰富，学者对志愿服务概念的阐述也很明确。虽然表述的方式不同，但是都明确指出志愿服务的共同特点是服务性、公益性、无偿性、自愿性。这方面的代表作有：《志愿活动研究：类型、评价与管理》（丁元竹，江汛清，2001）、《志愿服务：中国社会的探索和践行》（沈杰，2009）、《志愿服务概论》（佘双好，2013）、《大学生志愿服务长效机制建设研究》（王为正，刘佳，2015）等。

丁元竹等将志愿服务界定为：人们不计报酬、自愿参加，为社会的发展和公益的进步贡献自己力量的一种无偿性服务。④ 江汛清认为，志愿服务的萌芽自古就有，以慈善、公益的方式体现，直至近现代逐渐形成志愿服务的独

① Barker，R.L，The Social Work Dictionary. New York：National Association of Social Work，1998：348.

② Dunn，P.C，Volunteer management. In Encyclopedia of Social Work（19th），1995：2843-2490.

③ 佘双好．志愿服务概论［M］．武汉：武汉大学出版社，2013：11-12.

④ 丁元竹，江汛清．志愿活动研究：类型、评价与管理［M］．天津：天津人民出版社，2001：1-10.

立力量，成为非营利组织中重要的因素。[①]沈杰认为，志愿精神是价值观念和心理意向；是一种社会文化，并且可以转化成行动。从源起上看，作为一种公共服务意识的志愿精神，是现代化进程生发出的精神层面。[②]佘双好认为，志愿服务不是一种私人的利他行为，而是一种社会性的公益行为，不是简单的好人好事，而是系统性的奉献行动，更是连接个人、社会、国家的重要纽带。[③]王为正等认为，志愿服务源于西方，普及全球，以自愿、无偿、奉献传递着现代文明和公益精神。[④]

第二，关于大学生志愿服务中价值观内容的研究。

“大学生志愿服务深刻体现了社会主义核心价值观的精神要素，大学生志愿者身上所体现的家国情怀，奉献和敬业精神传递的善意与关爱都充分体现了价值观中的部分内容，大学生志愿服务就是对社会主义核心价值观的生动诠释。”[⑤]学者对大学生志愿服务中价值观内容进行了研究，分析了其具体表现。邵建朝等探讨了社会主义核心价值观中的“爱国”和“友善”在大学生志愿服务中的表现。他认为，“大学生志愿服务的目的是培养大学生爱国和奉献的精神。在志愿服务活动中，大学生的人生观可以得到培养、教育和引导。友善对于国家建设、社会建设和家庭建设来说具有非常积极和良性的作用。在参与志愿服务活动中，大学生可以体会到友善观所带来的和谐，并且可以在志愿服务中进一步传递友善的价值观，为和谐社会的构建尽一份力。”[⑥]姜长宝详细论述了社会主义核心价值观的 24 个字在大学生志愿服务中的具体体现，他认为，“从国家层面上讲，其能够为大学生志愿服务提供方向和认同，和大学生志愿服务的本质追求不谋而合；从社会层面上讲，其确立了大学生志愿服务的价值取向和精神内涵；从个人层面上讲，为大学生志愿服务提供了价值准则和判断依据，使大学生更能体会社会主义核心价值观的深刻内涵。”[⑦]张伟娟认为，“大学生志愿服务体现的爱心奉献，社会和谐、文明进取

① 江汛清 . 与世界同行：全球化下的志愿服务［M］. 杭州：浙江人民出版社，2005：14.

② 沈杰 . 志愿精神在中国社会的兴起［J］. 中国青年政治学院学报，2009，28（06）：111–117.

③ 佘双好 . 志愿服务概论［M］. 武汉：武汉大学出版社，2013：11–12.

④ 王为正，刘佳 . 大学生志愿服务长效机制建设研究［M］. 北京：人民出版社，2015：1–10.

⑤ 余逸群 . 志愿服务与大学生社会主义核心价值观培育［J］. 马克思主义学刊，2016（03）：119–126.

⑥ 邵建朝，周照 . 大学生在志愿服务中践行社会主义核心价值观［J］. 山东农业工程学院学报，2017，34（04）：88–89.

⑦ 姜长宝，任俊霞 . 志愿服务：大学生践行社会主义核心价值观的有效载体［J］. 思想理论教育导刊，2016（03）：107–110.

与社会主义核心价值观的具体内容具有内在一致性和趋同性。”①

第三，关于大学生志愿服务中价值观培育意义的研究。

大学生志愿服务使价值观培育跳出了原有的庭院式的培养方式，为大学生提供了一个在实践中了解国情、经受锻炼的平台，为他们在参与社会奉献的具体实践中更好地体悟社会主义核心价值观的内涵提供了载体。因此，通过大学生志愿服务培育社会主义核心价值观具有重大的理论、现实意义。杜晶波等认为，“社会实践活动为大学生深刻理解社会主义核心价值观提供了新的思路，大学生在实践过程中，不断升华理论认知，调整行为方式，从而提升对社会主义核心价值观的认可程度。”② 王为正等认为，大学生志愿服务既拓宽了团学工作的覆盖范围，又创新了思政教育的工作方向，对于大学生科学价值观的形成起到了重要的启迪作用。③ 高山认为，“大学生志愿服务作为践行社会主义核心价值观的示范平台，不仅有利于大学生适时融入社会，提高自身实践水平，还有利于创新思政教育平台，提升教育的科学性、合理性。”④ 张育民认为，“志愿服务是社会主义核心价值观不断推进的重要表现，可以提升大学生的思想道德水平。”⑤

第四，关于大学生志愿服务中价值观培育与思想政治教育的一致性的研究。

大学生志愿服务中价值观培育无论在形式上还是内容上都使思想政治教育显得更加丰满。张耀灿提出，“志愿服务是价值观培育的有效路径，与思想政治教育一样，可以达到育人的目的。”⑥高山认为，“从思想政治教育方法的视角来说，志愿服务是社会主义核心价值观转化为信仰的重要方法。应当说，把思想政治教育看作一种主体性活动进行研究，是思想政治教育学研究的一个新视点。”⑦代倩认为，“志愿服务是理论与实践结合的典范，可以通过志愿

① 张伟娟 . 刍论完善志愿服务活动与培养大学生社会主义核心价值观［J］. 理论导刊，2014（08）：16-19.

② 杜晶波，张慧欣 . 大学生社会主义核心价值观培育路径研究［M］. 沈阳：东北大学出版社，2014：11.

③ 王为正，刘佳 . 大学生志愿服务长效机制建设研究［M］. 北京：人民出版社，2015：1-10.

④ 高山 . 以社会主义核心价值观引领大学生志愿服务工作［J］. 国家教育行政学院学报，2014（12）：10-14.

⑤ 张育民 . 核心价值观引领高校精神文明建设的志愿服务体系构建［J］. 晋中学院学报，2018（2）：9-12.

⑥ 张耀灿 . 关于弘扬志愿精神的几个问题［J］. 思想政治教育研究，2011，27（05）：1-4.

⑦ 高山 . 以社会主义核心价值观引领大学生志愿服务工作［J］. 国家教育行政学院学报，2014（12）：10-14.

服务丰富思想政治教育的内容与形式，提升育人效果。”[①]佘双好认为，“志愿服务开拓了思政研究的新领域”，具体表现为：首先，高等院校思想政治教育体系应该体现志愿服务中价值观培育，二者是包含和被包含的关系，二者的目标指向是一致的；其次，高等院校的意识形态领域的教育与志愿服务中价值观培育不产生排斥，志愿服务中价值观培育无论在形式上和内容上都将使思想政治教育显得更加丰满；再次，思想政治教育活动和志愿服务从价值观角度上是互相依存的关系，二者可以相互促进，实现统一。[②]从教育内容来看，系统思想政治教育就包括人生观、价值观、文明观教育，其是思政教育的重要内容。[③]李月娥等认为，“大学生社会主义核心价值观教育，就是通过对学生进行系统的教育，使其牢固树立起马克思主义指导思想，坚定中国特色社会主义共同理想，形成以爱国主义为核心的民族精神和以改革创新为核心的时代精神，并具有良好的社会主义荣辱观。简言之，就是要使大学生具备坚定的政治素养、较高的道德素质和科学的价值观。”[④]赵有田等认为，“大学生社会主义核心价值观教育，就是要根据大学生的思想特点，多途径、多形式地向大学生传播马克思主义理论，用社会主义核心价值观引领大学生的世界观、价值观和人生观。”[⑤]高山认为，“大学生对社会主义核心价值观的认同与践行离不开社会实践，而志愿服务已成为新时期开展社会主义核心价值观培养的有效载体。”[⑥]

第五，关于大学生志愿服务中价值观培育过程存在问题的研究。

大学生志愿服务中价值观培育存在的问题。沈娇认为，“一是志愿服务在大学生社会主义核心价值观培育实践中理论方向不够明晰；二是志愿服务在大学生社会主义核心价值观培育实践中价值凝聚的针对性不足；三是志愿

① 代倩 . 志愿精神对当代大学生公民意识的培育及思想政治教育意蕴［J］. 北京教育（高教），2013（03）：26–28.

② 佘双好 . 思想政治教育领域的开拓与创新——读《当代中国志愿精神的培养研究》［J］. 思想教育研究，2014（04）：109–111.

③ 卢可英 . 大学生社会主义核心价值观教育方法研究［M］. 北京：新华出版社，2016：12.

④ 李月娥，安建等 . 试探大学生社会主义核心价值观教育的系统化与生活化［J］. 中国成人教育，2010（01）：52–53.

⑤ 赵有田，李丹等 . 在大学生中加强社会主义核心价值体系教育［N］. 光明日报，2010，1（7）：007.

⑥ 高山 . 以社会主义核心价值观引领大学生志愿服务工作［J］. 国家教育行政学院学报，2014（12）：10–14.

服务在大学生社会主义核心价值观培育实践中价值外化的系统性不强。”① 有调查显示，大学生对社会主义核心价值体系的认知比较模糊、肤浅，知行脱节的现象较为普遍。② “培养大学生的社会主义核心价值观，就要使其成为大学生的具体价值实践。志愿服务因其特殊的价值，在探索和实践中蓬勃发展。但也存在一些问题，主要是组织管理不完善、目的不够明确、水平和质量较低等。”③ 黄晓辉认为，“问题的出现源自学生群体自身、外部环境和高校管理三个方面。首先大学生志愿者自身方面：缺乏深入的了解、参与动机不同、志愿者队伍不稳定；其次在外部环境方面：社会认同及支持不足、经费缺乏、政策法规不完善；最后高校管理方面：管理机制不健全、缺乏有效激励。”④

第六，关于大学生志愿服务中价值观培育对策的研究。

对大学生志愿服务中践行社会主义核心价值观的对策研究，可以总结出以下几个方面的论述：一是注重对大学生的宣教工作，让他们理清并形成相关的价值理念。张耀灿提出，“大力宣传，提高志愿服务的认可度，将公民意识、社会责任感的培养同价值观树立结合起来。”⑤ 杜晶波等认为，“要根据大学生的自身特点、年级特点和社会主义核心价值观内容教育的特点，针对不同的大学生群体设置不同的志愿服务形式。有针对性的选择志愿服务活动，利用志愿服务活动推动社会主义核心价值观的培育；也可以根据社会主义核心价值观的内容来设计志愿服务活动。社会主义核心价值观的内容必须借助好的志愿服务载体，才能更好地为广大青年学子所理解并进行有效宣传。”⑥ 二是在制度的建设上加大力度保障大学生社会奉献的效果。要想使大学生在社会奉献中建立起接受、认同的情感，单靠培育的进行是远远不够的，它需要在各个方面形成培育的链条，要有完善的组织管理模式，国家政府层面及社会层面的规制保障，社会资金的募集程序及使用监督情况，等等。制度的确立及不断完善，才会使大学生志愿服务中价值观培育方面取得长足的进步，

---

① 沈娇. 对志愿服务在大学生社会主义核心价值观培育实践中存在问题的调查研究［J］. 长春教育学院学报，2015（20）：10–11.

② 宋志强，范红雨. 近五年大学生社会主义核心价值体系认同研究述评［J］. 思想理论教育导刊，2012（8）：121–125.

③ 张伟娟. 刍论完善志愿服务活动与培养大学生社会主义核心价值观［J］. 理论导刊，2014（8）：16–19.

④ 黄晓辉. 大学生志愿者活动管理创新研究［D］. 福州：福建师范大学，2010.

⑤ 张耀灿. 关于弘扬志愿精神的几个问题［J］. 思想政治教育研究，2011（10）：1–4.

⑥ 杜晶波，张慧欣. 大学生社会主义核心价值观培育路径研究［M］. 沈阳：东北大学出版社，2014：126.

才会取得培育的实际效果，才会激发起大学生参与志愿服务的热情。邓剑刚认为，“以志愿服务为载体培育大学生社会主义核心价值观可以从三个方面着手：创新管理服务，进一步加强制度化建设；加强宣传力度，努力深化思想政治教育；培育志愿文化，注重学生实践行为的养成。”[①]三是把培育内容融合到高等院校的国民教育体系和实际锻炼中。梁绿琦、纪秋发在《国外及港台地区志愿服务的经验与借鉴》中指出，“青年志愿者扶贫接力计划”是我国一个比较成功的志愿服务项目，解决了西部人才紧缺问题，同时也是大学生就业的新出路。[②]四是直接引入西方发达国家相关的成熟做法。部分研究者认为，把西方发达国家的相关成熟经验拿来为我所用，是一种达到培育目标的捷径，同时也指出，要批判地学习他们的做法，符合我国社会主义建设需求的可以直接引用，对于和我国社会主义建设理念相冲突的，可以结合我国具体情况加以改造，从而形成适合我国国情的培育模式。

（二）国外研究综述

在社会发展和进步的过程中，各个国家、民族所产生的理论体系和价值思想在某些方面是共通的，可以借鉴利用。西方的志愿服务发展更加成熟，通过对西方志愿服务价值观的研究成果的梳理，从中找出能够为我所用的地方，可以深化本选题的研究。值得注意的是，西方在通过志愿服务培育本国公民价值观的过程中，更多地将其与宗教信仰、公民教育相结合，而不是刻意的针对大学生群体进行显性教育，但是其具体做法值得我们进行批判式的参考；值得强调的是，西方的志愿服务中价值观的培育和我国的志愿服务中价值观的培育在主流价值观的选择上有着本质的不同，因此，对西方志愿服务价值观一定要批判借鉴，避免照搬。

1. 西方志愿服务价值观的演变

西方最早的志愿服务价值观是在宗教的慈善活动中产生的，初步形成了以慈善、仁爱以及利他为原则的价值观，并且作为一种美德被西方国家以宗教宣传的形式逐渐发扬光大。这方面的代表人物有亚里士多德（Aristotle），他在《尼各马科伦理学》中指出，德行之中，慷慨最受钟爱，因为可以有助

---

① 邓剑刚．大学生社会主义核心价值观培育路径探析——以志愿服务为载体［J］．领导科学论坛，2015（21）：61-62.

② 梁绿琦，纪秋发．国外及港台地区志愿服务的经验与借鉴［J］．中国青年研究，2011（11）：105-108.

于人。[①] 这位古希腊的思想家认为，奉献是人在自然界所有活动的终极所在，把行善作为了人类活动的最高准则。另一个代表人物马库斯·图留斯·西塞罗（Marcus Tullius Cicero），他也是古罗马时期比较早提出原始公益理念的思想家，他提出社会的公共事务要比个人事务重要，“没有什么比仁慈和慷慨更能够体现人性中最美好的东西了。”[②] 西塞罗有一篇著名的文章《论责任》，在这篇文章里他研究了以往人们的捐助习惯，第一次提出了助人是公民的责任，把助人上升到了当时公民责任的高度，认为对他人的慷慨帮助是一个人进行社会奉献的一种重要体现。他的这一论述成为了欧洲国家近代公益价值取向的思想来源。西罗马结束以后，直到文艺复兴时期，这一阶段西欧的特点是政权和宗教合二为一，产生了诸多的不公平现象。虽然这一时期腐败横行，被称为“黑暗的中世纪”，但由于宗教的干预使得教会的社会扶助功能得到了大幅度的提高，使得志愿价值观从抽象的宗教概念走进了人们的头脑之中，成为了社会成员信仰的一部分，增强了社会成员的社会责任感。西方教会所主张的价值观念是基于博爱的，基督教所倡导的博爱精神认为要从关爱亲友，拓展到关爱整个人类，甚至自然界。基督教的博爱使得人们以此来进行评判和要求，提升人们的自觉性，在实践中真正做到自愿、奉献、博爱。[③] 由此可以看出，西方教会的博爱思想是一种不分对象的泛爱。这些思想境界虽然宽广，可以包容贵贱，不论性别，但是，里面却少了些许的原则性，不过其中的平等观念，博爱思想下所产生的奉献、关爱他人、扶助社会的价值理念也是我国传统文化所提倡的。因此，可以对其进行批判借鉴以丰富本课题的研究。

在西方近代史上，出现了一批启蒙思想家，代表人物有哲学家大卫·休谟（David Hume）、经济学之父亚当·斯密（Adam Smith）、著名的启蒙思想家让－雅克·卢梭（Jean-Jacques Rousseau）等，这些近代史上大名鼎鼎的思想家无一例外的在进行社会价值理论的解释时，把重点落在了宽容慈爱、感同苦难、对社会贫弱的同情等内容上来。他们从超验主义的视角阐述人类与生俱来的对社会及自然万物的宽容慈爱，对社会苦难的感同身受等情感价值需要，社会当中的某一个成员被其他成员认可成一个好人的时候，他对于社

---

① ［古希腊］亚里士多德．尼各马科伦理学［M］．北京：中国社会科学出版社，1990：66.

② ［古罗马］西塞罗著，徐奕春译．西塞罗三论［M］．北京：商务印书馆，1998：110.

③ 沈杰．志愿行动：中国社会的探索与践行［M］．北京：人民出版社，2009：427.

会的付出肯定是给周围的社会成员提供了某种愉悦和帮助，给社会注入了某种正能量。基于此，英国哲学家大卫·休谟认为，“同情”是人类行为的一大动因，是人性各个性质的基础。他认为，无论我们同情别人，还是接受别人的同情，都是情感交流、采取行动的主要因素。同情的基础上才有了责任心、良心、荣辱等情感，才能保证道德的实现。① 亚当·斯密认为，人类普遍存在着一种天然的感情——同情，同情产生德行，并且给人们带来幸福，同情是人与人和谐相处，社会良性运行的基础。② 让 - 雅克·卢梭把这两者的思想作了进一步的阐述，他已经意识到了人类所产生的这些具有利他性的思想是源于他们对自己的一种担忧，也就是从他人的苦难里看到了自己的影子，这是潜意识里的一种自爱。基于此，卢梭把对他人的爱和怜悯归结于自爱，爱他人就是为了爱自己。③ 近代史上的思想家所论述的这些就是我们现代志愿服务价值思想的最初来源之一。

随着社会的发展，西方国家逐渐将“人类之爱”作为一门独立的研究门类，将其和“基督之爱”加以区别。“人类之爱”说的是社会成员对社会公共事业无私的奉献，这也是西方国家志愿服务发展的根基。

到了 20 世纪 60 年代，在西方，相关的研究人员以心理学、教育学、社会学理论为基础，从志愿服务的动机、过程、过程中的影响因素、结果、作用等方面入手，开展了广泛的研究和探讨，并取得很大的进步。尤其是美国，是目前世界上志愿服务率最高的一个国家。1998 年，克拉瑞（Clary）等人根据前人的研究，总结出志愿服务行为具有价值、理解、增强、职业、社会、保护六大功能。④ 彼得·格拉菲（Peter Graefe）认为，“开展志愿服务的非营利组织对社会发展十分重要，美国、英国及北欧等国家开始尝试通过非营利组织向社会提供服务。”⑤ 托克维尔在《论美国的民主》一书中较早的提出了“志愿服务对于政治的作用，充分肯定了美国的社团行为及其志愿服务事业的

---

① 黄富峰 . 论志愿者精神的伦理内涵［J］. 东岳论丛，2009（5）：127-129.

② 侯芸芸 . 浅析亚当·斯密的行为合宜性思想及其对道德教育的启示［J］. 山西青年，2017（1）：127.

③ 陈月兰 . 志愿服务的思想渊源［J］. 科技信息：科学·教研，2008（13）：470.

④ Clary E G，Snyder M，Ridge R D，Copeland J，Stukas A A，Haugen J，Miene P，Understanding and assessing the motivations of volunteers：a functional approach［J］. Journal of personality and social psychology，1998，74（6）.

⑤ 张勤 . 创新社会治理体系中的志愿者行动及其价值［J］. 中共浙江省委党校学报，2014，30（04）：35-41.

开展，认为志愿活动对一国的‘文化健康’至关重要，志愿服务使关怀公共利益和互助成为公民习惯，因此美国人时刻都在社团组织中，不分年龄、地位还是志趣。”[①] 弗朗西斯·福山认为，文明程度越高，志愿服务越普及。志愿服务中体现出了友爱和诚信的品质，这些品质会超越个体，从而向整个社会扩散。这种信任已经成为了人们生活中的日常，特别是对经济发展起到十分重要的作用。[②]

2. 国外志愿服务中价值观相关问题研究

志愿服务在西方国家走过了近两百年的历程，无论是在志愿服务的组织方面，还是在社会资金的众筹方面都形成了一套成熟的体系。不仅如此，他们在志愿服务的国家规制和志愿服务中价值观的培育方面也有着成熟的框架值得我们借鉴。

第一，关于价值观的定义的研究。

不同理论对价值观的定义也不相同。克拉克洪（Kluckhohn）认为，价值观是一种观点和看法，既可以是个体的，也可以是群体的；既可以是内隐的，也可以是外显的。他指出，这种看法是可以对人们的行为方式、目标选择等多方面造成影响的。[③] 罗克奇（Rokeach）认为价值观是一种最终的、持久的状态，它本身具有能动性，带给人动机，同时又兼具了评价性、禁止性与规范性等特征，他指出，价值观是可以用来指导态度和行动的。[④] 苏泊（Super）从个人出发，将价值观界定为个人想要实现的目标，他将目标的内涵定义得十分宽泛，认为心理状态、某些联系或者物质条件都可能是目标。[⑤] 霍夫斯泰德（Hofsteded）从比较的视角界定价值观，认为价值观是偏爱某种特定的情

① ［法］托克维尔著，董果良译．论美国的民主（下卷）［M］．北京：商务印书馆，2004：78.

② ［美］弗朗西斯·福山著，彭志华译．信任——社会美德与创造经济繁荣［M］．海口：海南出版社，2001：152.

③ Kluckhohn C，Values and Value Orientations in the Theory of Action an Exploration in Definition and Classification/Parsons T，Shiles EA［J］. Toward a General Theory of Action Cambridge，America，Howard University Press，1951：395.

④ Rokeach M，The Nature of Human Values［M］. New York，New York Free Press，1973：358-361/ Steven Hitlin，Jane Allyn Piliavin. Values：Reviving a Dormant Concept［J］. Annual Review of Sociology，2004，30：359-393.

⑤ Super.D.E，A Life-Span，Life-Space Approach to Career Developmen［J］. Journal of Occupational Psychology，1980，52：129-148.

感。[①]施瓦兹（Schwartz）和比尔斯基（Bilsky）对价值观的众多定义进行总结，归纳出价值观的几个特征：关于信仰的观念；最终的行为或状态；不局限于具体情境；对选择的引导或者评价以及按重要性排序。施瓦兹随后在此基础之上给价值观下了一个定义：价值观是人们渴望的目标、状态、对象或者行为，价值观的存在超越了具体的情境，可以用来评判行为方式或者作为进行选择的标准。[②]这一定义被广泛采纳和引用。

第二，关于志愿服务中价值观培育与宗教的研究。

西方国家志愿服务中价值观的形成与其宗教信仰密不可分，宗教信仰在西方国家人们的生活中占有极其重要的地位，很容易影响到人们社会活动的点点滴滴，所以，他们在公益领域价值取向的引导和教育也始终贯穿于他们的宗教生活之中，可以说，他们的公益价值取向的形成与教会密不可分。首先，西方国家以基督教信仰为主，他们的社会成员在进行社会奉献时会认为是在对他们的神灵尽义务。如哲学家马克斯·韦伯（Max Weber）曾指出，"宗教伦理所具有的传统道德力量，使美国人极力推崇个人奋斗、自由竞争理念，同时倡导平等、正义和慈善救助观念。"[③]在以基督教为主要信仰的国家，宗教活动是他们社会生活的重要部分，在那里，一个人对于耶稣的态度就代表着对社会的态度。其次，在以基督教为主要信仰的国家，教会本身就具有强大的社会救助功能，教会作为社会公益活动的主要发起者，会主动积极的带领教徒完成大量的社会救助任务。萨拉蒙也曾指出，美国早期的社会保障服务，包括教育、社会服务以及卫生等领域，是由宗教机构的附属机构——非营利组织来开展活动的。[④]由于信仰基督的人数众多，西方国家的社会成员就算没有加入基督教，在心理的潜意识上也或多或少的会有一些基督情结，因此，基督教的理念不只是影响着他们的教徒，也影响着全体社会成员。他们在生活中的一言一行都会看到宗教的影子，这种宗教的影响会使得他们的

---

① Hofstede，G，Cultural Relativity of the Quality of Life Concept［J］. Academy of Management Review，1984，9：389-398.

② Schwartz S H.，Bilsky，W，Towards a Universal Psychological Structure of Human Value［J］. Journal of Personality and Social Psychology，1987，53：550-562.

③［德］马克斯·韦伯著，马奇炎，陈婧译. 新教伦理与资本主义观［M］. 北京：北京大学出版社，2012：15.

④［美］莱斯特·萨拉蒙，贾西津译. 全球公民社会：非营利部门视界［M］. 北京：社会科学文献出版社，2014：226.

社会帮扶和救助行为进入常态化。

第三，关于价值观的形成和志愿服务中价值观在社会中的作用研究。

西方各心理学派提出了关于价值观形成的观点。精神分析学派认为，人的价值观是以快乐和现实原则结合为基础的社会内化的结果，它的实现有赖于理智的调节作用；行为主义学派认为，价值观是行为经验的产物，人在习惯行为时，形成了与其相一致的价值观；人本主义学派强调个体内在潜能的作用，马斯洛认为心理潜能是人的价值基础，有高低层次，在基本需要得到一定满足的条件下，人有追求自我潜能实现和真善美与公正等高级价值成长的内在趋向；认知学派认为，知识决定人的情感和意向，知识进化决定社会进步，知识的进化使人类社会发生最深刻的变革，极大地改变人的价值观念。①

关于志愿服务中价值观在社会中的作用，西方社会认为是通过公益服务机构的行动所表现出来的。不以报酬为目的的社会公益机构和追求利益最大化的市场经济主体之间是否存在矛盾？社会公益机构对政府的社会管理是统一还是对立？J-L·费尔南多和A-W·赫斯顿对这些问题进行了论述。他们认为，以进行社会无私奉献为目的的社会公益机构和社会其他经济主体、政府主体之间并不会产生矛盾，相反，社会公益机构是市场主体的有益补充和政府社会职能的延伸。他们可以帮助政府协调各种社会矛盾，帮助企业建立和完成社会责任，在非营利性的公益组织与国家经济和营利性组织是补充还是对立的问题上，研究的结果是前者更站得住脚。他们认为，非营利性的公益组织同本国政府、同市场经济是相互依存的关系、非营利性的公益组织在解决社会性问题、在解决教育和历史变迁中的各种矛盾，以及由此所产生的社会困难等方面都有他们的一份贡献。②

第四，关于志愿服务中价值观培育与公民教育的研究。

在西方国家，志愿服务价值理念渗透到了国民教育的方方面面，甚至有些国家以法律的形式将其固定下来。如法国法律规定年满18岁的男性，符合条件必须履行国民志愿役，否则处二年有期徒刑；墨西哥政府规定大学生需在校期间至少从事6个月的社会服务才可毕业。③国外在志愿服务中价值观

---

① 唐文清，张进辅.中外价值观研究述评［J］.心理科学，2008（03）：765-767，758.

② 何增科.公民社会与第三部门［M］.北京：社会科学文献出版社，2000：282.

③ 毕丽娜，李忠华.志愿者活动在提升大学生社会责任感中的作用［J］.人民论坛，2014（02）：169-171.

培育方面可以说比我们走得更远，他们的学生在每个学习阶段都有进行社会奉献和培育的计划，并且，他们会将志愿服务中价值观的培育和养成放到整个国家教育计划之中，这种做法使得其社会成员的社会奉献行为得到了持续，为培养现代公民意识提供了很好的教育平台。西方国家对志愿服务中价值观培育与公民教育的研究可以分为以下两种：

（1）公民教育的道德判断理论

美国哈佛大学学者约瑟·帕克斯顿（Joseph M Paxton）等人认为，“从各种不同的道德推理、循证评价和建议中提出有些道德推理缺乏追寻缘由、应用道义论和功利原则，以及抵消那些因支配行为自动滑向带偏见的倾向时，放弃道德直觉。他们主张重视证据的道德推理能形成一股强大的社会力量。”[①] 海特（Haidt）在 2001 年提出社会直觉模型（SIM，Social Intuitionist Model）：假设某人的判断主要受其直觉的驱动所致，而“事后推理”的“联接”假设（与传统的理性模式相反）某人的推理主要是被其判断所驱动，而不是受周边的其他方式影响。通过微弱说服力的推理联接，运用能构成因果关系的影响做出判断，使“联接”实现互补。[②]

（2）公民道德价值观培养策略

新加坡教育部颁布了“好品德好公民教育”大纲，并于 2014 年开始在学校实施。培养社会公民良好的道德价值观，国民道德教育需要通过家庭、学校、社会、国家、世界真实的环境生活去加以实践。[③]公民通过教育方式去思考自己的角色与家庭、学校、社会、国家之间的关系（见图 1），他们被鼓励进行换位思考，感受个人所作决定以及自身行为结果对他人的影响。让青少年了解个人的价值倾向对自身行为的支配作用。为了达到培育中小学生健全人格的教育目标，让学生习得相关知识、技能以及具备道德感、获得对道德行为的有关态度。

综上可以看出，国外的相关研究还是比较全面的，特别是关于志愿服务的思想起源、发展过程，以及对社会和个体的作用，对我们未来开展大学生志愿服务中价值观培育的相关研究具有借鉴意义。

---

① Joseph M. Paxton，Joshua D. Greene，Moral Reasoning：Hints and Allegations［J］. Topics in Cognitive Science，2010：1–17.

② 吴秉健 . 国外中小学公民道德价值观培养研究综述［J］. 中小学信息技术教育，2014（Z1）：27–30.

③ 吴秉健 . 国外中小学公民道德价值观培养研究综述［J］. 中小学信息技术教育，2014（Z1）：27–30.

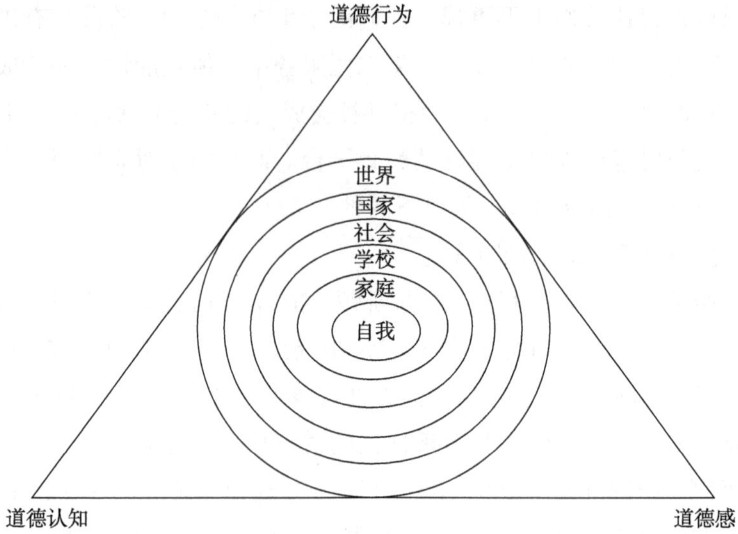

图 1　个人的社会关系

（三）研究现状述评

大体来看，国内学者对社会主义核心价值观的理论研究较多，分别从综述、理论、内容和培育等方面进行论述。但是，从大学生志愿服务角度出发，具体探讨社会主义核心价值观与其关系的论述不多，即便是有，其中不少也是泛泛而谈，没有对大学生志愿服务中价值观的具体内容和特点进行开发式的挖掘。同时，纵观国外研究成果，其更多的是将志愿服务、志愿服务精神等内容与价值观教育、宗教信仰、公民教育等相结合，这些研究可为我们开展大学生志愿服务中价值观培育提供选择性借鉴。

根据国内学术界已有的研究成果，大学生志愿服务中价值观培育的问题主要可以分为以下几个方面：一是认为大学生在志愿服务中对社会主义核心价值观存在着一些不正确的价值认知。大学生志愿者对于我国社会核心价值观的实际内涵了解不够深入，他们只是单纯的把志愿服务与好人好事或一些简单的扶助行为画等号，这种认识使得大学生志愿服务缺少了必要的理论指导而始终处于表层化的局面。二是部分研究者认为部分大学生参加志愿服务的目的性太强。有些大学生参与志愿服务并不是像志愿服务理念所宣扬的那样，而是带有强烈的索取性，他们参与志愿服务的目的是为了得到各种奖励，以便在毕业以后增加自己的简历分量。带着主观目的去参加志愿服务的大学生，会出现抓大放小的志愿选择，即大型活动抢着参加，基层活动没人参加。这样的做法，恰恰违背了社会主义核心价值观在个人层面倡导的价值准则。三是部分研究者认为高等院校、社会、志愿服务机构乃至国家层面对大学生志愿服务的保障机制还不够重视。志愿服务缺乏有效的制度保障，在实践中就会出现短期性、功利性的倾向，大学生也很难在零碎化的志愿服务中深刻领会社会主义核心价值观的内涵。

根据国外研究综述，我们可以知道，志愿服务发源于西方，发达国家在志愿服务活动的组织、运行、评价以及价值观培育中取得的成果，有很多值得我们学习的地方。虽然我国的志愿服务活动起步相对比较晚，但是，新中国成立后，我国的志愿服务得到了快速的发展，几十年来，我国的志愿服务从启蒙到发展，从发展到成熟，走出了一条具有中国特色的志愿服务之路。同时，我们也应该看到，我国大学生志愿服务中价值观培育尚处于探索期，还存在着不足之处。以大学生志愿服务为载体培育社会主义核心价值观也尚待进一步的挖掘和研究。

与此同时，我们也应该看到，每一个国家的志愿服务中价值观的研究和探索都具有本国特色，都是从本国的具体国情、社情、民情出发的。所以，我们大学生志愿服务中价值观培育也应该与我们的政治体制相适应，在实践中总结出一套具有中国特色的大学生志愿服务中价值观培育路径。当然，国外在志愿服务发展中的有益经验，我们也应该要学习，但是应该批判式的借鉴，只有这样，才能够实现我国大学生志愿服务中价值观培育的顺利开展。

学术检索的结果说明，大学生志愿服务中价值观培育的相关研究还比较少，相应的成果也不足。随着社会的发展，一些研究机构和非营利性志愿服务组织的相继建立、大学生志愿服务活动的深入开展，为我们对大学生志愿服务中价值观的培育提供了实践基础和检验平台。但是，由于研究视角的差异，没有将两者有机结合，使得我国大学生志愿服务中价值观培育的针对性、实效性、完整性都大打折扣。因此，我们亟需立足现实，以社会主义核心价值观为指导，总结提炼我国大学生志愿服务中价值观的具体内容，从而指导我国大学生志愿服务活动顺利开展，并积极发现问题，找出相应的解决方法，促进大学生志愿服务中价值观培育工作的顺利进行。

三、研究思路、研究原则和研究方法

（一）研究思路

在我国，大学生志愿服务活动形式多样，覆盖面广泛，规模日益壮大，而其作为社会主义核心价值观培育载体的作用没有充分发挥出来。在大学生志愿服务活动中，更多的人关注的是活动的形式、规模、范围，较少关注大学生志愿服务过程中社会主义核心价值观的培育问题。而与此同时，西方多元化的价值观无形中影响甚至冲击着我国大学生意识形态的建设，在这样的背景下，应深入阐述大学生志愿服务活动的理论基石，深挖其与社会主义核心价值观高度结合的具体内容，为大学生志愿服务中价值观培育提供坚实的实践基础。

本书的研究思路是通过对志愿、志愿服务、社会主义核心价值观等相关概念的阐释，清晰地分析大学生志愿服务中价值观的具体内涵，进一步明确其是社会主义核心价值观在大学生志愿服务活动中有针对性结合的部分内容，在此基础上，明确其培育对践行社会主义核心价值观的重要意义。同时，坚持问题意识，从实证角度，以小见大，对大学生志愿服务中价值观培育相关问题开展详实的调查研究，并对调查问卷和访谈做出详细的梳理和分析。针对存在的问题，进一步探索并提出大学生志愿服务中价值观培育的要求、机制和路径，为更好地践行社会主义核心价值观奠定坚实的实践基础。

（二）研究原则

本书以马克思列宁主义、毛泽东思想和中国特色社会主义理论体系为指导，以社会主义核心价值观的培育和践行为出发点和立足点，借助大学生志愿服务这一载体，积极探索大学生志愿服务中价值观培育面临的问题，以提高其培育的针对性和实效性。

理论联系实际，在思想政治教育学科背景的基础上融合多种基础学科的基础理论，从大学生志愿服务中价值观培育的现状入手，以小见大，力图破解大学生志愿服务中价值观培育的诸多问题。

（三）研究方法

1. 文献研究法

通过文献研究，收集、整理大量的相关文献，涵盖研究的内涵和外延，掌握目前国内外的研究现状和最新动态。通过梳理文献资料，了解成果并发现不足，以此开展创新研究。本书研究的开展主要收集的文献资料包括：发表的学术会议及期刊论文、学术著作；相关研究的网络资源；政策法规和调研报告；大学生志愿服务活动的研究案例与实践活动等。

2. 比较分析法

由于该领域的研究在国内还是刚刚起步，因此需要通过借鉴和比较国外优秀研究成果来开展研究。本书将发达国家和地区与我国在大学生志愿服务中价值观培育的发展脉络进行对比，发现与发达国家和地区的异同，并分析异同产生的原因以及背后的机理，并借鉴国外的优秀做法，结合我国的具体实践，得出启示，提出培育路径。

3. 调查访谈法

本书通过问卷调查法对大学生志愿服务中价值观培育的现状进行调查，通过对大学生进行抽样调查，并辅以对家长和高校团学工作人员的访谈，了解大学生志愿服务活动的现状；同时，进行实地考察，了解大学生志愿服务的开展情况和反馈，掌握一手资料。后期对数据和访谈记录进行处理分析，了解当前大学生志愿服务活动中出现的问题和不足，分析出现问题的原因，为未来的培育工作奠定基础。

四、研究的重点、难点、创新点

（一）研究的重点

第一，以社会主义核心价值观为基础，重点剖析大学生志愿服务中价值观的具体内涵。本书以“大学生志愿服务是社会主义核心价值观培育的有效载体”为基础，分别从理论视角和实践视角阐述大学生志愿服务中价值观的具体内容，深入剖析其与社会主义核心价值观的内在一致性，以此彰显大学生志愿服务中价值观培育的重要性和必要性。

第二，开展实证调查，充实调查视角，获取并分析大学生志愿服务中价值观的培育现状。本书力图掌握更加全面的材料，从不同视角了解当前大学生志愿服务中价值观培育出现的问题，并在此基础上，找到切实可行的培育路径。

（二）研究的难点

研究的难点在于大学生志愿服务中价值观内涵的阐述，理清其与社会主义核心价值观之间的关系，找出大学生志愿服务和社会主义核心价值观的结合点。对当前其培育现状的调查与分析也是本书的难点之一。

（三）研究的创新点

首先，本书选题视角独特，既不是单纯研究社会主义核心价值观培育，也不是把大学生志愿服务中价值观培育放到高等院校的课程或学生活动中去研究，而是着眼于社会主义核心价值观在大学生志愿服务领域的具体体现，为大学生更好地践行社会主义核心价值观提供现实路径。

其次，本书深入阐述大学生志愿服务中价值观与我国社会主义核心价值观的内在关系，以“三个倡导”为基础，从中选择了部分与大学生志愿服务关联最为紧密的内容进行分析，对大学生志愿服务中价值观的具体内容做出提炼和概括，明确提出了大学生志愿服务中价值观具体内容，为大学生更好地感悟和践行社会主义核心价值观提供新思路。

最后，本书还探讨了大学生志愿服务中价值观培育的要求、机制和路径。明确了在新时代背景下，以大学生志愿服务引领社会主义核心价值观培育，形成培育的联动机制，从而实现在大学生志愿服务中培育和践行社会主义核心价值观的目标。

第一章

大学生志愿服务中价值观的
理论综述

大学生志愿服务中价值观是社会主义核心价值观在大学生志愿服务中的具体体现，我们通过对大学生志愿服务中价值观相关理论进行综述，以厘清大学生志愿服务中价值观的指导理论和具体内涵，为提炼出其具体内容奠定理论基础。

一、相关概念内涵概述

大学生志愿服务中价值观，既和志愿、志愿服务相关，又与社会主义核心价值观具有内在一致性。通过对相关概念内涵进行阐释，从而清晰地阐释大学生志愿服务中价值观的具体内涵，并进一步明确其与社会主义核心价值观的辩证关系，为更好把握其内涵提供保障。

（一）志愿与志愿服务的内涵

“志愿”一词，是指志向和愿望。包含有志于、情愿、自愿的意思。它最早出于三国，魏，嵇康《与山巨源绝交书》：今但愿守陋巷，教养子孙，时与亲旧叙阔，陈说平生，浊酒一杯，弹琴一曲，志愿毕矣。[①] 通过考察“志愿”的概念可知，“志愿”是志向的愿望所在，是积极主动的价值观选择。“志愿”的内涵，为准确把握志愿服务的概念奠定了基础。

志愿服务的思想源于西方宗教的慈善思想，这种思想转化为实际行动后，随之便产生了志愿服务。志愿服务的概念有很多，学术界对志愿服务的概念表述各有不同，志愿服务组织也根据各自的情况对志愿服务进行了定义（见表 1.1）。

---

① 汉典［引用日期 2013.12.12］.

表 1.1 部分志愿服务组织关于志愿服务的定义[①]

机构	定义
欧洲青年指导委员会（CDEJ）	它是志愿者和志愿服务对象共同学习的过程参与者（包括个人和组织）所加入的志愿服务项目或是以一种崭新的视角来从事传统工作，或是为了应对某一需求，从而最终建立一个更为公正和谐的社会。所以志愿服务是社会发展的催化剂，每个人都应当有权参与其中。
联合国教科文组织（UNESCO）	志愿服务是一种利他行为，是指人们在正式（非私人）场合中，在一段时期内自愿，无偿地贡献自己的时间和专业技术。对于志愿服务，人们要进行务实的考究和安排，比如志愿者维持生活所需的费用，交通费以及安全问题。
中国青年志愿者协会（CWA）	不为物质报酬，基于良知、信念和责任，自愿为社会和他人提供的服务和帮助。目标是推动社会主义精神文明建设，促进社会主义市场经济体制的建立和完善，提高青年的整体素质，为经济社会的协调发展和全面进步做出贡献。

根据本文的研究范围，笔者以中国青年志愿者协会的表述为基础，对志愿服务进行了如下界定：志愿服务是人们有志于服务社会的一种愿望，并且在这种愿望的支配下，没有任何目的性的为社会和他人提供帮助的一种公益行为。它的基本特点就是自愿性、无偿性、公益性、责任性。首先，志愿服务的参与主体在正能量的积极引导下产生自觉自愿的愿望；其次，参与的志愿服务活动具有积极的意义，能够帮助他人，给社会成员带来幸福感；再次，开展志愿服务的公益机构具备相关的理念、专业化的知识和技能；最后，志愿服务是志愿精神的具体体现，其基本思想是个人通过参加社会活动以促进社会发展。到目前为止，志愿服务在形式上、内容上、思想上都有了比较成熟的模式，并且人们还针对不同特点对其进行了细化和分类。大体有以下两种类型：政府主导型，其特点是服务制度和流程的正规化；非政府主导型，其特点是社会团体或个人组织活动，可以因地制宜，一事一议。由于形式多样，分类方式也较多。既有参与倡导型，也有慈善事业型；既有专项型，也有特殊专业型；既有短期型，也有长期型。志愿服务无论在形式、内容还是行业上都在迅猛地发展。

大学生志愿服务是志愿服务的重要组成部分，大学生志愿者在秉承志愿服务精神的志愿服务过程中，服务国家、奉献社会、帮助他人，成为践行社会主义核心价值观的有效载体和重要示范平台。

① 牛雅林. 当代中国志愿服务现状研究［D］. 太原：山西师范大学，2013.

志愿者通常是指为公共利益（public benefits）而自愿且无偿地奉献自己的时间、精力和技能的个人。亦称“志愿服务者”、“志愿工作者”。广义的志愿者还包括自然人之外的人群及组织等志愿服务主体；狭义的志愿者是指“在志愿服务组织登记，不以获得报酬为目的，自愿帮助他人和服务社会的个人。”自愿而非强制、无偿而非职业、公益而非私益是志愿者的本质特征。中文“志愿者”一词的英文翻译是“volunteer”，其词源为拉丁文 valo 或 velle，意为“希望、决心或渴望”，与中文中“志愿”的含义相同。在中国香港地区和部分南方省市，“志愿者”通常又称为“义工”，在台湾地区则称为“志工”，但实质内容基本是一致的。团结、互惠和利他是人类社会共享的价值观，因此，事实上的志愿者早已普遍存在于各古代文明社会。现代意义上的志愿者出现于 18 世纪的西欧，是伴随着官方的、有组织的济贫制度的建立而成长起来的。19 世纪是欧美各国民间慈善组织兴起和大发展时期，志愿者数量迅速增加，组织化程度也不断提高。20 世纪国家福利制度的确立和扩张使志愿者成为协助政府机构完成组织目标的重要力量。新中国现代意义上的志愿者是 20 世纪 80 年代起，伴随着公民社会参与空间的扩大而成长起来。20 世纪以来，受一系列重大事件的推动和国家宏观政策向社会建设转型的影响，中国的志愿者事业得到了迅猛地发展。

在我国，“志愿者”被定义为主动承担社会责任而不求物质报酬的人。具体而言，承担志愿者身份应满足以下几个条件：一是完全志愿加入公益性志愿组织；二是完全不图回报的纯粹公益活动；三是在力所能及的条件下，服务国家、奉献社会、帮助他人；四是合理运用社会现有的资源，充分将个人技能与国家发展、社会发展有机结合，开展具有一定技能性、专业性和长期性的服务活动。志愿者的称谓因地域差异而所有差异，有的地方叫“义务工作者”，有的地方叫“义工”，还有的地方叫“志工”。

大学生志愿者就是以高校大学生为志愿服务参与主体，具有一定专业文化基础并掌握基本专业技能的志愿服务群体。笔者认为：大学生志愿者的主体是青年大学生，指的是不追求物质利益报酬而自愿奉献自己的精力、时间和金钱，从而为社会发展和人类幸福做出贡献的大学生群体。青年大学生作为一个特殊志愿服务的群体，为当代青年志愿者工作的顺利开展和志愿服务能力的有效提升奠定了重要的基础。

（二）价值观的内涵

马克思主义认为，价值观就是实践主体在社会实践的过程中对人生价值和人生选择进行评价、判断、取舍的观点体系。[①]马克思主义价值观是无产阶级的价值观，是建立在唯物主义历史观的基础上，是以无产阶级和人民大众为主体，以在全世界实现社会主义和共产主义为目标、以辩证唯物主义和历史唯物主义为指导、人民利益至上的原则为价值取向、突出集体主义、包容个人利益的先进价值观。马克思的价值理想绝不局限于一区一域，而是放眼于全人类。马克思主义的价值理想是让全人类都从桎梏中挣脱出来，获得真正意义上的自由。这个概念的阐述，总结出了价值观主体和客体的一般性。

从内容的角度看，所谓价值观，就是关于人生存在社会状态下的价值观念。简单来说，就是我们日常生活中人们对好和坏的理解。因此，所谓价值观从判断角度看就是善良和邪恶、美好和丑恶、利好和弊端、得到和失去、好事和坏事、光荣和耻辱、优良和劣质、富贵和贫贱等；从抉择角度看就是取或舍、爱或恨、妥或不妥、值或不值、当或不当、做或不做、急或不急等，所有这些都是在衬托一个关键词，那就是好与坏。并且对这个好与坏的理解在条件不变情况下是不会轻易改变的。也就是说，在特定的时间、地点、条件下，人们的价值观总是相对稳定和持久的。所以说，大学生也会在了解和参与志愿服务中对某一现象或行为对错做出自己的判断，同时在相当长的一段时间内坚信这个判断，甚至将这个判断标准应用于对其他事物的认知与价值判断上。因此，通过大学生志愿服务中价值观的培育，使大学生树立正确的价值观念，必要而迫切。

从功能角度看，一方面，价值观对人生有重要的导向作用。价值观的功能就是让人们心中有一个评断是非的标准，就是在心里形成一种信念，再把这种信念转化成信仰和理想。这种转化一经实现，人们的头脑里就会建立起一套评价善恶美丑的标准，心里就会形成对某种事物扬弃取舍的原则，从而在实践活动中形成自己的判断标准、处事原则、所持立场和态度等。另一方面，价值观也反映着人们的认知和需求状况，并会根据客观条件的变化不断变化发展。因此，大学生通过参与志愿服务不仅可以逐步培育社会主义核心

---

① 薛德震．马克思主义是科学性与价值观的统一——为《共产党宣言》发表160周年而作［J］．马克思主义与现实，2008（3）：18-22.

价值观，还可以形成正确的世界观和人生观，明悟自己本有价值观上的偏差，并有针对性的加以纠正。

价值观是人们在实际需要驱动下，在自我意识的引导下，在实践活动中形成的。价值观具有时代性，每一个时代的价值观都是当时的物质生活方式、政治法律制度、观念文化传统等因素濡染、熏陶和塑造的结果。任何一种社会都是一方面通过法律、舆论和教育，有目的、有计划地把主导价值观或者核心价值观灌输给每一个社会成员；另一方面通过传统文化，将主导价值观或者核心价值观潜移默化中传递给每一个社会成员，从而使他们形成共同的价值观。个人接受社会主导价值或核心价值观的过程，实际上就是通过自己的实践活动和人生经验对之加以选择和内化的过程。没有这样的体会、理解、选择、接受、认同和内化，社会所提供的主导价值观或者核心价值观就只能是外在规范，而不能成为人们自觉地价值意识。

（三）社会主义核心价值观的内涵

“社会主义核心价值观是社会主义核心价值体系的内核，体现社会主义核心价值体系的根本性质和基本特征，反映社会主义核心价值体系的丰富内涵和实践要求，是社会主义核心价值体系的高度凝练和集中表达。”① 其有以下特点：一是社会主义核心价值观 24 个字的内容突出明确了核心要素；二是进一步凝练了不同层面价值共识的集中表达；三是明确了我国意识形态建设的根本任务。

深刻把握社会主义核心价值观的历史定位，对于培育和践行社会主义核心价值观具有重要的前瞻作用和指导意义。

第一，社会主义核心价值观是马克思主义核心价值观的中国形态。社会主义核心价值观从本质上来说是马克思主义的核心价值观，是马克思主义核心价值观的当代中国形态，也是马克思主义核心价值观在社会主义阶段的具体体现。社会主义社会是对人民民主、公平正义、以人为本、共同富裕的追求，与马克思主义核心价值观对人类解放和每个人自由全面发展的追求，是相向而行的。

---

① 中共中央办公厅印发《关于培育和践行社会主义核心价值观的意见》[EB/OL]. http://cpc.people.com.cn/n/2013/1223/c64387-23924110.html，2013-12-23.

第二，社会主义核心价值观是中国特色社会主义精神支撑。核心价值观是文化软实力中的“核心软实力”，是文化国力的核心成分。客观地讲，任何一个社会都有其赖以维系存在和发展的核心价值观。核心价值观已经成为一个民族国家保持长久稳定和繁荣的内在精神支撑。同样，中国特色社会主义的发展也不例外。社会主义核心价值观犹如社会的方向盘，缺了它就会迷失前进的方向，缺了它就会难以自立，就会失去共同奋斗的思想基础。

第三，社会主义核心价值观是社会主义核心价值体系的基本内核。社会主义核心价值体系的价值追求、价值理想、价值取向和价值规范浓缩为社会主义核心价值观。社会主义核心价值观归属于社会主义核心价值体系，是社会主义核心价值体系本质内涵的集中表达和最高抽象，是社会主义核心价值体系中最基础、最核心、最重要、最具决定作用、居于主导地位的部分，是中华民族长期秉承的反映社会主义本质和中国特色社会主义建设规律的根本原则和价值观念的集合体。

第四，社会主义核心价值观既管当前，也管长远，立足于当前，着眼于长远。“当前”与“长远”是辩证统一的关系。“当前”关乎稳定大局，关乎社会和谐。“长远”关乎发展大局，关乎事业成败。立足当前，不顾长远，难以为继，当前会因为没有目标而失去方向。相反，立足长远，不顾当前，横亘在眼前的坎儿都迈不过去，再美的长远，也只能是可望而不可及的海市蜃楼。社会主义核心价值观一方面必须适应中国现实发展的需要，另一方面，社会主义核心价值观必须适应社会未来的发展要求。

第五，社会主义核心价值观既管全局又管根本。社会主义核心价值观是中国特色社会主义真正的顶层设计，是中国特色社会主义全局性根本性问题的筹划。所谓管全局，就是社会主义核心价值观所要解决的是当代中国社会发展中的全局性而非个别性或局部性的问题。所谓管根本，就是社会主义核心价值观所涉及的是当代中国社会发展中的根本性而非次要性或细枝末节性的问题。社会主义核心价值观既要总揽全局、驾驭全局、引领全局，又要抓住牵动全局的根本矛盾和突出问题。从一定意义上说，抓住了根本就抓住了全局。

第六，社会主义核心价值观既管方向又管目标。目标是指导方向，确定什么样的目标，就会引导什么样的方向。目标和方向是实现中华民族伟大复兴“中国梦”的首要问题。核心价值观犹如一根标杆，一面旗帜，规范人们的思想和行为，代表着先进价值观的发展方向，引导着社会发展的趋势和方向，推动社会的全面进步。

“社会主义核心价值观必须得到培育和践行，不断发挥其基础性、决定性的作用，铸就自立于世界民族之林的中国精神，中国气魄。”① 习近平指出：“青年的价值取向决定了未来整个社会的价值取向，而青年又处在价值观形成和确立的时期，抓好这一时期的价值观养成十分重要。”② 大学生志愿服务是推进社会主义核心价值观“知行合一”的有效载体。作为当代大学生，应通过志愿服务，加强对社会主义核心价值观的认知，确立正确的价值取向，并将其内化于心，外化于行。

（四）大学生志愿服务中价值观的内涵

它指的是社会主义核心价值观在大学生志愿服务领域中具体呈现出来的价值目标、价值行为和价值准则，是社会主义核心价值观与大学生志愿服务活动有针对性结合的部分内容。其贯穿于大学生志愿服务活动的全过程，为正确坚持大学生志愿服务活动的方向性、科学性和协调性提供保障。

从内容上来讲，其就是社会主义核心价值观的“三个倡导”与大学生志愿服务活动有针对性结合的部分内容，带有大学生志愿服务活动的鲜明特征。具体呈现为与大学生志愿服务高度契合的“爱国价值观、文明价值观、和谐价值观、友善价值观和公正价值观”。

从本质上来讲，其是社会主义核心价值观在大学生志愿服务领域的生动体现，和西方所谓的多元化价值观有着本质的区别。西方所谓的志愿服务与志愿服务相关的价值观，自诩倡导无私、奉献、仁爱、和善。但是，纵观西方志愿服务的发展进程和具体表现可以清晰发现，他们所倡导的价值观念，要么是为了寻求心灵寄托，要么是为了宗教信仰，甚至是为了“今生行善，死后升天”。无论哪种目的，都不是纯粹的“志愿”，不是绝对的“奉献”，都带有强烈的私人目的性或宗教寄托性。而我国志愿服务中倡导的价值理念和志愿精神，是真正的无私，彻底的奉献，没有任何狭隘的目的性和偏颇的

---

① “平语”近人——习近平谈社会主义核心价值观 .［EB/OL］.http：//www.xinhuanet.com/politics/2016-12/08/c_129395314.htm，2016-12-8.

② 习近平在北京大学师生座谈会上的讲话［EB/OL］.http：//edu.people.com.cn/n/2014/0505/c1053-24973276.html，2014-5-5.

指向性，只有真正的志愿服务和彻底的奉献精神。在我国，两者具有高度的统一性，既深耕于中华民族传统文化之中，又烙上了中国特色的时代印记，和西方所谓的价值观有着本质的区别。

从范围上讲，其培育不仅体现在志愿服务活动的具体过程中，也不局限于大学生志愿者群体，而是从整个志愿服务领域出发。大学生志愿服务活动贯穿于志愿服务启蒙、开展、深化、常态化等各个环节。大学生志愿服务中价值观培育更是要面对整个大学生群体。因为，每个大学生都是潜在的志愿者，只有拓宽培育范围，才能实现培育目标。

从功能上讲，大学生志愿服务中价值观培育，不仅有利于大学生志愿服务活动科学性、有序性、时代化的发展，又有利于实现社会主义核心价值观贯穿大学生志愿服务全过程，实现社会主义核心价值观在大学生群体中内化于心，外化于行，真正使得大学生群体在实践中感悟，在感悟中认知，在动态中认同，最终实现其对社会主义核心价值观的外在认知，内在认同。

（五）社会主义核心价值观与大学生志愿服务中价值观的关系

大学生志愿服务中价值观并不是一个纯粹的理论概念，而是社会主义核心价值观在大学生志愿服务活动中的具体化，是社会主义核心价值观与大学生志愿服务活动有针对性结合的部分内容。准确把握其来源，顺势找到社会主义核心价值观在大学生志愿服务中的落实之处，可为相关培育工作打下基础。

“共性与个性的关系问题是普遍存在的，共性存在于个性之中，个性包含共性，比共性更丰富和特殊。”① 这就要求我们用共性与个性的辩证关系来看待两者关系。具体来说，两者的共性来自于决定和影响它们形成和发展因素的相同性。一方面，两者都以马克思主义理论、毛泽东思想和中国特色社会主义理论为指导思想，具有科学性和实践性；另一方面，两者都深受中华民族传统文化的影响，又立足于中国特色社会主义伟大实践，兼具历史性和时代性。同时，大学生志愿服务中价值观的个性来自于决定和影响它形成和发展因素的差异性。其是社会主义核心价值观在大学生志愿服务领域的具体体现，在价值取向、价值目标和价值准则上都与社会主义核心价值观高度一致，

① 王久高．社会主义核心价值观的生成与内涵［J］．中国特色社会主义研究，2014（8）：69-73.

更显示出鲜明的大学生志愿服务色彩。

大学生志愿服务中价值观是社会主义核心价值观在大学生志愿服务领域的特色呈现。社会主义核心价值观倡导的“爱国、文明、和谐、友善、公正”体现在大学生志愿服务中，具有内在的一致性和高度的契合性。首先，大学生志愿服务是爱国价值观的具体体现，爱国是大学生开展志愿服务的前提和出发点；其次，大学生志愿服务的行为属性与文明价值观具有内在继承性，其本身就是践行文明价值观的有效尝试；再次，和谐价值观所倡导的价值目标，与大学生志愿服务的价值目标具有趋同性，大学生通过志愿服务为和谐社会提供了重要的实践基础和有益探索；还有，友善价值观贯穿于大学生志愿服务的全过程，与大学生志愿服务彰显的价值准则具有内在一致性；最后，大学生志愿服务的过程就是践行公平正义的过程，通过志愿服务，对推进社会公平正义起到了促进作用，这与公平价值观倡导的价值行为殊途同归。

因此，上述两者之间存在共性与个性的辩证关系，前者的共性通过大学生志愿服务中价值观的个性体现出来；后者以社会主义核心价值观为主要依托，彰显强烈的大学生志愿服务色彩。探究社会主义核心价值观与大学生志愿服务中的价值观共性与个性的辩证关系，为更好的理解大学生志愿服务中价值观的内涵提供保障。

二、马克思主义及其中国化理论对大学生志愿服务中价值观的指导

（一）马克思主义理论对大学生志愿服务中价值观的指导

1. 马克思主义关于人的价值理论对大学生志愿服务中价值观的指导

马克思主义认为，“价值是标志客体属性与主体内在尺度在实践活动中的关系的范畴，客体属性与主体内在尺度相契合，对主体有积极意义，即为正价值，反之为负价值。”①“价值观是人们在处理价值关系时所持的立场、观点和态度的总和。”② 马克思关于人的价值理论成为了我们研究大学生志愿服务中价值观的重要指导理论。马克思指出：“社会规定了人的社会价值是人的基本价值，只有为社会做出了应有的贡献，一个人才实现了自身的价值。”③ 把

① 张建云．马克思“价值”范畴的深层解读［J］．马克思主义研究，2016（09）：43-51.

② 陈章龙，周莉．价值观研究［M］．南京：南京师范大学出版社，2004：3.

③ 姜泽廷．志愿服务价值与马克思主义人的价值理论的联系［J］．北京交通大学学报（社会科学版），2012，11（02）：91-94，130.

马克思的这段理论阐述结合大学生志愿服务中价值观可以看出，这段关于价值理论的阐述和志愿服务所倡导的价值理念具有内在一致性，我们可以在志愿服务视角下对马克思主义的价值理论进行重新梳理，为大学生志愿服务价值观的培育指明方向。

马克思主义认为，“价值在本质上是实践的。价值不是外在于人类生存发展活动的某种先验的、神秘的现象，它产生于人类特有的实践活动之中，产生于人按照自己的尺度去认识世界、改造世界的活动。”[①] 在马克思主义哲学中人的本质问题与价值问题是相关的，具有内在的逻辑关系，孤立研究一方必定会出现理解偏差。因此，在试图理解马克思关于人的价值论问题上，应该先去理解马克思主义关于人的本质论。在马克思阐述人的本质的理论之前，以唯心主义派别为主导的哲学体系里也有关于人的本质的论述。唯心主义哲学流派认为人的本质取决于人的主观意识，持这个观点的代表性人物就是大哲学家黑格尔（G.W.F. Hegel）。他认为，人的活动就是人的意识的活动。这个论断无疑是有偏差的。旧唯物主义哲学派别逐渐认识到了人或许是社会活动中的主要存在，比如哲学家费尔巴哈（Ludwig Andreas Feuerbach），他只把人作为一种生物学现象进行思考，忽略了人作为社会历史的主体作用。只有马克思探讨了人的本质的社会属性。马克思以社会现实为切入点，对人的本质问题进行了论断。他提出，“人总是活动在具体的历史进程和社会环境下，所以人的本质要从社会关系中去加以把握。”[②] 这个论述告诉我们，应该从两方面去区分人的价值，那就是实现自我的价值和实现社会的价值。前者是对于自我本身生存和发展的需要，后者是社会发展对人的需要。马克思关于人的本质理论较之前人最大的进步就是肯定了人的社会属性，并科学地阐述了人的自然属性和社会属性的辩证关系，这就为我国大学生志愿服务中价值观培育提供了理论依据。

在现实生活中，自我价值的实现和社会价值的实现之间往往存在着一定程度的矛盾和冲突，往往存在着个人利益与社会利益不完全统一的情况。人们身处其中，与社会之间产生价值理念上的互逆，需要从马克思主义人的价值理论里去寻找个人与社会的平衡点。也就是如何才能尽可能多的为社会发

---

① 张军．价值的存在论基础［D］．北京：北京师范大学，2011.

② 马克思恩格斯选集：第 1 卷［M］．北京：人民出版社，1995：56．

展付出的同时，兼顾个人和家庭的利益，辩证看待个人价值与社会价值的关系，实现两者的统一。从马克思主义人的价值理论出发，应该辩证的看待个人利益和社会发展的关系，众多的个体成员组成了整个社会，社会缺少了个体成员也就荡然无存，反过来讲，作为具有先天群居特性的人类如果离开了社会也是难以生存的，社会成员个人的价值是在融入社会的过程中得以实现的，社会价值是社会成员实现个人价值的外部保证。

马克思主义关于人的价值理论确立了人的基本价值，阐述了个人价值与社会价值的辩证关系，为研究大学生志愿服务中价值观奠定了理论基础。因此，我们可以发现，大学生志愿服务的内在精神核心、价值目标和实现路径与马克思主义人的价值理论相一致，马克思主义关于人的价值理论为大学生志愿服务中价值观研究奠定了理论基础和实践依据。具体来说，在市场经济环境中，我国处在“经济和社会双转型”的重要时刻，不但经济和社会结构会产生变化，人们的思想意识也会有很多地方需要转变。这就更需要马克思主义关于人的价值理论在我国社会生活中发挥积极的引领作用，以保障在社会各方面转型期间，保证社会主义各项事业的方向性和科学性。

2. 马克思主义关于人的自由全面发展理论对大学生志愿服务中价值观的指导

“马克思恩格斯关于未来社会核心价值观的观点可以高度概括为人的自由而全面的发展。”①马克思非常明确地提出，“未来的新社会是以每个人的全面而自由的发展为基本原则的社会形式。”②因此，社会主义的核心价值就是为了实现每个人自由而全面的发展，也就是科学发展观中所说的“以人为本”。以人为本，“就是要以实现人的全面发展为目标”③。马克思主义的科学之处就在于：它把人的发展、价值的实现，视作一个历史的过程，认为人的发展不是抽象的，而是具体的、历史的。④马克思在《共产党宣言》和《资本论》等著作中，多次阐述了“社会和谐”思想。其创立的科学社会主义本质上就是人类最终实现社会和谐与人的自由全面发展的科学理论体系。其认为，“自由人联合体”是和谐社会的最高境界，“代替那存在着阶级和阶级对立的资产阶

---

① 袁银传，韩玲．凝练社会主义核心价值观的基本根据［J］．马克思主义研究，2013（01）：79-88.

② 马克思恩格斯选集：第2卷［M］．北京：人民出版社，1995：239.

③ 胡锦涛．在中央人口资源环境工作座谈会上的讲话［N］．人民日报，2004，03（11）.

④ 高国希．马克思人的自由全面发展理论与社会主义核心价值观［J］．中州学刊，2007（6）：139-141.

级旧社会的，将是这样一个联合体，在那里，每个人的自由发展是一切人的自由发展的条件”。[①] 社会和谐与人的全面发展思想呼唤志愿服务，建设社会主义和谐社会和促进人的全面发展也需要包括志愿服务在内的多种社会服务方式的介入。

人的全面自由发展意味着人重新占有了自己的本质，人类变成彻底的社会人，这将会给志愿服务带来更广泛、更深刻地发展。一方面，随着社会分工进一步发展，社会活动层次进一步提高，人类活动范围进一步扩大，志愿服务的发展空间也随之发生变化并逐渐吸引更多的人加入。另一方面，人的自由全面发展不仅仅包括社会物质资料的极大丰富，也包括精神层面的不断发展，志愿服务在本质上不断与其内在属性相一致，在这样的背景下，志愿服务的广度和深度还会不断增加。[②] 大学生志愿服务有助于践行社会主义核心价值观，并为个人和社会实现自由全面发展提供现实的平台。

3. 马克思关于“义务劳动”理论对大学生志愿服务中价值观的指导

1919 年 5 月，苏俄工人阶级为了反对武装干涉，定于每周末进行自觉义务劳动，此种形式的义务劳动不计报酬、不记定额，坚持自觉自愿的原则。列宁同志曾经把“星期六义务劳动”赞为伟大创举，他不仅是共产主义思想的主要体现形式，同时也为苏俄反对入侵奠定了重要的基础。20 世纪 90 年代末苏联解体之前，部分独立体国家把“星期六义务劳动”的优秀传统坚持下来，随着苏联的解体，这种传统被逐步淡忘。大学生志愿服务与“星期六义务劳动”具有共同的特征，不计劳动报酬、自愿自觉，两者在特征上实现了内在的统一，从一定程度上讲，马克思关于义务劳动的理论为大学生志愿服务活动的开展奠定了理论准备和思想基础，大学生志愿服务活动反过来又彰显了义务劳动的本质特征和内在要求，在一定程度上，两者的内在动力和外在变现形式呈现出内外一致的吻合属性。

4. 马克思实践观对大学生志愿服务中价值观的指导

马克思在《关于费尔巴哈的提纲》中曾明确指出：“哲学家们在用不同的方式解释世界，而最主要的问题在于如何改变世界。”[③] 社会发展在本质上是实践的，在实践活动中不仅能够创造物质条件，同时也能够使人类得到改变，

① 李国荣．现代志愿服务行为的理论基础研究［J］．中国青年研究，2009（1）：82-85.

② 徐帅．中国特色志愿服务体制研究［D］．北京：北京交通大学，2017.

③ 中共中央马克思恩格斯列宁斯大林著作编译局．马克思恩格斯选集 第 1 卷［M］．人民出版社，1972：19.

起到深层次的教育功能。作为大学生，学习课本的理论知识是主要的方面，但是，不能够忘记实践的重要性，应该把所学的理论知识和社会实践有机结合起来。大学生志愿服务就是把理论知识和实践有机融合的重要典范，大学生可以将自己所学的知识用于支教、环境保护、法律援助等公益事业中，在增强个人对知识运用能力的同时，也能够实现对他人的帮助和贡献，实现自我管理、知我教育，增强自身的使命感和责任感。

（二）马克思主义中国化理论对大学生志愿服务中价值观的指导

1. 毛泽东“为人民服务”思想对大学生志愿服务中价值观的指导

毛泽东思想是马克思主义理论与中国国情相结合的首个重大理论成果。毛泽东一贯坚持和反复倡导的，是一种一切以人民利益为主的价值观，以人民群众的利益和要求为最高的价值标准和评价标准的价值观。毛泽东曾说过：“共产党人的一切言论行动，必须以合乎最广大人民群众的最大利益，为最广大人民群众所拥护为最高标准。”[①] 用一句话来概括就是“为人民服务”。在文化上，毛泽东曾说，“我们的文学艺术都是为工农兵而创作和利用的。”[②]毛泽东以马克思主义理论为指导并将其与中国实际相结合，逐步形成了在中国共产党领导下建设新社会的思想，并使其向更成熟的具有中国特色社会主义的社会形态前进。毛泽东指出：“我们应该谦虚、谨慎、戒骄、戒躁，全心全意地为中国人民服务”。“党的七大将‘全心全意为人民服务’这一宗旨写进了党章。”此后，毛泽东强调：“共产党就是要奋斗，就是要全心全意为人民服务，不要半心半意或者三分之二的心三分之二的意为人民服务。”“毛泽东把‘全心全意为人民服务’作为党的根本宗旨和共产党人办事的根本出发点与落脚点。为人民服务、人的全面发展等思想，构成了毛泽东社会主义价值观的基本内核。”[③] 处于人生成长阶段的大学生，不能仅仅把毛泽东思想中的“为人民服务”只看作是党的思想指导，还应该把其作为人生的价值追求。我国地广物博，人口众多，大学生作为人民群众中文化素质较高的群体，他们的道德水平的高低，将会直接影响到整个社会的道德水平。大学生的思想正

---

① 赖新民，刘玉生. 坚持共产党人为人民服务的价值观［J］. 泉州师专学报，1998（S1）：1–4，15.

② 毛泽东选集：第三卷［M］. 北京：人民出版社，1942（5）：865.

③ 袁银传. 价值观、核心价值观、核心价值体系、中国特色社会主义核心价值观［M］. 武汉：武汉大学出版社，2014：41.

处于可塑期，生理上的成熟不代表思想上的成熟，引导他们形成“为人民服务”的价值理念，会加快他们实现自身价值的步伐，可以使他们有效的抵制一些西方不良思想的侵蚀。

大学生志愿服务活动，是大学生践行“为人民服务”的思想的生动体现。大学生在参与具体的志愿服务中，响应国家号召，为人民服务，将这个思想贯穿大学生志愿服务全过程，不断开拓志愿服务的范围和层次。“为人民服务”的思想，为大学生志愿服务中价值观提供了理论来源和不竭的精神动力，也是大学生志愿服务中价值观最鲜明的理论特色。

2. 邓小平“爱国主义”思想对大学生志愿服务中价值观的指导

作为继承和发展马克思主义的邓小平理论，也为大学生志愿服务中价值观及其培育留下了宝贵的思想财富，这个理论具体来讲有以下两个方面：

一是关于热爱祖国的价值观。在建设具有中国特色社会主义的理论体系中，邓小平把热爱祖国的思想很自然地融合了进去，并把它置于建设中国特色社会主义的前提和基础的位置。邓小平理论中有大量篇幅提到了热爱祖国的重要性和现实性。邓小平说：“热爱国家，……是一个共产党员必须具备的优良品质。”[①] 邓小平认为，我们的经济与社会的发展，如果离开了热爱祖国这一思想基础，就不可能实现我们的发展目标。在热爱祖国价值理念的引导下，作为改革开放总设计师的邓小平还专门对当时出现的崇洋媚外的社会不良现象进行过批评，他曾尖锐地指出一些青年人盲目地崇洋，甚至忘记了自己的国人身份，做出有辱个人和国家的事情。[②] 这就要求广大的大学生在培育志愿服务中价值观方面要永远秉持祖国利益高于一切的价值观念，对于不利于国家的言论要从爱国主义的角度进行批判和抵制，对于一些西方资产阶级的腐朽思想也要保持清醒的认识。具体来说，就是在大学生志愿服务中，将爱国主义与志愿服务活动紧密结合，实现两者的高度统一。

二是“三个有利于”标准的提出。邓小平强调，判断社会主义改革开放得失以及我们党和政府工作好坏的价值标准，要看是否有利于发展社会主义社会的生产力，是否有利于增强社会主义国家的综合国力，是否有利于提高人民的生活水平。以人民群众为核心体现了邓小平核心价值观的主体内容。

---

① 邓小平文选：第 1 卷［M］. 北京：人民出版社，1994：30.

② 邓小平文选：第 2 卷［M］. 北京：人民出版社，1994：177.

大学生志愿服务活动有助于与人为善、有助于社会主义核心价值观潜移默化地深入人心。邓小平提出的“三个有利于”标准为大学生志愿服务中价值观的培育奠定了基调；志愿服务中价值观的培育有利于大学生参加志愿服务活动形成常态化、长效化、机制化；在面对需要帮助的社会群体时，正确的价值观能够使大学生长期坚持参与志愿服务活动，为实现人民群众利益最大化贡献出自己的力量，也充分展现了大学生的朝气蓬勃和人生理想。

大学生志愿服务中价值观培育坚持“三个有利于”标准也是爱祖国、爱人民、爱社会主义的生动体现。我们党的宗旨是全心全意为人民服务，大学生是祖国的未来和社会的中坚力量，我国的社会主义现代化建设离不开各个时期大学生的积极贡献和参与。大学生参与志愿服务，一方面是践行“为人民服务”的生动体现；另一方面，也彰显了大学生积极向上的价值观、道德观和人生观。

邓小平爱国主义思想为大学生志愿服务中价值观培育提供了方向性和道路上的保障。大学生志愿服务更是践行爱国主义的具体体现，是大学生心怀国家、投身实践的重要尝试。爱国主义是大学生志愿服务中价值观的前提和出发点，为大学生志愿服务中价值观培育提供了必要的前提。

3. 江泽民“精神文明建设”思想对大学生志愿服务中价值观的指导

一个民族的整体道德水平和人文素质，是这个民族发展的根基。在中国共产党成立 80 周年大会上，江泽民特别强调了全面发展的重要性，特别是科学文化和思想品德等方面。[①]要实现全面发展，就必须在发展经济的同时，重视精神文明建设，两者之间是相互促进，相互作用的关系。在党的十四大报告中，江泽民强调精神文明重在建设。他提出，“社会主义道德建设要以为人民服务为核心，以集体主义为原则。”[②]而“为人民服务”正是我国公民道德建设的基石，是我国意识形态方面所特有的，是区别于西方国家意识形态的根本。我国公民道德建设坚持的是集体利益高于个人利益，江泽民为今后的社会主义国家价值观建设指明了方向。

---

① 王川平. 加速沿海地区乡镇图书馆发展的思路. 21 世纪中国沿海地区乡镇图书馆发展战略研究［C］, 2001：7.

② 中共中央关于加强社会主义精神文明建设若干重要问题的决议［EB/OL］.http：//www.wenming.cn/ziliao/wenjian/jigou/zhonggongzhongyang/201602/t20160215_3144989.shtml，1996-10-10.

党的十五大报告中，江泽民再次指出提高思想道德素质的必要性。[①]在2000年6月召开的中央思想政治工作会议上，进一步指出了提高道德素质的重大意义："有利于形成追求高尚、激励先进的良好社会风气，保证社会主义市场经济的健康发展，促进整个民族素质的提高。"[②]某种经济形式就要有某种与之相配套的道德体系，二者相互依存。然而，要想建设与社会主义市场经济相适应的价值体系，除了举国上下的重视以外，还必须以马克思主义中国化的理论为指导。

大学生志愿服务是一项充满了正能量的社会实践活动，为大学生施展才华、实现抱负、形成正确的人生观和价值观提供了平台和现实基础。志愿服务的属性决定了大学生志愿者能够从中感受到精神的升华，体会到人生的意义。在志愿服务中，大学生志愿者能够不断提高思想水平、道德素质，实现自由全面的发展，从物欲的社会中寻找到一片静谧的心灵空地，从浮躁的外界环境中得到一种诗意的栖居。社会主义核心价值观是我们民族的精神高地，也是大学生心理健康成长的思想引导。作为社会公民的一员，大学生通过参加志愿服务，体现出来的正是社会主义核心价值观所要求的社会主义公民道德的发展方向，是引领社会潮流的一支重要力量。

大学生志愿服务中价值观培育，本质上是大学生意识形态建设的问题，也是推进社会精神文明建设的具体实践。江泽民精神文明建设思想，为大学生志愿服务价值观提供了有益的理论借鉴和指导。

4. 胡锦涛"社会主义和谐社会"思想、"荣辱观"对大学生志愿服务中价值观的指导

构建社会主义和谐社会是我国的重大战略任务，是社会发展的重要目标。[③]进入21世纪，我国社会主义建设有了新的目标，大学生志愿服务中价值观应该与我国社会主义建设新目标的方向一致，要符合构建和谐社会的价值取向。因此，构建社会主义和谐社会理论对大学生志愿服务中价值观的培育有着至关重要的作用。

---

① 江泽民在庆祝中国共产党成立八十周年大会上的讲话（全文）[EB/OL].http：//www.china.com.cn/zhuanti2005/txt/2001-07/01/content_5042177.htm，2001-07-01.

② 江泽民：在中央思想政治工作会议上的讲话[EB/OL].http：//www.360doc.com/content/13/0916/12/9851038_314802679.shtml，2000-6-28.

③ 中共中央关于加强社会主义精神文明建设若干重要问题的决议[EB/OL].http：//www.wenming.cn/ziliao/wenjian/jigou/zhonggongzhongyang/201602/t20160215_3144989.shtml，1996-10-10.

构建社会主义和谐社会的理念可以在促进公平正义、友好良善等方面进行指导，有利于大学生志愿服务中价值观的践行和培育。社会主义和谐社会的构建提倡全社会要营造一种公平正义、互助友爱、其乐融融的氛围。这也适用于大学生参与的志愿服务活动。大学生在志愿服务中是否坚持公平正义；在志愿服务中是否树立诚信意识；在志愿活动中能否和服务对象及同学友爱相处，都是构建和谐社会所关心的问题。可以说，无论是和谐社会的构建，还是大学生志愿服务中价值观的培育，都是要以公平、诚信和互助友爱为前提条件，少了这个前提条件，整个社会就谈不上和谐发展，更谈不上是一个具有凝聚力的社会。大力倡导构建社会主义和谐社会的思想理论对于大学生志愿服务中价值观的具体指导就是，让大学生在志愿服务中始终树立和践行公平正义、诚实守信的价值意识和行为。坚持公平的信念作为价值抉择，用诚实守信去考量事情和行为的是非得失，把友爱融入志愿服务中的点点滴滴，争取早日实现社会成员之间和谐共处，社会成员与自然环境和谐共处的良好社会环境。

社会主义和谐社会的构建可以健全大学生志愿服务机制。社会主义和谐社会所要追求的一个重要目标就是形成比较完善的社会管理机制，打造井然有序的社会秩序，创造稳定的生活环境。它要求大学生在志愿服务价值观的培育和践行中，要树立集体主义观念，形成集体意识。井然有序的社会秩序同样是构建社会主义和谐社会所要积极追求的目标。就社会成员来说，和谐相处、井然有序就是和谐的具体体现；作为个人和集体之间也要和谐共处、井然有序。做到这一点，也就达到了共建和谐社会的相关要求。和谐共处、井然有序的和谐社会价值目标可以指导大学生在志愿服务中培养大局意识和稳定意识，可以指导大学生形成没有规矩不成方圆的纪律观念，从而从内心深处认识、认知、认同国家的大政方针。

2006 年 3 月 4 日，胡锦涛提出：“要引导广大干部群众特别是青少年树立社会主义荣辱观。”① 作为思想意识领域的创新，社会主义荣辱观是中华民族传统美德思想与具体国情相结合而形成的。目的是在社会中建立一套价值观上的行动标准，重点是实行全民德育和社会和谐，对当前大学生志愿服务中

---

① 胡锦涛：牢固树立社会主义荣辱观［EB/OL］.http：//www.gov.cn/ldhd/2006-04/27/content_267890.htm，2006-04-27.

价值观的培育具有重要指导意义。

社会主义荣辱观为大学生在志愿服务中提供价值判断标准。如果用一句话去解释荣辱观的话，那就是社会活动中的主体参与者在面临光荣和羞耻问题上的判断和抉择标准的观念。其中，里面包含着很重要的关于荣誉和耻辱社会价值的评判和选择，社会的状态影响荣辱观的取舍，个人的价值观也决定荣辱观的取舍。不论什么样的社会，都会有一种普遍认同的观念或者主流意识形态，这成为大部分社会成员心中的价值评判标准，这种评判标准始终在大部分时间里指导着每个人的价值体系，作用于他们的社会行为，最终成为社会发展的指路标，这就是社会意义上的荣辱观。社会主义市场经济条件下的思想意识是多元化的，造成了人们对荣誉和耻辱的看法也不尽相同，在这种社会状态下，大学生志愿服务中价值观的培育就应该将社会主义荣辱观作为指导理论之一，在志愿服务中只有一种判断荣誉和耻辱的观念，那就是社会主义荣辱观。应在大学生志愿服务中价值观培育方面以社会主义荣辱观作为引导，告诉大学生在志愿服务中什么是可以做的，什么是不可以做的，从而为大学生志愿服务中价值观培育提供方向上的指导。

社会主义和谐社会，是大学生志愿服务中价值观的价值目标；社会主义荣辱观，与大学生志愿服务中价值观倡导的本质不谋而合。这两个重要的理论，是大学生志愿服务中价值观的理论指导。

（三）习近平新时代中国特色社会主义思想对大学生志愿服务中价值观的指导

十八大以来，习近平总书记在社会意识形态领域建设方面做出了重要阐述，其中最重要就是积极培育和践行社会主义核心价值观。党的十九大报告对社会主义核心价值观的培育和践行都做了具体指导，明确了工作的方向和要求，反映了党在价值理念与实践上所达到的新高度。党的十九大报告提出："培育和践行社会主义核心价值观。要……把社会主义核心价值观融入社会发展各方面，转化为人们的情感认同和行为习惯。"① 还提出"培养担当民族复兴大任的时代新人"这一重大命题，把价值观培育同人的培养紧密结合，这有利于在大学生志愿服务中培育和践行社会主义核心价值观。

---

① 习近平．在中国共产党第十九次全国代表大会上的报告［N］．人民日报，2017，10（18）：1.

中央政治局第十三次集体学习时，习近平总书记指出了核心价值观的重要性，特别是它作为一种文化软实力的内核、灵魂，决定了一个国家的文化的性质和方向。[①] 核心价值观的培育，能够整合全社会的意识，保障社会的有效运转和秩序的维护。华夏文明历史悠久，传统文化扎根于中华民族之中，精神追求更是如此。"培育和弘扬社会主义核心价值观必须立足中华优秀传统文化。要汲取优秀精髓，弘扬民族精神，大力改革创新，使中华优秀传统文化成为涵养社会主义核心价值观的重要源泉。"[②]

习近平还强调："要通过教育引导、舆论宣传、文化熏陶、实践养成、制度保障等，使社会主义核心价值观内化为人们的精神追求，外化为人们的自觉行动。"[③] 这充分反映了社会主义核心价值观培育的意义，它既可以指导行动，又是人们的精神支柱。通过培育社会主义核心价值观，才能从精神层面上团结全民族，从而引领全民族的共同行动。中华民族伟大复兴的中国梦，需要有共同认可的价值目标才能实现，应通过培育社会主义核心价值观凝聚全民族的共识，铸就实现中国梦的强大合力。

在北京大学师生座谈会上的讲话中，习近平总结人类社会历史发展的经验教训，指出："人类社会发展的历史表明，对一个民族、一个国家来说，最持久、最深层的力量是全社会共同认可的核心价值观。核心价值观，承载着一个民族、一个国家的精神追求，体现着一个社会评判是非曲直的价值标准。"[④] 习近平指出："文化自信是一个国家、一个民族发展中更基本、更深沉、更持久的力量。必须坚持马克思主义，牢固树立共产主义远大理想和中国特色社会主义共同理想，培育和践行社会主义核心价值观，不断增强意识形态领域主导权和话语权，推动中华优秀传统文化创造性转化、创新性发展，继承革命文化，发展社会主义先进文化，不忘本来、吸收外来、面向未来，

---

① 习近平谈国家文化软实力：增强做中国人的骨气和底气［EB/OL］.http：//www.xinhuanet.com/politics/2015-06/25/c_127949618.htm，2015-6-25.

② 国务院新闻办公室会同中共中央文献研究室、中国外文局．习近平谈治国理政［M］．北京：外文出版社，2014.

③ 国务院新闻办公室会同中共中央文献研究室、中国外文局．习近平谈治国理政［M］．北京：外文出版社，2014.

④ 国务院新闻办公室会同中共中央文献研究室、中国外文局．习近平谈治国理政［M］．北京：外文出版社，2014.

更好构筑中国精神、中国价值、中国力量，为人民提供精神指引。”① 习近平还对如何培育和践行社会主义核心价值观做了具体指导：“一是强化教育，使其立体式、全方位融入社会生活全过程；二是从源头抓起，知行统一；三是积极发挥优秀传统文化的现实作用。”② 习近平关于社会主义核心价值观的培育和践行的论述，为大学生志愿服务中价值观的培育提供了思想指导和理论基础。

《关于进一步加强和改进大学生思想政治教育的意见》指出：“要坚持联系实际，区分层次和对象，加强分类指导，找准与人们思想的共鸣点、与群众利益的交汇点，做到贴近性、对象化、接地气；要把社会主义核心价值观融入各行各业的实际工作、融入到人民群众的日常生活中、融入政策制度、法律法规的制定实施过程中。”③ 大学生志愿服务要以社会主义核心价值观为指导，将其全面融入大学生的日常行为和志愿服务活动中，为实现中华民族的伟大复兴奠定良好的思想基础。改革开放到今天，经济财富极大增加，但是人们的思想意识方面还存在许多问题。特别是大学生群体，每一次经济的转型和文化的革新，都是对大学生群体思想上的挑战，在参与志愿服务过程中，可以使大学生群体充分意识到我国社会主义核心价值观在社会建设中的重要作用，可以让他们在价值取向上与国家层面的治国理政理念保持高度一致。

首先，社会主义核心价值观引领大学生在志愿服务中树立坚定的价值信仰。一个人有什么样的信仰就会产生出什么样的价值观，如果始终用马克思主义的立场、观点和方法看待世界、人生和个人价值，就能够在多元化的社会潮流面前保持冷静头脑，抵御不良思想的侵蚀。大学生要想在志愿服务中做到这一点，就必须从两个方面加强自己的能力。一方面，在志愿服务中要学会活学活用思想政治理论课所讲授的马克思主义理论和中国特色社会主义理论体系等内容，要学会在它们的指导下去发现问题，学会用这些基本理论去找到解决问题的方法。从而充分认识和理解事物发展的本质，对志愿服务

① 习近平．决胜全面建成小康社会 夺取新时代中国特色社会主义伟大胜利——在中国共产党第十九次全国代表大会上的报告［N］．人民日报，2018，1（2）：002.

② 习近平．决胜全面建成小康社会 夺取新时代中国特色社会主义伟大胜利——在中国共产党第十九次全国代表大会上的报告［N］．人民日报，2018，1（2）：002.

③ 中共中央办公厅印发《关于培育和践行社会主义核心价值观的意见》［EB/OL］.http：//cpc.people.com.cn/n/2013/1223/c64387-23924110.html，2013-12-23.

中一些现象发展的趋势做出准确估计；另一方面，要与时俱进，社会主义核心价值观是马克思主义的继承和发展，用它来指导大学生志愿服务活动，可以使大学生对于我国目前所实行的路线、方针、政策有进一步的理解，从而产生巨大的精神动力。

其次，社会主义核心价值观引领大学生在志愿服务中树立崇高的价值理想。在社会主义建设的道路上，我们走过了一条曲折中前进的道路，建设中国特色社会主义是我国全体社会成员的共同选择，我们始终会为了这一目标的实现而努力奋斗。同时，这也是促使社会主义核心价值观提出的原始动力，是我国社会各个领域发展的指导思想，它同样可以引领大学生志愿服务活动。对于社会主义核心价值观的把握可以帮助大学生认识到只有把每个人的思想和行为都投入到社会主义建设这个共同目标中去，才是真正践行了马克思主义关于人的价值的理论。我们在引导大学生践行社会主义核心价值观的同时，也不能忽略引导他们坚持这种价值理念所必需的吃苦耐劳、勤俭节约的精神培养，注意平时的锻炼，时时刻刻准备着担负自己的社会责任。

最后，社会主义核心价值观引领大学生在志愿服务中树立正确的人生观和价值观。把属于我国治国理政思想的社会主义核心价值观贯穿于整个大学生志愿服务中的人生观和价值观的教育中，有利于大学生群体在进行社会帮扶活动时形成文明的价值意识，进一步提升自身的道德素质，锻炼大学生群体在是非问题上的判断能力，从而形成热爱祖国、友好良善、礼貌待人、诚实信用、敬业乐群、甘于奉献的利于社会、利于他人的价值理念；有利于祛除社会发展中的负面影响，摒弃金钱至上、享受第一的西方腐朽思想，从而形成与现代社会相符的价值观念。

习近平新时代中国特色社会主义思想，内涵丰富，韵味无穷，特别是社会主义核心价值观的相关论述，是大学生志愿服务中价值观的直接理论来源和内容。大学生志愿服务中价值观，本质上是社会主义核心价值观，是社会主义核心价值观的“三个倡导”在大学生志愿服务领域体现最为鲜明的部分内容。新时代以来，习近平新时代中国特色社会主义思想更为大学生志愿服务中价值观培育提供了明确的方向和要求，应成为我们在大学生志愿服务中价值观培育过程中长期坚持的指导思想。

（四）中国传统文化对大学生志愿服务中价值观的指导

中华文明意蕴深厚，源远流长，引领世界文化发展延续的一脉清流，其蕴含的诸如仁爱、兼爱、博爱、友爱等思想理念，成为了大学生志愿服务中价值观培育的深厚历史底蕴，为大学生志愿服务中价值观培育提供了基本理论指导，正是有了中华优秀传统文化的熏陶和借鉴，大学生志愿中价值观培育彰显深厚的历史底蕴和传承色彩。

第一，“仁爱”思想。仁爱思想具化来讲就是“仁者爱人，仁者天下”，主要变现为人与人之间的和谐共融的理想状态，人与人之间不冲突，人与人之间表现为宅心仁厚，一个“和”字贯穿仁爱思想的始终。孔子说过：“为仁由己，而由人呼哉”。[①] 这就是说一个人要做一个宅心仁厚的人，尽力去维护人与人之间的和谐状态，特别条件下，别人还会给自己提供帮助，以实现人与人之间共生共荣的理想状态。《弟子规》中提到的“泛爱众”，“就是要爱护身边的每一个人，倡导了普遍的人类之爱。而大学生的志愿服务正是一种‘仁爱思想’，要求爱护身边的人，爱护社会，为了他人的幸福和社会的发展而去努力”。[②] 儒家学派的仁爱思想，带有朴素的志愿服务精神，成为了志愿服务精神最原始的思想来源和精神指导，志愿服务也正是由于有了仁爱思想，才具有深厚的理论积淀，使得志愿精神牢牢扎根中华大地，深深根植儒家思想。仁爱思想倡导的宅心仁厚、推己及人等观念中，体现最为明显的就是基于血缘而建立的亲情关系。《礼记·中庸》中写道：“仁者，人也；亲亲为大。”[③] 孟子认为：“仁之实，事亲是也。”[④] 儒家倡导的基于血缘关系的亲情，基于血缘关系的仁爱，是互为仁爱的，既涵盖子女对父母的恭顺，也包括父母对子女的仁爱，这种仁爱最根本体现的是“孝悌”，“孝悌也者，其为仁之本。”[⑤] 儒家倡导人生在世，围绕孝悌要处理好基本的社会关系，即：君臣、父子、夫妇、兄弟和朋友之间的关系。儒家倡导的孝悌观念虽然具有双向性，共同性，但是实际上，孔子极力倡导的是一种孝顺，这种孝顺，是子女对自己服务的恭顺，顺从，这样的孝顺是儒家极力倡导的仁爱之亲的根本

① 周本寿．论语讲记（颜渊篇）［M］．中国华侨出版社，2013：23.

② 山西师范大学弟子规与传统美德研究中心．弟子规［M］．北京：北京师范大学出版社，2018：78.

③ 王文锦．大学中庸译注［M］．北京：中华书局，2008：67.

④ 王文锦．大学中庸译注［M］．北京：中华书局，2008：102–103.

⑤ 山西师范大学弟子规与传统美德研究中心．弟子规［M］．北京：北京师范大学出版社，2018：92–93.

基石，也是基于亲情之仁的着力体现。

第二，“兼爱”思想。以墨子为代表的墨家学派，着力强调“博爱思想”，[①] 实现了对儒家学派仁爱思想的继承和超越，在处理人与人关系上实现了大跨度的发展。墨家倡导的兼爱思想，根本的就是人与人之间需要仁爱，才能构成统一的人际关系，一旦人与人之间没有仁爱相处，肯定是以为人与人之间不够仁爱，或者这样的仁爱不是一视同仁的，不是互相平等的，不是兼爱的状态。人与人之间只有平等互助，只有仁爱共融，才会“交相利”，才会“兼爱非攻”。这样的状态是强化人与人之间的和谐关系，夯实人与人之间关系和谐的基础的重要保证。

墨子强调：“天下有义则生，无义则死；有义则富，无义则贫；有义则治，无义则乱。”[②] 因此，墨家学派倡导的兼爱、非公、仁爱，实则是在道义上的厚爱，这样的厚爱合乎道义，实则是道义上的博爱，这样的博爱不分贵贱、种族的区别，任何人与人之间都应该是厚爱、博爱、仁爱的关系。同时，更应该看到，墨家学派倡导的兼爱思想，实际上是一种无等差的爱，不会因为亲疏远近、年龄长幼而差别对待，一旦有差别的处理人与人之间的兼爱关系，就会产生很多问题。墨家倡导的兼爱思想，与大学生志愿服务中价值观倡导的价值观念具有内在一致性，在大学生志愿服务中，志愿服务的主体与客体之间，寻求的就是一种无差别的兼爱状态，就是通过这样的社会实践活动，去解决人与人之间的问题，去缓解人与人之间的矛盾，在这个过程中，实际上最根本的指导理念就是兼爱，这也成为了大学生志愿服务中价值观培育的重要思想来源与理论基础，与墨家倡导的兼爱思想同根同源。

第三，“积善行德”的思想。以老子为代表的道家学派倡导“施恩布德、世代荣昌”，《道德经》中明确提到“我有三宝，一慈、二俭、三不为天下先”，《太平经》里面提到“天道无奈、为善是与”，这些都深刻表达了道家学派“积善行德”的思想，要求对人们做到“善”，推动了人们慈善的思想。在思想上，道教宣扬积德行善、得道成仙。在道教经典《太平经》中倡导“天道无亲，唯善是与”，把是否行善积德看成能否得到善报并得道成仙的重要依据。为倡导行善，他提出一种善恶报应“承负”说，虽然有善人遭罪，

① 马腾．墨家兼爱法思想的现代诠释［M］．北京：高等教育出版社，2017：120–123.

② 马腾．墨家兼爱法思想的现代诠释［M］．北京：高等教育出版社，2017：89–90.

这是他上一辈人作恶，他这辈子承负而来，若他坚持行善，他将会得福，而恶人得势是因为上一辈之福，他的下一代必将遭受报应。[①]这种“承负说”指导人们坚持为善，坚定善念。东晋道教思想家葛洪说：“夫所谓道，岂唯养生之事而已乎，易曰：立天之道，曰阴与阳；立地之道，曰柔与刚；立人之道，曰仁与义。”[②]“欲求仙者，要当以忠孝、和顺、仁信为本。若德行不修，而但务方术，皆不得长生也。”道家学派认为，处世之道，必须懂得什么是道，而道家倡导的“道”根本来讲就是仁义道德，实际上是仁爱道德，孝悌崇厚之道。道家认为，人生在世，应该多做善事，做善事可以依据自己的能力和修为，有力者多做，反之，可以少做，其中，最根本的就是不能作恶，做善事即可实现自己的道德追求。在具体实施过程中，着力体现为“功过格”思想。所谓“功过格”，就是道士用来记录功过得失的一种手册。善言善行即为功，反之，即为过。这样的一种实施过程，实际上与大学生志愿服务异曲同工，因为大学生志愿服务严格意义上讲，也是一种“善行”，通过大学生志愿服务活动，去帮助身边的人，去帮助周围的世，这是一种功莫大焉的社会实践活动，是“大善”之行。因此，道家学派倡导的“积善行德”思想，为大学生志愿服务中价值观培育提供了重要的价值导向和理论渊源。

第四，“慈悲为怀”的思想。“慈悲为怀”的思想源远流长，其是佛教的重要指导思想和道义内容。自从佛教传入中国，对中国社会人与人之间关系的调节产生了重要影响。佛教主张的善恶有报，就决定了其倡导的价值准则就是“慈悲为怀”。其提倡人们要遵循清规戒律，多做善事，坚决不能为恶，不然会在下世后受到惩罚，人要想早登极乐，就需要为人者需善。这样的善，不仅仅表现在人与人的关系上，还会表现为人与自然、人与社会的关系上。不论是人与自然的关系，还是人与社会的关系，都应该慈悲为怀，行善为善，不然就会受到惩罚。《大乘义章》卷二十认为：“以己财事分布与他，名之为布，缀己惠人目之为施。”这里提到的“布施”，实际上就是最原始的“捐赠”。不过，这里讲到的“布施”不仅仅表现为人与人之间的互相帮助，也指的是人与自然、人与社会、“不杀生”、“积德行善”。如果说“不杀生”是一种消极关爱的话，那么“放生”就是积极去“与一切众生乐”，对佛教来说，

---

① 杨寄林.太平经［M］.北京：中华书局，2013：84.

② 杨寄林.太平经［M］.北京：中华书局，2013：93.

放生是一种修行，在《金光明经》、《杂宝藏经》中都有记载。[①]佛教强调“业报轮回”说：“人的一言一行都在造‘业’，有‘业’必有‘报’，无论做什么都应以慈悲为怀，有业必有报，善有善报，恶有恶报”。[②]佛教极力倡导的为人行善，做一个“好人”，实际上和大学生志愿精神具有内在共通性，其倡导的行为准则，关系到人与人，人与社会，人与自然，恰恰和大学生志愿服务的形式外延如出一辙。因此，大学生志愿服务倡导的价值准则与其倡导的价值理念通融共生，在一定程度上，也是对“慈悲为怀”思想的时代化超越和发展。

（五）实践育人志愿理论对大学生志愿服务中价值观的指导

“实践是检验真理的唯一标准”。针对实践育人观点，马克思主义经典作品以及马克思主义的继承者都对实践育人思想进行了阐释。马克思把亚里士多德的劳动和实践结合起来，“一方面把劳动的生产性看作是人的全部生命活动的本性，把人类历史看作是人类自我产生的过程，另一方面马克思把实践的目的性看作劳动的本质，把劳动从充当手段到充当目的的变化看作历史运动的价值指向，从而为劳动和劳动者的解放，为人类的普遍自由提供了本体论基础。”[③]毛泽东强调实践育人的重要性，要求加大实践育人的力度，知识青年上山下乡，就是提倡他们通过社会实践完善自己的世界观、人生观和价值观。习近平对实践育人尤为重视，他多次强调实践育人的重要性，强调实践学习和理论学习相结合的重要性，“我们的学习应该是全面的、系统的，而且是富有探索精神的，不光要学习书本，还要学习实践。”习近平指出，劳动实践是成长和进步的起始，是宝贵的人生财富，引导青少年生活靠劳动创造，通过劳动播种希望、磨炼意志、收获果实。大学生志愿服务就是大学生通过志愿服务活动的各种形式，参与社会实践的一种重要尝试。通过大学生志愿服务活动，不仅仅促进了社会的发展，人们的进步，反过来，也促进了大学生自身精神境界的提高，有助于实现大学生对志愿服务精神的理解和升华，这也为通过大学生志愿服务活动开展社会主义核心价值观培育提供了重要的理论支撑和实践锻炼，为大学生志愿服务中价值观培育提供了现实依据和实践遵循。

---

① 佛源.大乘佛教与当代社会［M］.北京：东方出版社，2003：27.

② 佛源.大乘佛教与当代社会［M］.北京：东方出版社，2003：27.

③ 张勖.大学生参与志愿服务长效机制研究——中美比较的视角［J］.中国高教研究，2009（12）：43-44.

第二章

我国志愿服务的历史回顾及大学生志愿服务中价值观的内容

我国志愿服务思想深受中国古代公益慈善思想的影响，有其深厚的历史基础和文化积淀。本章通过对我国古代、近代、现代志愿服务的历史回顾，理清我国志愿服务的发展脉络，为大学生志愿服务活动提供有益的借鉴与参考，并通过对我国大学生志愿服务活动的梳理，明确大学生志愿服务中价值观的具体内容。

一、我国志愿服务的历史回顾

（一）我国古代志愿服务的历史回顾

1. 探索时期

先秦时期是我国古代志愿服务的前期探索期。统治阶级为了维护自身的统治，采取官办的形式创办了一些慈善事业，主要集中在“救灾减灾”和“恤老慈幼”两个方面。

在我国古代，由于技术水平的落后、防灾救灾意识的不足，自然灾害直接威胁到一个国家的兴衰与存亡。因此，先秦时期的君主便会设立一些专门的政府部门，以便于妥善处理灾后的救济工作，这便是“荒政”。另外，先秦时期也出现了“劝分”，意思是当某地受到自然灾害时，政府会规劝、激励富人、地主进行赈灾。

“荒政”的慈善救助具有临时性，主要是在自然灾害发生后，如果没有自然灾害的发生，那么慈善救助便不会发挥作用。与“荒政”相比，“恤老慈幼”政策则更具有稳定性。《周礼》中的“司徒篇”和“礼运·大同篇”对“恤老慈幼”的记载较为详实。“司徒篇”中说：“以保息六养万民，一曰慈幼、二曰养老、三曰振穷、四曰恤贫、五曰宽疾、六曰安。”[①]无论是“荒政”还是“恤老慈幼”，都是国家君主推行的，用来保障子民生活的社会救助行为，其目的就是为了维护国家的稳定。

---

① 郑玄注 . 周礼 · 地官［M］. 上海：上海书店，1989.

2. 初步发展

两汉时期，由于战乱的结束，国家社会进入到休养生息阶段，生产力水平得到极大发展，人民生活逐渐富足，我国的慈善事业也得到了进一步发展。

一方面，针对“救灾减灾”，汉朝制定的政策比先秦时期更加全面。汉政府明确了严格的查灾、报灾制度。灾害一经发生，各地政府官员要立马核实情况，对于受灾范围、程度做出准确的判断后，将受灾人员和地点划分级别，实行不同的救济方案。汉朝有了秦朝的前车之鉴，特别注重对赋税、徭役等方面的管理，对弱势群体也有特殊的照顾。总而言之，汉朝在官办的社会慈善中，更加注重对老弱病残、鳏寡孤独等人群的照顾与保护。

另一方面，除了官办慈善之外，民间慈善也逐渐发展起来。首先是佛教的慈善救济事业。佛教寺院的济贫事业是中国最早的民间慈善救济事业。佛教一直奉行“普度众生”“行善济人”的宗旨，东汉时期佛教传入中国后，佛教寺院通过社会的捐助筹集资金，以宗教的名义开始从事救济活动。其次是宗族的慈善救济事业。宗族内部的慈善事业主要是指宗族内部之间的救济救助、抚恤幼孤等，其内部以血缘关系为纽带进行救助救济，对民间慈善事业的发展具有重要的意义。

3. 日渐成熟

自东汉以来，中原大地纷争不断，虽有佛教思想的影响，但是长期的动荡使慈善事业发展缓慢。一直到唐宋时期，我国古代慈善事业发展才日渐成熟。第一，常平仓制度的成熟。常平仓制度的设立主要是为了调节粮食的价格，将粮食提前储备起来，以供官民急需。因此，常平仓是统治阶级为了维护自身的统治而设立的，属于官办的社会慈善救助机构。第二，慈善机构的常设化、慈善政策的逐渐成熟。唐代的悲田养病坊是中国古代第一个较为成熟的专门对鳏寡孤独、老弱病残以及其他贫困人口开展慈善救助的机构。宋代初期开设官办的福田院，主要集中在京城的周边；嘉佑年间设立居养院；宋代还设立了“举子仓”“慈幼局”等慈善机构。这些机构的救助对象主要是一些鳏寡孤独者、贫困者、身体有缺陷的人和一些弃婴，基本上覆盖了需要救助的弱势群体。第三，民间慈善事业日渐成熟。首先，在佛教寺院作为社会救助机构开展慈善事业之后，个人的慈善活动也开始零星出现。其次，以宗族为单位的慈善事业发展更加成熟。宗族的血缘性和地缘性决定了其慈善救助事业的发展更容易成熟。宗族之间的慈善事业有利于维护整个宗族之间的团结，规范了长幼尊卑，有利于形成宗族之间互助的慈善观念，具有重要的道德教化作用。

4. 鼎盛时期

通过前期的发展与经验的积累，慈善事业已经日渐成熟，到了明清时期，在继承与发展的基础上，我国古代慈善事业达到了鼎盛时期。

一方面，明清时期形成了完备的防灾、救灾以及灾后安置等一系列制度，不断完善“恤老慈幼”机构的建设。清朝时期，由于灾害频发，形成了“省会以至州郡俱建常平仓，乡村则建社仓，市镇则设义仓，而近边有营仓之制，所以预为之备者，无出不周”① 的防灾救灾格局。为了抚养鳏寡孤独者，明代由官方设立了“养济院”，主要是来赡养和接济一些老人和没有劳动能力的人；对于一些弃婴，明代官方设置了“弃婴堂”，以便照顾那些被舍弃的儿童，使儿童尽可能的健康成长。这一措施得到了各地的支持，逐渐被推广普及。

另一方面，民间慈善事业的兴起与繁荣也是明清慈善事业达到顶峰的重要标志之一。明末清初，我国江南地区民间慈善事业蓬勃发展，如“同善堂”“仁济堂”“同仁堂”等民间慈善组织的建立，对一些有病的患者施以药剂救助，给一些死者施以棺木，给贫困儿童创办学堂，等等，发展规模逐渐壮大，是我国慈善事业发展的重要力量，展现出其独特的特色。

我国古代慈善事业历史悠久，深受中国传统文化的影响，在漫长的历史沉淀中展现出其独特的发展特点。

首先是发展主线明确。我国古代慈善事业逐渐丰富和不断发展，总体看来，发展主线还是较为明确的，主要集中在“救灾防灾、灾后安置”和“恤养老弱病残”两个方面。这是由中国古代农耕文明的特点决定的。

其次，指导体系多元化。中国传统文化博大精深，深刻影响着我国古代慈善事业的发展，是其发生、发展的指导思想。春秋战国时期百家争鸣，儒家、道家、墨家等思想中均蕴含着丰富的慈善观念。儒家思想中的“仁政”思想、“民本”思想、“大同”思想，都呼吁统治者积极发展慈善事业；道家思想中无为而治的辩证思想、善恶标准的提出等为慈善事业的发展提供了重要的价值准则；墨家思想中的“兼爱”，爱大众，是慈善事业的思想基础。继

---

① 嵇璜，曹仁虎等．修清朝通志·卷 88［M］．杭州：浙江书局，1882.

先秦以后，西汉“罢黜百家，独尊儒术”，使儒家思想成为中国古代思想的主流思想，也成为中国古代慈善事业发展的精神支撑。后期，佛教传入中国，其中的“乐善好施”“慈悲为怀”“救世济人”等思想得到弘扬，与中国传统思想进行了深入的融合发展，为中国古代慈善思想提供了有益的补充。

最后，政府主导，民间辅助。通过上述对中国古代慈善事业发展历程的梳理，我们不难发现，中国古代慈善事业的发展是以政府为主导的，与统治者的切身利益相关的。中国古代慈善事业是古代帝王为了稳定民心，维护自身的统治而逐渐产生并发展起来的。随着历史的不断发展，政府推行“荒政”，逐渐形成了一套比较完备的防灾、减灾和灾后重建机制，对于稳定社会秩序、保障农民利益，更重要的是对维护君主统治具有重要的意义。在以政府为主导的古代慈善事业中，起辅助作用的民间慈善事业也不断发展起来，涌现了一批留名青史的大慈善家。比如春秋战国时期的范蠡、东汉时期的樊重、隋朝的孙景茂等，他们以个人的名义进行慈善活动。除了个人之外，后来也不断发展出了许多民间慈善组织，他们都是中国古代慈善事业发展的有力支撑。

（二）我国近代志愿服务的历史回顾

1. 外主内辅阶段

1840 年—1933 年是我国近代慈善事业发展的外主内辅阶段。1840 年鸦片战争，标志着我国近代史的开端。西方列强在对近代中国强取豪夺的同时，也把近代西方的一些慈善公益思想和运作模式带到了中国。随着中国的大门被强行打开，基督教传教士们在传播国外宗教思想的同时也开展了一些社会服务工作。

1912 年，中华民国建立。在这一时期，“民治”思想逐渐发展起来。那时，政府正处于内忧外患当中，无暇顾及社会福利事业。因此，对社会福利事业的迫切需要使民众开始自发组织开展社会服务工作。以当时青年学生的社会服务活动为例，1912 年，美国人步济倡导在中国开展社会服务，主持成立“北京学生团社会实进会”，联合青年学生，从事社会服务，实行社会改良。①1914 年，基督教青年会翻译并出版了 R. M. Hersey 的《学生社会服务之

① 彭秀良．守望与开新：近代中国的社会工作［M］．石家庄：河北教育出版社，2010：7.

研究》，对于中国社会服务的发展具有里程碑式的意义。1917 年清华大学成立了清华社会服务团。1925 年，燕京大学社会学系改为社会学与社会服务学系，标志着我国专业社会工作教育正式开始，以培养社会服务工作的专门人才。①

2. 自主发展阶段

1934 年—1949 年是我国近代慈善事业自主发展阶段。1934 年 2 月，蒋介石发起"新生活运动"，提出要以孔孟的"四维"和"八德"为道德标准。"四维"即礼、义、廉、耻，"八德"即忠、孝、仁、爱、信、义、和、平。"新生活运动"在发动学生方面，从学生日常的衣食住行开始，鼓励他们开展社会服务工作。1941 年，《中国社会服务事业协进会》的成立，使得社会服务工作的发展更加系统化。1943 年，中国社会服务事业协进会颁布了《战时及战后社会服务计划纲要》，其目的是为了动员全社会的社团、民众发扬社会服务精神，为军人和他们的家属、受灾同胞、其他弱势群体等，提供救助服务。抗战胜利后，社会服务工作的重点随之转向战后恢复。随着新中国的成立，救亡图存的近现代社会服务也被载入史册。

中国近代慈善事业的发展也受到了西方思想的影响。当时的国外华侨团体给中国带来了近代意义上的公益运作模式，其中包括：如何建立公益组织；如何组织公益活动；如何筹措资金等。在香港被英国殖民的早期，一些来自西方的传教人员把西方宗教的慈善公益观念带到了香港，随着传教规模的扩大，这些以教会为主体的公益机构主动地开展了一些社会帮扶工作。在他们的影响下，香港当时的一些宗族乡绅把西方的公益观念和中国传统文化中乐善好施观念相融合，产生了具有中国特色的近代公益服务思想。

我国近代志愿服务深刻烙上了时代的印记，彰显出一些时代特征。

一是公益机构的多样性。中国近代史就是一部百年积弱的血泪史，自然灾害和战争的频仍，使中国社会的政治、经济到了崩溃的边缘，社会矛盾激化到了无可调和的程度。在这种社会背景下，具有社会矛盾协调功能的公益服务事业的重要作用愈加凸显。在社会对公益事业迫切的需求下，我国当时的公益机构无论在数量上，还是在形式上都得到了长足的发展。截至 1930 年，单上海一个城市就发展起了 100 多家各类公益服务机构，涉及社会各个领域。

① 彭秀良. 守望与开新：近代中国的社会工作［M］. 石家庄：河北教育出版社，2010：121.

这样大规模的公益机构的建立表明了我国近代公益机构，无论在组织形式上，还是在作用的发挥上都呈现出了多样性的特点。

二是公益帮扶运作的先进性。这个特征是相对于当时的信息科技发展水平而言的。中国的封建王朝到了后期，已经形成了一个较完整的社会救济体系。特别是到 1880 年以后，中国开始采用了电报等近代信息联络方式，加快了各种信息的传播，而这些信息技术也迅速地被应用到近代公益事业中。

三是公益价值的多元化。我国传统的社会救济价值观主要来自于三个理论体系，一是儒家的“仁爱”思想；二是佛教的因果循环思想；三是道家学派的善恶观。这三大理论系统，你中有我，我中有你，然而，具体到古代慈善道德观念的来源上，还是显得比较单一。中国近代公益事业的发展是众多中外公益人士共同努力的结果。但是，这些在中国传播公益文化、践行公益事业的人士也是鱼龙混杂、良莠不齐。从进行公益活动的动机和目的上来说，一部分传教人员是通过公益慈善活动的举办，进而取得中国民众的信任和好感，以便招揽更多的信徒；一部分外国人的公益善举则是彻头彻尾地为帝国主义的文化驯服所服务的。其中那些公益无国界的思想境界和行为是近代国际间施行人道主义援助的表率，是我国近代公益事业历程中永不褪色的辉煌记忆。参与公益活动的目的不同，公益机构人员的阶级与等级不同、人生经验的不同等，都使得我国近代公益价值取向呈现多元化的特点。

（三）我国现代志愿服务的历史回顾

由于历史原因，我国现代志愿服务起步晚，基础薄，发展时间短。新中国成立后，我国现代志愿服务事业才得到初步发展。改革开放以来，我国现代志愿服务事业取得了突飞猛进的进步，在规模化、形式化、制度化方面成绩斐然。综合我国现代志愿服务发展的过程，可将其分为三个阶段：

1. 第一阶段

我国现代志愿服务活动的第一阶段是指新中国成立后到改革开放以前，这一时期的志愿服务活动主要集中在国家层面。从 20 世纪 60 年代中期开始，中国曾对亚非的许多发展中国家进行大量国际援助。在这个过程中，中国志愿人员奔赴国外，开展活动。

2. 第二阶段

我国现代志愿服务活动的第二阶段是指改革开放后到 21 世纪初，这一时期志愿服务活动蓬勃开展，志愿服务体系相继建立。20世纪80年代后期，我国开始出现自己的志愿活动和志愿者，基层社区服务活动志愿者是这个时期的典型代表。90年代初期，共青团组织的志愿者应运而生并迅速辐射全国。这一时期，志愿者响应国家号召，积极开展不同的志愿活动，使志愿服务活动成为了覆盖所有阶层和地区的全国性活动。各种志愿者组织迅速成长，搭起了中国现代志愿服务的框架。此时，中国的民间组织也积极动员志愿者参与社会公益，在爱心奉献、扶老助残等社会公益方面也发挥了重要作用，成为了现代志愿服务事业重要的组成部分。

3. 第三阶段

这一阶段是指进入21世纪后，中国志愿服务进一步发展，志愿服务新格局初具规模。2001年是联合国组织命名的“国际志愿者年”，志愿服务成为国际共识。从这一意义上讲，中国的志愿者行动已经成为国际性志愿服务的一个组成部分。“这一时期，国家组织的大型活动、‘西部计划’等项目，标志着中国志愿服务发展进入了一个新阶段。”① 此外，这一时期，中国志愿服务国际间合作和交流不断加强，合作和交流的内容和形式前所未有，中国现代志愿服务兼具民族性和国际性的时代特色。

我国现代志愿服务事业随着社会的进步不断发展，在这个过程中，其特色愈加明显。

一是志愿服务行政化色彩鲜明。我国现代志愿服务的发展，大多是伴随着国家大型的社会活动或者现代化建设而产生，这也就不可避免的使我国现代志愿服务事业彰显鲜明的行政化色彩。党和政府借助共青团组织和社区管理结构，积极推进志愿服务，使其成为全国性的事业。

二是志愿服务体系建设日渐成熟。中国现代的志愿服务，是伴随改革开放产生并发展起来的，从区域性的探索到逐渐形成普遍的社会风尚，其体系建设日渐成熟。时至今日，中国志愿服务体系建设共分为三种类型，分别是：志愿者工作委员会领导与推动、精神文明建设委员会领导与推动、青年志愿者协会统筹与推动。这三种类型，立体化、全方位的构建起我国志愿服务体系，为我国现代志愿服务事业的发展提供保障。

三是国际化趋势愈加明显。随着改革开放的逐步深入，经济全球化的进

① 丁元竹. 中国志愿服务研究［M］. 北京：北京大学出版社，2007：11.

一步发展，我国现代志愿服务事业国际化趋势愈加明显。不同国家、地区的志愿服务在内容上相互学习、行动上相互协作、经验上相互借鉴，从而达到新的高度，也使中国现代志愿服务事业融入国际公益志愿服务事业的潮流，成为其中重要的组成部分。

综上，通过对我国古代、近代、现代志愿服务的历史回顾，总结出不同阶段我国志愿服务的不同特点，从中理清我国志愿服务事业的发展脉络，进而为我国大学生志愿服务的历史梳理和总结提供有益的借鉴和参考。

二、我国大学生志愿服务的发展回顾

我国大学生志愿服务伴随着我国现代志愿服务事业的发展应运而生。新中国成立以后，特别是改革开放以来，我国大学生志愿服务活动在活动规模、内容形式和覆盖范围上都取得了突破式进展。通过对我国大学生志愿服务历史进程的回顾，可为大学生志愿服务中价值观的具体内容提供实践基础和活动依据。

（一）大学生志愿服务的发展过程

20 世纪 60 年代兴起的学雷锋活动可以看作是我国志愿活动的起源。团中央于 1993 年决定实施中国青年志愿者行动。1994 年 12 月 5 日中国青年志愿者协会成立，标志着中国青年志愿者活动走上了正规化、组织化、规范化的轨道。[①] 纵观我国大学生志愿服务活动的发展历程，大致可将其划分为启动、发展、成熟三个阶段。

1. 启动阶段

从 1993 年底—1994 年底，是启动阶段。“我国进入改革开放阶段以后，在学习雷锋的基础之上，在共青团组织的推动下，又增加了‘讲文明、讲礼貌、讲卫生、讲秩序、讲道德’；‘心灵美、语言美、行为美、环境美’；‘热爱祖国、热爱社会主义、热爱中国共产党’等为主题的群众性运动。”[②] 学雷锋活动也在新的时代条件下被赋予了新的内涵，这一时期，大学生志愿服务活动主要集中在学习雷锋同志无私奉献、敢于牺牲的高尚情操。这一阶段的

① 桑运川．大学生青年志愿者活动的实践与思考［J］．党政干部论坛，2006（3）：27-28.

② 梁绿琦．志愿服务与大学生社会主义核心价值观培育研究［M］．北京：中国社会科学出版社，2016（11）：134.

大学生志愿服务活动项目较为单一，主要是行政化组织的大型活动或者大型的赛事。

1993 年，福建第一支青年志愿者服务队——厦门市青年志愿者筼筜治安分队成立，厦门市红十字会、厦门市民政局以及其他社会组织随后也建立起各种类型的志愿者队伍。1993 年 12 月 19 日，"共青团中央、铁道部共同组织首批中国青年志愿者走上千里铁路大动脉，标志着'中国青年志愿者活动'正式启动，拉开了'跨世纪青年文明工程'帷幕，也是中国青年志愿活动兴起的标志性事件。"[①] 此后，共青团逐渐在各大高校内开展志愿服务活动，越来越多的大学生志愿服务活动开始开展起来，从最初学校的卫生清扫逐渐蔓延到学校日常生活的其他方面。学校与共青团的联系也不断加强，在共青团的积极倡导与配合下，大学生志愿服务活动逐渐向规范化、专业化方向发展。

2. 发展阶段

从 1995 年—1998 年，是发展阶段。1994 年，团中央组建中国青年志愿者协会，后来又成立了各类志愿服务团体，形成了多元主体携手共进、协调发展的良好局面。随后，各地方高等院校开始组建自己的志愿服务组织机构，随着志愿服务和志愿组织的发展，志愿组织及志愿者的专业性、针对性都在不断加强，逐渐形成了具有各高校特色的长效化的志愿服务活动特征。中国青年志愿者协会是我国建立起的第一个具有现代志愿服务理念的全国性的志愿服务组织，是我国志愿服务活动开展最多、影响最为深远的志愿服务机构。无论从分支机构的建立，还是志愿服务理念的传播，中国青年志愿者协会都走在了其他志愿服务机构的前列，在它的带领和影响下，我国的志愿服务事业取得了长足的发展。在这个阶段，大学生志愿服务初步实现了科学化、规范化。

大学生志愿服务的发展为大学生了解社会搭建了广阔的平台，并让大学生在参与志愿服务活动中逐渐形成了积极、健康、乐观、向上的个人品质，激发了大学生自身的主体创造意识，优化了大学生的思想政治教育环境。通过参与一些大型的赛事会议、学校与其他组织之间的合作等志愿服务活动，越来越多的大学生参与到志愿服务活动中，并且将志愿服务精神辐射到社会的各个领域。

---

① 冯宁，邵子剑 . 高校校园志愿文化的建构培育与发展［J］. 北京教育（高教），2016（01）：58-60.

3. 成熟阶段

1998 年 8 月，共青团中央青年志愿者行动指导中心成立，负责策划、指导、协调全国的青年志愿服务工作。这标志着我国大学生志愿服务进入了成熟阶段。在这一阶段，为了更好地和国际发展理念接轨，我国积极主动争取各种国际会议的主办权，这些国际会议给我们带来了很多新的理念，让我们听到了以往所没有听到过的专业词汇，比如“非政府组织、第三方职能部门”等。这些现在与志愿服务密不可分的专业名词，都是通过当时各种国际会议所引进的，它们在传播的过程中也和我国大学生志愿服务事业逐渐融合到一起，使我国大学生志愿服务事业逐步纳入国际化的轨道，使真正现代意义上的大学生志愿服务理念在我国得以确立。

进入 21 世纪，我国公益事业的参与率有了大幅度的提高，有越来越多的大学生参与到志愿服务活动中。在这些人中，既有正式注册的志愿者，也包括重大事件临时招募的志愿者。大学生志愿者的增多表明我国公益体系的建立和快速发展，可以吸引更多的人随时随地投身到志愿服务事业中来。比如汶川地震的救助工作。汶川地震发生后，在震后救灾的过程中，有来自全国各地的几百万志愿者投入到救助中，这其中很大一部分志愿者是自发参与救助的。这说明自觉自愿的社会奉献理念已经深入人心，并且化为行动。除了抢险救灾之外，在各种大型活动中，更是随处可见志愿者无私奉献的身影。例如，在北京奥运会期间，100 多万大学生投入到赛事的筹备和体育竞赛当中，使得志愿服务理念在社会上得到了空前的关注和广泛的认同，向全世界展现了中国国民素质的提升，让全世界以崭新的视角开始重新认识中国，有些外国媒体甚至把 2008 年称之为中国志愿服务的元年。2008 年奥运会上志愿服务所取得的成就也带动了更多的志愿者以极大的热情参与到紧随其后举办的世博会上，在 2010 年举办的上海世博会上，大学生志愿者数量达到了 200 多万人。这些大型活动的举办使得我国大学生志愿服务的发展达到了巅峰。以北京市为例，根据北京市志愿者联合会的统计，截至 2016 年 5 月 8 日，在“志愿北京”平台内实名注册的志愿者总数超过 340 万，志愿服务团体的总数达到 54037 个，累计服务项目达到 80770 项，占比达到 49.9%。在 2013 年 12 月 2 日上午国务院新闻办公室举行的中国青年志愿者行动实施 20 年新闻发布会上，团中央书记处书记汪鸿雁介绍了中国青年志愿者行动实施 20 年的有关情况，详细阐述了志愿活动发展的历程和成效：截至 2013 年 12 月 2 日，经过规范注册的青年志愿者人数达到4043万，其中大学生志愿者占到了70%以上。可以说，从“学雷锋”活动到汶川抗震救灾，从北京奥运会到广州亚运会，志愿服务精神始终在高扬，这标志着我国大学生志愿服务活动进入了成熟阶段。①

综上，我国大学生志愿服务发展由小变大，由弱变强，大学生志愿服务内容越加多样，形式多元化日渐丰富，紧跟时代潮流，彰显时代脉搏。大学生志愿服务发展过程中，其制度化、系统化、社会化、企业化等趋势逐步显现并取得喜人成就，长效机制的大学生志愿服务规模初具。

（二）我国大学生志愿服务的主要内容

随着时间的推移和我国大学生志愿服务活动的逐步开展，我们可以发现，大学生志愿服务的形式和内容也逐渐丰富起来，志愿服务的种类也愈发多样。特别是十八大以来，大学生志愿服务工作得到各大高校的高度重视。高校积极借助大学生志愿服务的诸多平台，有序地开展了大学生志愿服务工作。

1. 扶贫济困型

大学生志愿服务有多种形式，而扶贫济困则是当前志愿服务的重要形式之一。就目前而言，我国发展仍存在着许多不平衡的现象，比如区域经济发展不平衡、城乡居民收入不平衡、医疗教育发展不平衡，等等，这些不平衡现象的存在一定程度上推动了扶贫济困型志愿服务形式的出现。特别是新时代“精准扶贫”的理念之下，“扶贫济困型”志愿服务受到了广泛的重视，而三下乡则是扶贫济困志愿服务中一个重要的方面。1996年，《关于开展文化科技卫生“三下乡”活动的通知》颁布实施，掀起了下乡热潮，得到了大中专学生的广泛响应，社会效果十分显著。1999年，教育部、团中央专门针对扶贫济困型志愿服务，开展了扶贫接力研究生支教团项目，这个项目主要以支教为抓手，帮扶西部贫困地区。2003年，大学生西部志愿服务计划实施，大学生纷纷响应国家的号召，走进西部进行支教、支农、支医，使得西部地区的科技、农业、教育、医疗卫生等方面有了突飞猛进的发展。2006年，教育部、团中央、人事部、中宣部等七部门联合颁布了《关于组织开展高校毕业

---

① 梁绿琦．志愿服务与大学生社会主义核心价值观培育研究［M］．北京：中国社会科学出版社，2016：147.

生到农村基层从事支教、支农、支医和扶贫工作的通知》，意在于每年众多的高校毕业生中，挑选出 2 万名优秀人才，输送至农村，深入基层，大力开展"三支一扶"实践活动。这一系列的实践活动，不仅提高了大学生志愿服务的能力和水平，而且也为西部发展注入了新的活力，从一定程度上缩小了城乡收入差距。①

2. 社区服务型

社区是社会的基本单元，它对社会发展和进步有着不可或缺的作用。改革开放日益深入，人民生活水平逐渐提高，人们的思想观念也发生了一定的变化，一些人仅仅看重经济利益，却忽视了正确价值观的培养以及精神世界的提升，影响了社会公众之间的良好风尚。就社区角度而言，民众之间的沟通减少，隔阂增多，导致本不应出现的矛盾层出不穷，这十分不利于社会主义和谐社会的构建。在这样的背景之下，社区服务型志愿服务活动越来越受到大学生志愿者们的关注。为促进社区的和谐发展，志愿服务承担了众多的职能。其一，帮助弱势群体。现今，城镇化发展迅速，城乡人口比例失调，孤寡老人、留守儿童等问题日益严峻，这需要大众的关注与帮扶。以志愿服务的方式，加大对这类弱势人群的帮助十分有必要。当然，志愿服务不仅要给予物质层面的帮助，而且要给予精神层面的宽慰和安抚。以空巢老人和留守儿童为例，家中的主要劳动力外出务工，把老人和小孩留在老家，缺乏爱与关注的他们往往会产生各种各样心理疾病与困扰，这就需要志愿者帮助他们疏导负面情绪，使其保持一个良好的心情和积极向上的心态。其二，要以自身专业为抓手，强化志愿服务能力。纸上得来终觉浅，绝知此事要躬行。实践是检验真理的唯一标准，大学生所学习的专业知识，应当同社会实践紧密结合起来，只有这样，才能够学以致用，提升自身的理论水平和实践能力。在社区志愿服务中，大学生志愿者可以利用自身所学进行志愿服务，比如师范生可以辅导留守儿童的学业、医学生可以进入社区为居民义诊、农学生可以引导农民进行农作物管理促使丰收、心理学学生可为社区居民开展心理健康讲座、发布问卷调查，及时发现居民的心理问题并加以解决。其三，以文艺汇演的方式开展志愿服务。现在的大学生大都是 95 后、00 后，他们朝气蓬勃，多才多艺，用文艺汇演的方式与社区民众进行心灵沟通和交流，不仅能

---

① 叶边，罗洁．中国志愿者：进步与差距［J］．世界知识，2008（14）：50-56.

够活跃社区气氛，为社区提供良好的生活环境，而且能够引导民众沟通，减轻距离感，增进邻里情感，对和谐社区、和谐社会的构建大有助益。

3. 生态环保型

十九大报告指出，中国特色社会主义进入新时代，我国社会主要矛盾已经转变为人民日益增长的美好生活需要和不平衡、不充分的发展之间的矛盾，而所谓的美好生活需要不仅仅是物质性需要，还应该是环境、教育等方面的全方位需求。尤其是环境，绿水青山就是金山银山，大众越来越重视环境保护和经济的可持续发展。因此，生态环保型志愿服务应运而生。在我国，五位一体的一个重要方面便是建设社会主义生态文明，而生态环保也逐渐成为志愿服务的重要方面。通过生态环保型志愿服务活动，不仅可以保护祖国的川谷河流、提升空气质量，而且有助于大家形成良好的卫生习惯和环境保护意识。例如，1999 年，“保护母亲河”志愿活动实施，通过清除河面白色垃圾、沿河植树造林、减少生产生活的污染物排放等一系列志愿实践活动，取得了积极的成效。[①]在此之后，各大高校也纷纷加入到母亲河的保护工作中来，并积极组织学生开展生态环保型志愿服务活动，意图打好蓝天保卫战，共同维护良好的生活、工作环境。以此同时，五位一体总体布局的提出，使得越来越多的人意识到了环境保护的重要性和必要性，各种民间环保组织如雨后春笋，纷纷出现，力图提升我国的环境质量。

4. 大学生志愿服务西部计划

2003 年，根据国务院常务会议和 2003 年毕业生就业工作电视电话会议精神的要求，教育部、团中央制定并实施了“大学生志愿服务西部计划”，财政部、人社部给予相关政策、资金支持。在具体的实施过程中，按照公开招募、自愿报名、组织选拔、集中派遣的方式，每年招募一定数量的大学生，到西部基层开展为期 1 年 – 3 年的教育、卫生、扶贫、农技等志愿服务。西部计划的志愿服务年限通常比较灵活，可以根据自己情况提出延期服务申请。截至 2013 年，加上地方项目，西部计划累计选派超过 16 万人次大学生，到西部 22 个省区市及新疆生产建设兵团 2100 多个县开展志愿服务工作，先后有 1.6 万人扎根西部，扎根在了祖国最需要的地方。2005 年 7 月，就实施大学生志愿服务西部计划，胡锦涛同志作出重要指示：“高校毕业生是国家宝贵的人

---

① 袭万达 . 志愿服务 20 年——中国志愿服务研究综述［J］. 思想理论教育，2010（11）：87–91.

才。实施大学生志愿服务西部计划，有利于开辟高校毕业生健康成长的新途径，有利于推进西部地区的经济社会发展。”①

5. 中国青年志愿者海外服务计划

为了推动青年志愿服务体系的完善，培养青年的奉献精神的志愿服务能力，更好地开展与海内外志愿者组织的交流并融入到国际志愿服务的队伍之中，1994 年，共青团中央牵头成立了中国青年志愿者协会。2002 年，团中央和商务部发起实施青年志愿者海外服务计划。青年志愿者海外服务计划主要是根据受援国的实际需要，由主办单位和受援国签订合作协议，采取自愿报名、集中选拔、公开招募的方式，在约定的时间之内选派优秀的中国志愿者到受援国进行中长期的志愿服务活动。中国青年志愿者海外服务计划的开展，不仅促进了受援国经济社会发展、有效的服务了国家外交战略，还提高了我国志愿者的整体服务水平和能力、为国家培养了一批兼具国际视野和社会责任感的优秀青年人才。截至目前，我国已经向亚洲、非洲、拉丁美洲的 22 个国家派出青年志愿者。青年志愿者海外服务计划的服务领域亦多种多样，主要集中在汉语教学、医疗卫生、农业技术、经济管理、社会发展等方面。

（三）我国大学生志愿服务发展的特点

1. 较强的组织性

大学生参与志愿服务活动一般有两种方式，第一种是大学生以个人身份参与志愿服务活动；第二种是参与到高校内部相关部门组织的集体志愿服务活动。当前，大学生参加志愿服务的主要方式是集体参加，统一组织。例如，许多大学成立了校级的志愿者协会、志愿者联合会等社团组织，每个学院也有志愿服务队，大学生参与的主要是高校中具有公益性质的社团组织的志愿服务活动，也包括高校各级共青团组织的志愿服务活动，大学生多以共青团组织的志愿服务活动为主。

2014 年，中央文明委对推进全国志愿服务制度化建设提出了新要求。大学生志愿服务活动的制度化建设在原有的基础上逐渐完善起来，学校对于大学生的志愿服务活动的组织管理更加制度化、系统化，志愿者从最初的招募、培训、使用到激励开始向组织化、系统化方向发展。从学校的实际情况来看，

① 林震．非营利组织的发展与我国的对策［J］．国家行政学院学报，2002（01）：39-43.

各高校会设立大学生志愿者协会、志愿者联合会或者是青年志愿者协会，各学院会设立管理大学生的社会实践与志愿服务活动的部门，这些部门从属于校级团委，学生以个人的名义报名参加志愿服务活动。在大学生志愿服务活动中，各级社团或者部门之间会制定内部规章制度，具有较强的组织性，上下联系也逐渐密切、规范起来，使得大学生在参与学校组织的志愿服务活动时，更容易有较强的组织性，更容易在集体中获得归属感。

2. 明确的自愿性

大学生志愿服务首要的特征是自愿性。自愿性主要是指大学生并非强制参与志愿服务活动，志愿者参加活动是自由选择和自由决定的，其意志不受外界所制约。一般而言，大学生志愿服务活动，学生自愿报名是前提，然后再进行择优选拔或公开招聘，从而了解并录取大学生志愿者，继而加以组织引导，帮助开展相应的服务活动。在大学生的综合素养越来越高的背景之下，学生们在参与志愿服务的时候大多数都是从自我的良知与同理心出发，秉持高度的社会责任感，以服务人民群众为己任，积极投身到社会志愿服务中去。当代大学生是民族和未来的希望，是社会主义的建设者和接班人，必须用马克思列宁主义、毛泽东思想、邓小平理论、习近平新时代中国特色社会主义理论作为大学生志愿服务的行动指南。弘扬社会正气、服务公益事业是当代大学生体现自身社会责任感的应有之义。当代大学生应当积极参与社会志愿服务活动，自觉肩负弘扬中华民族优秀传统美德的历史重任，将实现自我价值同构建社会主义和谐社会紧密结合起来，努力奋斗，贡献出自己的一份力量。

3. 广泛的参与性

大学生志愿服务活动搭建了学生与社会之间的桥梁，对学生德育实践具有重要意义，符合大学生成长成才的路径。大学生志愿服务具有广泛的参与性。

一方面，大学生参与的广泛性。大学生志愿服务活动既能满足社会发展的需要，弥补社会功能的不足，有利于和谐社会的建设；同时也有助于提高大学生适应社会的能力，培养大学生正确的世界观、人生观和价值观。大学生志愿服务活动因其本身的公益性，彰显了参与主体的广泛性。在试点开展的通过志愿服务走进社区推动“五大青年行动”中，截至 2017 年底，北京市实名注册志愿者超过 413.7 万人，全市累计开展“五大青年行动”志愿服务活动超过 1100 次，参与人数将近 1.7 万人次，服务时长近 7 万小时。2003 年，以大学生志愿者为主体的西部计划开展实施，号召广大大学生积极投身西部建设，开展就业创业工作。西部计划 2018 年实施规模为 18300 人，其中包括 2100 多名中国青年志愿者扶贫接力计划研究生支教团成员。① 西部计划实施 15 年来，已累计选派 27 万余名大学生志愿者到中西部 22 个省区市及新疆生产建设兵团的 2100 多个县市区服务。

另一方面，志愿服务活动的广泛性。大学生志愿服务活动形式多样，具有广泛性。大学生志愿服务活动由以往的“学雷锋”活动，到大型活动的志愿服务活动，又拓展到农村扶贫开发、社区建设、国际合作等社会生活的方方面面，体现了大学生志愿服务活动在形式上、内容上的延展性日益增强。大学生参加志愿服务活动的类型主要有：赛会服务、灾难救援、文明建设、文化教育、关爱服务、国际服务等。大学生参加志愿服务活动服务的对象主要有：儿童、青少年、孤寡老人、残障人士、优抚对象、特困群体等。我国的大学生志愿服务活动总体来说可以分为三个层次，第一个层次是国家层面的重大活动的志愿服务活动，如“一带一路”志愿服务联盟、平昌冬奥会志愿服务活动、大学生西部计划。第二个层次是地区层面的志愿服务活动，如 V 蓝 · 北京、微志愿 · 共青春、爱满京城等、毛主席纪念堂志愿服务项目、故宫博物馆讲解志愿服务项目。第三个层次是高校结合自身特点及所在地区开展的志愿服务活动，如助老励生、打工子弟学校支教、孤儿院慰问等志愿服务活动。高校大学生积极寻求多样的志愿服务活动形式，极大地满足了大学生个性发展的需求，最大限度地吸引众多大学生参与到志愿服务活动中。

4. 鲜明的教育性

志愿服务是大学生思想政治教育实践、培育和践行社会主义核心价值观的有效载体。元竹指出：“从文化功效的角度看，志愿服务是精神文明的载体和有效形式，是公民道德教育的渠道。”② 如 2018 年北京市志愿服务联合会开展外派联合国青年志愿者暨国际志愿服务储备人才培训，“一带一路”志愿服务论坛暨国际志愿者交流营，高校志愿服务“微志愿 · 共青春”——北京高校青年志愿者协会交流论坛，中央宣传部推进一系列志愿服务活动，都对大

① 大学生志愿服务西部计划项目介绍［EB/OL］.http：//xibu.youth.cn/xmjs/201510/t20151015_7212132.htm，2018-05-03.

② 元竹 . 国外志愿服务的发展［J］. 社区，2005（8）：19-20.

学生思想政治教育有着鲜明的导向作用。高校思想政治理论课也只有与实践相结合才能真正发挥出思想育人、道德培育的功能，而志愿服务活动是最直接、最可靠的实践形式。因此，共青团中央与高校联合建立“第二课堂成绩单”制度。“第二课堂成绩单制度”是在思想政治理论课堂的基础上，以志愿服务和社会实践为主要形式开展的课程，其教育意义鲜明，旨在将理论学习的成果运用到实践过程中，也是为了实现在具体的志愿服务活动中促进大学生深入了解和贯彻社会主义核心价值观的教育目的。

总之，大学生参加志愿服务，不仅可以服务社会，还可以在志愿服务中树立良好的世界观、人生观和价值观，培养良好的道德品质，形成“互助、友爱、奉献、进步”的志愿精神，推动高校精神文明建设。志愿服务让大学生更好地认识了中国的发展和社会的进步，也有很多大学生在志愿服务中更加深刻地认识了自己，了解了自己，学会正确处理个人价值和社会价值两者之间的关系，实现大学生自我教育的目的。

5. 突出的实践性

大学生志愿服务最突出的特点就是其实践性，志愿服务本身就是一种社会实践活动，其主要体现在：

第一，专业化的社会实践活动。大学生志愿服务是以大学生的专业背景为前提的社会实践活动，高校开展的大学生志愿服务活动有其独特的优势，体现在大学生具有相应的专业背景和培训优势上。对于文化教育类的志愿服务活动，师范类的大学生具有明显的优势，他们可以把平时在课堂上学习到的内容、方法、技巧运用到志愿服务活动中，把理论知识和实践活动紧密结合起来；对于一些大型赛事或者是综合性的志愿服务活动，综合类高校的大学生又有明显的优势，综合类高校所设置的学科种类较全，志愿服务活动的具体事务可以安排专业相近的大学生进行岗位与职责的分配，针对不同专业背景的大学生实际开展志愿服务培训工作，使综合型志愿服务活动得以高效完成。

第二，满足社会需求的社会实践活动。社会需求包括物质需求和精神需求，大学生志愿服务主要是一种满足社会精神需求的社会实践活动。大学生志愿服务活动可以传播青春正能量，培育符合社会主义核心价值观要求的现代化人才。大学生志愿服务中的先进典型可以起到榜样引领的教化作用，引导更多的大学生参加志愿服务，在志愿服务中找到快乐、找到个人存在感，以满足个人的精神需求，从而满足整个社会的精神需求。志愿服务是一种带着“爱”前行的社会实践活动，用爱来感染他人、用爱来填满社会的灵魂，使社会的精神需求得以满足，让大学生找到自身的价值，在具体实践中奉献社会，以满足社会的精神需求。

第三，体现公益性的社会实践活动。大学生志愿服务并非为了牟利，而是出于责任和奉献，无偿地向社会提供公益活动。特别是大学生进行社会化的实践活动，它搭建起了学校和社会之间的桥梁。在志愿服务中，大学生可以提早接触社会，了解社会，缓和大学生毕业之后从学校向社会转变时产生不适应的情况，是大学生主动融入社会的重要方式。在志愿服务活动中，大学生主动参与，奉献自己的时间、精力、金钱，不求回报，始终秉持奉献他人、服务社会的理念进行工作，将公益理念贯穿志愿服务全过程。

6. 明晰的公益性

公共利益视野，从字面上解释，可称之为公共的利益，简称其为“公益”。“公益”一词乃后起词，出现在五四运动之后。它关乎社会公众的利益和福祉，体现出为人民服务的精神。借助自身所学，帮助需要帮助的人是大学生志愿服务的主要目的所在。以寒暑假短期支教、关爱孤寡老人和留守儿童、科教文卫三下乡活动、大学生志愿服务西部计划、海外志愿服务计划等方式帮助需要帮助的人，这体现了一种公益性。志愿服务与经济行为存在着本质的区别，志愿服务体现的是为社会弱势群体提供无私的帮助，而经济行为则以追求利益为目标。大学生志愿服务不仅对打造和谐的人际关系和社会氛围有着至关重要的作用，而且对构建社会主义和谐社会有非常强的现实意义。大学生志愿服务开展的宗旨便是为了更好的服务人民、奉献社会，其社会公益性较强。[①]大学生志愿服务不拘大小，内容十分广泛，小到帮助孤寡老人、义务支教，大到奥运会、重大国际会议，都可以进行志愿服务活动。大学生志愿服务的终极目标就是通过共享自己的力量，去无偿地帮助他人、社会，促使社会愈发和谐、人民愈加幸福。将社会公益作为大学生群体志愿服务的价值取向，更容易为人们所接纳。大学生志愿服务这一实际行动，充分体现了良好的道德风尚和当代大学生群体的高度责任感与使命感。

---

① 张红霞，张耀灿．论校园文化建设视阈中的大学生志愿服务［J］．思想理论教育导刊，2013（01），：128-130.

7. 强烈的互动性

给予和获取的关系深刻的体现在志愿服务当中，于是这也就决定了志愿服务具有强烈的互动性。而所谓的互动性，便是指受助人与志愿者之间的相互关系，志愿者给予受助人帮助，反过来受助人给与志愿者内心的回馈与感激。此外，这种强烈的互动性更为明显地体现在高校思想政治教育的过程之中。① 具体而言，思想政治教育的主体，既可以是志愿服务者，也可以是受助者，双方都能够凸显思想政治教育的作用。一方面，志愿者扮演教育主体，对受助者的思想和行为有潜移默化的作用，一定程度上转变了社会的整体风气；另一方面，受助人在接受志愿服务的过程中，反思了自身行为和生活方式，提升了自身素养，优化了价值观念和世界观，从而实现了受助人与志愿者之间的良性互动。

综上，大学生志愿服务工作无论是对大学生还是对社会，都有其独特的存在价值和意义。目前，大学生志愿服务活动还在不断深化，系统性、特色性、制度性和理论性的内容在不断增多，大学生志愿服务发展的有益成果在不断丰富。但是，新时代以来，大学生志愿服务活动作为培育和践行社会主义核心价值观的示范平台，其育人作用发挥的不尽如人意。我们通过对我国大学生志愿服务历程的回顾，并将其与社会主义核心价值观有机结合，有助于理清大学生志愿服务中价值观的具体内容。

（四）我国大学生志愿服务发展取得的成绩

近年来，一些高校高度重视并积极开展了大学生志愿服务活动。学校领导挂帅关心，校院两级团委协助配合，学生会、社团组织积极宣传，学生志愿者们踊跃加入，使得大学生志愿服务活动硕果累累，社会价值凸显。对于另一部分高校来说，随着对于志愿服务的认知度与日俱增，也越来越重视志愿服务，采取积极向上的态度和切实有效的措施开展工作，成效显著。

第一，志愿服务活动成绩斐然。近几年来，特别是十八大以来，党中央十分重视并积极推进当代大学生的志愿服务活动多样化，志愿服务活动取得了突飞猛进的发展。以大学生志愿服务西部计划为例，十几年来，瓜瓞绵绵。一是西部计划的志愿服务领域愈发多元，先后共有 11 个志愿服务项目开展实

① 李国荣 . 试论志愿者、志愿服务、志愿精神的内在底蕴［J］. 社科纵横，2009（04）：54–55.

施。二是大学毕业生深入基层、扎根西部的人数与日俱增，他们积极投身到志愿服务中去，为实现个人价值和社会价值的统一而不懈奋斗。三是随着志愿服务的进行和深入，志愿者们的社会责任感和使命感不断提升，促进了志愿者与群众之间的良性互动。四是在志愿服务的过程中，大学生志愿者们经历了风雨的洗礼，取得了身心的蜕变，综合素养得到了显著的提升。五是各级党委和政府高度重视大学生志愿服务西部计划，不断地完善、规范与之相关的体制机制。

第二，志愿服务的形式也数目繁多。学校对志愿服务活动的高度重视也体现在了志愿服务形式的多样上，积极开展了各式各样的志愿服务活动，例如支农、义务家教、关爱老人、爱心回收、环保义务宣传等。以大学生自愿服务西部计划为例，自 2016 年 4 月中旬西部计划工作启动以来，为鼓励更多的优秀应届毕业生投身西部，扎根西部这片祖国最需要的地方，校团委通过海报、传单、新媒体宣传、广播播报、悬挂横幅、召开支西动员大会以及政策宣讲会等多种形式，进行西部计划的宣传和招募工作。志愿者选拔秉持严格的选拔标准，本着公平、公正、公开的原则，通过笔试、面试、统一体检、公示等环节择优录取报名的志愿者。最后，A 校选出了 18 名优秀的应届毕业生，这 18 名同学光荣地成为了 2016 年西部计划的志愿者并已分赴新疆、西藏、内蒙古、贵州等地，开展了为期 1–3 年不等的基础教育、农业科技、医疗卫生等方面的志愿服务，于祖国广大的西部地区建功立业。

第三，推动了高校思想政治教育工作的有效开展。大学生志愿服务活动，是大学生参与社会实践，融入社会发展，提升自我精神境界的一种有效实践形式，是实现大学生自我学习、自我教育、自我完善、自我提升的重要途径。通过志愿服务活动，大学生在实践过程中实现了主体与客体的双向互动发展，而大学生志愿服务活动成为了高校思想政治教育工作的有效途径。其一，传统的思想政治教育更多地体现在课堂传授、理论灌输和卷面考试上，对大学生的实践能力锻炼和思维能力挖掘时效性不足。随着新媒体时代和多元化时代的到来，思想政治教育方式方法也应该趋于时代性、技术性和多元性，思想政治教育应该实现从显性教育到隐性教育的根本转变，“相对于思想政治的外显、直接灌输的特点，隐形教育体现了一种润物细无声的渗透作用，大学生志愿服务一方面满足了大学生自我的实现，另一方面则使越来越多的大学生自愿加入到志愿者行列中，进行大学生志愿服务的积极性和主动性不断提升”。[①] 其二，大学生思想政治理论教育作为高校育人的主阵地，肩负立德树人的艰巨任务。实现大学生从校园到社会的身份转变，根本的就是实现大学生将理论知识与社会实践的完美统一。大学生志愿服务作为大学生融入社会实践的有效方式之一，是完善大学生思想政治教育，提升大学生思想政治教育实效性的重要补充手段，通过大学生志愿服务活动，提升大学生应对社会纷繁复杂环境的能力，实现大学生身份的完美转变，是推动高校思想政治教育工作的题中之义。同时，通过大学生志愿服务，将社会主义核心价值观培育和践行融入其中，不断纠正大学生的志愿服务行为，提升大学生对社会主义核心价值观的认知、认同程度，是实现大学生树大德、守公德、严私德的重要手段，也是提升高校思想政治教育时效性的内在要求。其三，通过大学生志愿服务活动，使得思想政治教育工作实现主体与客体的有机互动。传统的思想政治教育视野下，大学生作为受教育者缺乏主体性、能动性和互动性，机械灌输和固化授课方式使得思想政治教育深度和转化度不足，通过大学生志愿服务活动，大学生成为了实践活动的主体，其积极性、主动性与能动性全面调动起来，在志愿服务过程中，将理论知识与社会实践有机结合，将思想政治教育的主要内容转化为科学的意识与行动，将社会主义核心价值观内化于心，外化于行，在促使自身价值实现的同时，有效地实现了思想政治教育过程中的主客体双向互动。[②]

第四，大学生志愿服务积累了丰富的经验。首先，借助大型的志愿服务活动，根据教育部、团中央的要求，将大学生志愿服务常规化、制度化，完善大学生志愿服务公布、招募、培训、选派和考核机制，形成了一以贯之的整体运行机制。公开报名透明化、招募流程实操化、培育过程高效化、选派目标针对化、考核机制科学化，形成了独具特色的大学生志愿服务经验。一是根据相关部门要求，依据志愿类型实际，开拓多元化的大学生志愿服务类型，以保证大学生个人兴趣与志愿目标相结合、专业技能与志愿岗位相匹配、贡献程度与考核机制相适应的多元化良性结合。大型活动志愿者、环境保护志愿者、公益活动志愿者、西部支教志愿者、专业救援志愿者等志愿岗位的相关设置和发展，为大学生志愿服务全方位发展提供了经验借鉴和参考。二

① 丁元竹，江讯清．志愿活动研究：类型、评价与管理［M］．天津：天津人民出版社，2001：103–104.
② 沈杰．志愿精神：中国社会的探索与践行［M］．北京：人民出版社，2009：103–105.

是严格大学生志愿服务管理，构建大学生志愿服务长效机制。在大学生志愿服务过程中，不仅仅重视形式的管理和科学，更重视相关理论的培育和引导，实现大学生志愿服务理论与实践的有机结合，注重大学生在志愿服务过程中理论教育与动机矫正，着重大学生社会主义核心价值观培育。“对各社团对志愿者的招募、使用和管理都制定了严格的规章制度，对志愿者进行有效的管理”①。对大学生志愿服务完整的、科学的实施与管理，使得我国大学生志愿服务相关做法成为了科学开展大学生志愿服务的重要参考和实践借鉴。

三、大学生志愿服务中价值观的具体内容

大学生志愿服务中价值观，是社会主义核心价值观在大学生志愿服务领域的具体体现，是社会主义核心价值观与大学生志愿服务活动有针对性结合的部分内容。大学生志愿服务作为践行社会主义核心价值观的有效载体，承担培育社会主义核心价值观的功能不是一概而论，而是有针对性的呈现。社会主义核心价值观的“三个倡导”，具体落实到大学生志愿服务领域，既具有方向上、理论上的引领性、指导性，又具有强烈的、鲜明的大学生志愿服务色彩。紧扣大学生志愿服务这个活动载体，归纳提炼出社会主义核心价值观在大学生志愿服务中的特色呈现，可为培育践行社会主义核心价值观提供直接的价值参考。

（一）爱国价值观

爱国主义是中华民族精神的核心，是中华民族生生不息、薪火相传的精神血脉。爱国是社会主义核心价值观从个人层面倡导的一个基本要求，也是我国公民最基本的价值准则。具体来说，爱国就要爱国家的领土、爱自己的同胞、爱我们的文化和制度。当前，坚持道路自信、理论自信、制度自信、文化自信也是爱国的具体体现。②

社会主义核心价值观中的爱国具体到大学生志愿服务中就表现得更加生动与具体，它既是对民族精神的继承与发扬、对中华文化的认同与创新，又是对爱国情感的激发与深化，更是对中国梦的身体力行。

① 安国启，曹凯 . 论青年志愿服务对我国社会发展的作用［J］. 中国青年研究，2002（01）：23-25.

② 牛云平 . 爱国的含义具体而切身［N］. 人民日报，2014，11（05）：007.

首先，大学生志愿服务中的爱国是对国家大事的关心以及对祖国的深厚情感。比如2008年北京奥运会的大学生志愿者共有5.8万余人，占志愿者总数的近80%。汶川地震发生后，中南大学的1万多名在校大学生向学校提交申请，请求到一线去支援灾区志愿队。全校350名国防生联名向军区请战，强烈要求投入抗震救灾战斗。山东大学的在校生在得知赴四川抗震救灾青年医疗卫生志愿者开始报名的消息后，短短半个小时内，报名人数就超过了100人。大学生群体，正是怀揣对祖国的满腔热忱，才会积极投身志愿服务活动，爱国价值观是大学生开展志愿服务活动的出发点和前提。

其次，大学生志愿服务中的爱国具体表现为一种“坚定和持久的爱国认知、态度和行为的统一，是基于个人与国家关系理性考量基础上的一种敢于担当的责任。”[①] 截至2013年，大学生志愿服务西部计划共选派11批9万余名高校毕业生到中西部22个省（区、市）及新疆生产建设兵团共2100多个县，开展教育、卫生、农技、扶贫等志愿服务。[②] 从2006年开始，国家“三支一扶”计划每年向高校招募2万名大学毕业生到乡镇从事为期2–3年的支农、支教、支医和扶贫工作。大学生志愿者以胸怀“天下为己任”的社会责任感，将自己的行动和祖国的前途命运紧密结合，将自己的人生规划与祖国的需要紧密结合，献身于祖国的现代化建设。努力践行着自己爱国、报国、建国的远大志向和深深的爱国情感。

最后，大学生志愿服务中的爱国具体体现为对国家的制度、理论和大政方针的认可、认同和践行。大学生参加志愿服务活动，是践行社会主义核心价值观的有效形式。大学生在志愿服务过程中，不断用社会主义核心价值观调整自己志愿服务活动的方向和行为，保证志愿服务活动的科学性。特别是十九大以来，大学生志愿者利用自己的专业优势和年龄特点，开展“宣传弘扬十九大精神”进基层服务活动，将最新的中央精神通过不同的方式进行宣传，让党和国家的大政方针落地生根，增强社会对十九大精神的理解和认同程度。

大学生志愿服务是社会主义核心价值观之爱国的具体体现，是当代大学生心怀赤子之心奉献国家的身体力行。只有心系中国情，才能践行中国梦，

---

① 赵爱玲．当代大学生核心价值观培育若干热点难点问题研究［M］．武汉：武汉大学出版社，2016：172.

② 王崎峰．改革开放以来中国大学生精神生活研究［M］．武汉：武汉理工大学出版社，2016：49.

大学生才会通过实际行动去奉献国家、去关爱同胞、去弘扬中国文化和中国精神。大学生通过志愿服务，更能切身体会到国家的力量、人民的爱心、文化的魅力。因此，爱国价值观，是大学生志愿服务中价值观培育的重要内容。

（二）友善价值观

友善可以理解为友好善良，它主要是对人际关系的道德价值要求。社会主义核心价值观的友善内涵丰富，意蕴无穷。首先要有仁爱之心，心存善念；其次要与人为善，在人与人之间的相处过程中要做到平等、诚实、宽厚；其次指主体间的互助，具体到现实的公共生活中表现为扶危济困、无私奉献、助人为乐；最后，指生态友善，即要求我们不仅要热爱自然、节约自然资源，更要积极的保护自然生态。

社会主义核心价值观中的友善在大学生志愿服务中集中体现为关爱，这种关爱主要是指对身边人的爱心与帮助、对其他人的关心与爱，这也是社会主义核心价值中友善价值观较高层次的价值诉求。与此同时，大学生志愿服务是建立在善良与仁爱的基础上，并体现于志愿服务主体的具体行为中，是社会主义核心价值观倡导的仁爱思想的具体体现。如浙江大学开展大学生关爱空巢老人卫生下乡志愿服务活动，为社区老人测量血压、体检理发等；赣州江西理工大学信息学院开展暑期关爱留守儿童志愿服务活动，为当地百余名留守儿童开展国学课堂，举办花样剪纸班、书法班等活动。其次，大学生志愿服务行为，是协调人际关系、解决人际矛盾的重要手段，其本身的行为性质就是与人为善的具体体现，大学生在参与志愿服务过程中，表现出的平等、仁厚，恰恰与社会主义核心价值观倡导的与人为善原则具有内在同一性。因此，大学生志愿服务中的友善是道德主体基于善良之心的主动与热情，是在自身能力范围内无私的道德义务行为。再次，大学生志愿服务中的友善是“我为人人、人人为我”的互助，这种互助建立在感恩与回报的基础之上。我们每一个人生活在社会上并不是孤立的存在，而是与生活在同一片天空下的其他人之间的共存。每个人的生活都依赖于他人的辛苦工作与创造，而每个人的付出又是对他人的一份回报。如由三亚市天涯区团委和天涯海角旅游景区联合主办的“服务天涯，回馈社会”贫困学子感恩答谢大学生志愿服务活动，参加志愿服务的大学生都是受助学子，他们用自己的实际行动表达了自己的感恩之心，这与社会主义核心价值观倡导的主体间的互助，是不谋而合的。最后，大学生志愿服务范围广泛，既包括人与人、人与社会的志愿服务活动，也覆盖人与自然的志愿服务活动，大学生开展的相关志愿服务的具体活动，本身就是践行生态友善的具体表现。

大学生志愿服务活动本身的内在属性、倡导的价值准则与社会主义核心价值观中的友善具有内在一致性。在志愿服务中，大学生心怀善念，克己利人，通过实际行动实现人际关系的友好良善。在这个过程中，友善既是大学生实现协调合作的基础，更是促进社会和谐人际关系的有效方式。友善价值观是对社会主义核心价值观在大学生志愿服务领域最生动的诠释。

（三）和谐价值观

“和谐是指事物发展中的一种相对均衡、统一的状态。社会主义核心价值观中的和谐，具体指的是社会和谐，包括人与社会的和谐、人与自然的和谐、人与人的和谐。”①

社会主义核心价值观中的和谐，在大学生志愿服务中具体表现为无论是对自然、对社会还是对自己或对他人都是建立在尊重和责任意识上的共生、共融与共享。首先，大学生志愿服务中的和谐体现着人与自然共生的和谐理念，其是对马克思主义生态文明理论的生动反映，是新时代中国特色社会主义思想的新内涵。党的十九大报告指出：“要把坚持人与自然和谐共生作为新时代坚持和发展中国特色社会主义基本方略的重要内容。”例如黄淮学院开展以“减少废物排放，构建美丽乡村”为主题的大学生志愿服务活动、青岛大学经济学院开展的“践行科学发展观，砥砺青春促和谐，携手打造环保时尚新农村”系列主题活动，还有的高校组织大学生开展“环保志愿者，你我在行动”公益活动、“地球一小时”等志愿公益活动。大学生通过不同形式、不同内容的志愿服务活动，促使大学生逐渐形成一种人与自然和谐共生的道德情操，使大学生树立起尊重自然、保护自然的和谐生态观。其次，大学生志愿服务中的和谐具体表现为人与人之间的共融，这种共融强调的是人与人之间的尊重，尊重不同的社会生活方式、不同的文化背景、不同的种族差异、不同的个性差异等。换句话来说，人与人之间的和谐共融就是指在文化上表

① 宋西雷．人类共同价值追求与社会主义核心价值观的建构［J］．华北电力大学学报（社会科学版），2013（3）：98-101.

现出时代性与民族性的辩证统一，也就是在文化上的共性与个性、普遍性与特殊性的辩证统一。例如北京师范大学珠海分校志愿助残服务团，连续 6 年接力助残，对珠海 22 名残疾儿童进行精准帮扶。焦作大学红丝带志愿者协会是河南最早以“关注艾滋病”为主题开展志愿服务活动的，自成立以来，已经招募了 600 余名志愿者，成为了河南省不可忽视的一支大学生志愿者队伍。大学生通过志愿服务，体味着人与人之间的平等、尊重、信任，使大学生更深刻地领会到人与人和谐相处的内涵。最后，大学生志愿服务中的和谐具体体现为共享社会发展文明成果，包括对社会文明发展的共享与共建。共建是共享的前提，共享是共建的目标。共享不仅是全民的共享，也是全面的共享，共享不仅是追求更是美德。如 2010 年上海世博会上，有 90.6% 的园区志愿者和三分之一的城市站点志愿者是大学生，87% 的上海大学生报名做世博会志愿者。故宫博物院在 2004 年成立了故宫博物院志愿者团队，10 余年来，累计注册志愿者近 3000 人次，高校大学生占到了 15%。这些志愿者为前来参观故宫的中外游客提供讲解、咨询、参与教育项目、宣讲以及宣传保护等志愿服务内容。天津师范大学津沽学院有 12 名同学成为对外汉语志愿者，他们赴泰国、肯尼亚等孔子学院任教。大学生通过志愿服务活动把自己的理想、知识与技能积极投身于中国特色社会主义伟大事业中，以实际行动促进和谐人际关系的形成，从而实现构建和谐社会的最终目标。

和谐作为社会发展的价值目标，与大学生志愿服务的价值目标具有趋同性。大学生通过志愿服务，促进了人与自然更亲更近，促进了人与社会和谐统一，促进了人与人之间关系融洽，进而为促进社会和谐提供了重要的理论支撑和实践基础。

（四）文明价值观

文明可以理解为人类社会发展到较高阶段并具有较高文化的状态。社会主义核心价值观中的文明是人类进步发展的标志，一般表现为公民思想道德素质高尚、科学文化素质较高、行为举止文明优雅、符合道德规范等。①

社会主义核心价值观中的文明与大学生志愿服务行为特征、内在属性高度契合。“当文明作为一个价值概念的时候，它相当于狭义上的文明，指

① 王艳丽，周国栋 . 论中国特色社会主义核心价值观的内涵［J］. 山东社会科学，2007（12）：134–136.

的是与思想上的保守和文化上的落后相对应的思想上的进步以及文化上的先进。”[①] 具体到大学生志愿服务中，文明观就具体表现为大学生志愿者思想上的文明、行为上的文明以及对中华文明的继承与发扬。主要内容包括：

第一，基于文明多样化的包容。江泽民指出：“各国文明的多样性，是人类社会的基本特征，也是人类文明进步的动力。我们应该尊重各国的历史文化、社会制度和发展模式，承认世界多样性的现实。世界各种文明和社会制度应该而且可以长期共存，在竞争比较中取长补短，在求同存异中共同发展。”[②] 近年来，大学生志愿服务的领域和对象不止针对国内，同时也面向国际。贵州职业技术学院的老师带领12名同学在省图书馆为国际学生做传承文化、弘扬文化的志愿服务。同时，近年来也有许多国内大学生选择到海外做志愿者，参与国际性的公益活动。如中国青年政治学院工管系大二学生梁译丹和中国青年政治学院分会主席魏雨帆，二人利用暑假到海外做志愿者。魏雨帆认为，做志愿者是一个创造美的过程。大学生通过参与国际志愿服务活动，在不同文化交流中求发展，在文化差异中求和谐，促进了人类文化的多样性，促进了中华文明的继承和弘扬。

第二，基于对社会先进文明成果的传播与维护。大学生志愿服务通过各种活动的开展，使大学生积极地参与社会活动，身体力行地去传播和维护社会的先进文明成果，使其兼具民族性和时代性，从而实现整体社会的文明进步。例如非遗青年志愿者联盟是由一群80后、90后的年轻人发起的对非物质文化遗产的传承与保护的志愿者联盟组织；四川大学文化行者团开展“桐乡竹韵”非物质遗产保护和传承活动；江西省围绕“一带一路”的发展大局和“中国文化走出去”战略，成立了两支对外文化交流志愿者队伍；大学生志愿者积极参与“高雅艺术进校园”活动等。这些由不同组织开展的志愿服务活动都在诠释着人们对中华文明的敬畏和传承。

第三，基于文明要求的行为礼仪文明。行为礼仪文明，举止文明是基本的道德行为要求。大学生通过志愿服务，一方面，大学生志愿者倡导人们生活出行等各方面的文明礼仪，如西北工业大学航海学院开展文明餐桌志愿者活动，对西安市106家餐饮店进行走访，引导市民在餐饮消费时不浪费。另

---

① 叶南客.社会主义核心价值观研究系列丛书.文明篇［M］.南京：江苏人民出版社，2015：13.

② 江泽民文选：第三卷［M］.北京：人民出版社，2006：523-524.

一方面，大学生志愿者自身也在不断接受着文明礼仪的洗礼，其行为特征更是文明价值观的特色彰显。

大学生志愿服务呈现的社会价值目标，与社会主义核心价值观倡导的文明具有内在继承性。大学生积极投身志愿服务，本身就是一种文明的行为，以点带面，以知促行，最终推动整个社会文明化、现代化。而大学生按照社会主义核心价值观倡导的文明参与志愿服务活动，努力提升思想境界，推动了志愿服务的常态化、深入化，又是践行文明价值观的有效尝试。

（五）公正价值观

公正是人们对处理和协调各种社会关系所形成的规矩和制度的认可。社会主义核心价值观中的公正具体是指“公平正义，是社会权利和社会义务的合理分配，是人们对一定社会现象和社会关系的道德评价，是社会制度和社会秩序的公平公道以及由此形成对社会成员的普遍公正要求和行为规范。”①社会主义核心价值观的公正在大学生志愿服务中具体表现为：

第一，源于内心的公正，人人平等。大学生志愿服务中的爱是不分等级、不分远近亲疏，是无厚薄、无等差的爱所有人。只有一视同仁、平等相爱，才能真正使不同个体所共同构成的人类社会和谐发展。人人平等既是对每一个大学生志愿服务者的基本要求，也是大学生志愿服务精神的重要体现。当前大学生志愿服务活动面向的人群以需要帮扶和关爱的社会弱势群体为主。

第二，源于意识的公正，维护正义。公正的意识不仅是大学生道德观念的出发点，同时也是培养社会美德和建立社会秩序的着力点。只有树立公正的意识，才能维护社会公正，明晰是非观和荣辱观，才能实现社会安定有序的发展。大学生志愿者是推动社会公平正义的重要主体，他们对公正和非公正的行为具有一定的辨别能力，具有强烈的维护社会公正的意识，具体来说，就是遵守社会公德、维护社会公共秩序。如天津铁道职业技术学院的大学生志愿者为天津铁路春运做志愿服务工作；常州大学信息科学与工程学院、数理学院每周五在下班高峰期组织大学生志愿者走上街头，维持辖区拥堵路段的交通秩序，做好交通安全宣传，倡导文明宣传。大学生通过具体的志愿服务活动，身体力行地遵守社会公共秩序，坚定不移的参与维护社会公共秩序

---

① 陈金华.《思想道德修养与法律基础》难点解析［M］.上海：复旦大学出版社，2014：184

和社会公德，在一定程度上促进着社会公平正义的步伐。

第三，源于行为的公正，正义的伸张。大学生志愿者通过志愿服务，扶危济困，伸张正义。社会中，有的人恃强凌弱，就有人打抱不平；有的人被侵权，就有人拿起法律武器。大学生志愿服务的领域，也涵盖了公平正义的价值观。例如，成立于2002年的安徽大学法律援助志愿者协会，以灵活多样的方式开展法律援助、法律咨询、法律宣传等活动，大学生用自己的专业知识和理论素养，通过志愿服务活动，服务群众、回报社会，同社会中违反公平正义的行为作斗争，以此来促进社会公平正义的实现。

大学生志愿服务的过程就是践行公平正义的过程，其与社会主义核心价值观倡导的“公平”具有高度一致性。大学生通过开展志愿服务活动，在一定程度上弥补了社会中不公平、不正义的现象和行为，为实现社会公平、促进社会正义起到了“缓冲剂”的作用，而这个与社会主义核心价值观倡导的价值目标不谋而合。

总之，大学生志愿服务中价值观的具体内容，是社会主义核心价值观在大学生志愿服务领域有特色性体现的部分内容，是社会主义核心价值观24个字中的爱国、和谐、友善、文明、公正在大学生志愿服务中有针对性的具体体现，这也是大学生志愿服务中价值观的最大特点。大学生志愿服务中价值观培育的内容，就是通过大学生志愿服务这个活动载体，培育与其紧密相关的爱国价值观、友善价值观、和谐价值观、文明价值观、公正价值观。

第三章

大学生志愿服务中价值观培育的必要性和重要意义

大学生志愿服务中价值观，是社会主义核心价值观在大学生志愿服务领域的具体体现，对其进行培育，有利于保证大学生志愿服务活动的方向性和科学性；有利于掌握对大学生进行意识形态教育的主导权；有利于中华民族优秀传统文化的传承和弘扬；更有利于社会主义核心价值观的培育和践行。

一、大学生志愿服务中价值观培育的必要性

当代中国正处于大发展、大变革、大调整时期。一方面，各种社会思潮裹挟着不同的价值观念泥沙俱下，意识形态领域呈现多元、多变的新特点；另一方面，世界范围内的各种思想文化不断交流、交锋，使价值观的较量更加复杂，一些西方势力趁机宣传所谓的普世价值，企图搞乱人们的思想，加紧对我国意识形态领域的渗透。面对这样的新情况、新问题，我们必须利用好大学生志愿服务这个有效载体，在开展志愿服务活动过程中进行社会主义核心价值观培育，特别是培育那些与大学生志愿服务活动紧密相关的社会主义核心价值观内容，也就是爱国、友善、和谐、文明、公正的价值观，才可以增强我们的价值观自信，使人们自觉抵制“普世价值”的入侵，提升我国的国家软实力和意识形态领域的话语权。

（一）践行社会主义核心价值观的必然要求

一方面，党的十九大提出，“培育和践行社会主义核心价值观。要以培养担当民族复兴大任的时代新人为着眼点，强化教育引导、实践养成、制度保障，发挥社会主义核心价值观对国民教育、精神文明创建、精神文化产品创作生产传播的引领作用，把社会主义核心价值观融入社会发展各方面，转化为人们的情感认同和行为习惯。”①“社会主义核心价值观是全社会价值观念系统的核心，具有凝聚、整合和引领其他价值观念的强大功能，能够在中国特

① 习近平．决胜全面建成小康社会 夺取新时代中国特色社会主义伟大胜利——在中国共产党第十九次全国代表大会上的报告［EB/OL］. http：//www.gov.cn/zhuanti/2017-10/27/content_5234876.htm，2017-10-2.

色社会主义建设中，有效引领和整合纷繁复杂的思想意识和社会思潮，形成凝聚全社会的强大精神力量。”[①] 而大学生志愿服务是践行社会主义核心价值观的有效载体之一，通过大学生志愿服务这个平台，使大学生深刻理解社会主义核心价值观的具体内涵，增强认同意识，是践行社会主义核心价值观的题中之义。

另一方面，当代大学生以“95 后”为主体，他们思想活跃，对新生事物接受能力强，对未来充满热情和憧憬，在富于创造力的同时思想上还不够成熟，他们的价值观处于形成、发展和定格阶段，思想上极易受到社会环境变迁的影响。2014 年 5 月 4 日，习近平提出：“青年的价值取向决定了未来整个社会的价值取向，而青年又处在价值观形成和确立的时期，抓好这一时期的价值观养成十分重要。”[②] 具体到大学生志愿服务的过程中，就必须把引导大学生培育和践行社会主义核心价值观作为凝魂聚气、强基固本的基础工程，切实抓紧抓好。因此，开展大学生志愿服务中价值观培育，是践行社会主义核心价值观的必然要求。

（二）抵制西方多元化价值观的有效手段

一方面，世界上价值观领域多元化的趋势愈演愈烈，各类社会思潮相互交融、交锋，相互影响。发达国家由于在经济和科技上的优势，掌握了价值传播的主动权，在输出科技的同时，也输出了他们的价值观和意识形态。我国正处于改革发展的关键阶段，社会矛盾多发，利益诉求多样，价值观念多元，西方价值观趁虚而入。由于意识形态领域的根本对立，西方资本主义国家试图对我国进行意识形态的分化和渗透，妄图占领我国思想意识形态的高地。十九大强调，“文化自信是一个国家、民族发展中更基本、更深沉、更持久的力量。一个民族文化中最核心的部分就是价值观，只有对本民族的价值观产生了自信，才能有本民族的文化自信。”[③] 面对价值观的渗透与反渗透斗争，我们必须坚守和捍卫好价值观领域的这块阵地，确保意识形态的稳定与

---

① 姜卫平 . 增强社会主义核心价值观的凝聚力引领力［J］. 唯实（现代管理），2017（9）：4-5.

② 习近平 . 青年要自觉践行社会主义核心价值观——习近平在北京大学师生座谈会上的讲话［EB/OL］. http：//www.gov.cn/xinwen/2014-05/05/content_2671258.htm，2014-05-05.

③ 习近平 . 决胜全面建成小康社会 夺取新时代中国特色社会主义伟大胜利——在中国共产党第十九次全国代表大会上的报告［EB/OL］. http：//www.gov.cn/zhuanti/2017-10/27/content_5234876.htm，2017-10-2.

安全。因此，在大学生志愿服务中开展社会主义核心价值观培育，必须始终坚持马克思主义的指导地位，才能够扩大主流价值观的影响力，为自觉抵御西方不良思想提供强大的思想武器。

另一方面，西方国家志愿精神中的奉献、团结友爱、互帮互助等思想与我国倡导的社会主义核心价值观有着本质的区别，西方国家的志愿服务精神来源于宗教，终结于所谓的感情寄托或者宗教信仰，而我国的志愿服务是全心全意为人民服务的具体体现，和西方倡导的志愿服务理念有着本质的不同。在大学生志愿服务中进行社会主义核心价值观培育，把社会主义核心价值观倡导的价值准则作为志愿服务活动的价值尺度和评判标准，才能够抵制西方所谓的文化渗透，打破西方国家对我国实施西化战略的图谋。

（三）培育大学生良好精神风尚的必由之路

一方面，大学生对社会主义核心价值体系和核心价值观的认同与内化程度，是他们承担未来重任的前提条件。习近平总书记说："道德之于个人、之于社会，都具有基础性意义，做人做事第一位的是崇德修身。"[①] 要广泛开展社会主义核心价值观的宣传教育，积极引导他们形成与现代社会符合的价值观念，不断夯实大学生价值观形成的道德基础。社会主义核心价值观与志愿服务是精神文明建设和意识形态领域内的两个关键要素，都强调以德为核心，都体现一种道德追求和道德修养，都倡导一种道德实践和价值自觉。我们提倡要把社会主义核心价值观内化于心，外化于行，而大学生志愿服务作为培育和践行社会主义核心价值观的示范平台，对于提升大学生道德修养、培育良好精神风尚具有非常重要的理论和实践意义。

另一方面，当代大学生的思想可塑性强，大学时代，也是对他们进行社会主义核心价值观培育的黄金时代。我国的高等院校历来是进行思想政治教育工作的主阵地，也是培育大学生践行社会主义核心价值观的重要场所。目前大学生的个人价值取向整体上呈现出积极向上的好的一面，以社会主义核心价值观为导向。但也有少部分大学生受到多元化思潮的影响，甚至被一些不良思想所侵蚀，造成他们的价值取向出现了偏离。面对社会主义市场经济

---

① 习近平．青年要自觉践行社会主义核心价值观——习近平在北京大学师生座谈会上的讲话［EB/OL］. http：//www.gov.cn/xinwen/2014-05/05/content_2671258.htm，2014-05-05.

条件下的逐利趋势，一些大学生开始把经济利益作为自己价值判断的唯一标准，把个人利益放在集体利益之上，这和社会主义核心价值观倡导的价值准则背道而驰，与他们作为社会主义建设者和接班人的身份更加不符。大学生志愿服务作为培育和践行社会主义核心价值观的有效载体，是能够看得见摸得着的社会道德实践活动，它把自我价值的实现与服务社会结合在一起，将高尚情操外化于行，在提升大学生道德修养的同时引领了主流道德建设。因此，通过大学生志愿服务培育社会主义核心价值观，是培养当代大学生良好精神风尚的必然要求。

（四）引领国际公益价值观潮流的需要

大学生志愿服务中价值观，是社会主义核心价值观在大学生志愿服务领域中的具体体现，其不仅是社会主义核心价值观的部分内容，更是带有强烈的大学生志愿服务色彩。大学生是我国开展志愿服务的中坚力量，对大学生志愿服务中价值观进行培育，不仅有利于我国大学生志愿服务活动的开展，更有利于我国整体志愿服务的发展，使我国的志愿服务在国际志愿服务舞台上彰显中国特色。

一方面，国际间公益价值观潮流涌动，相互碰撞，其中有些公益价值理念值得我们深入挖掘和学习。比如国际社会也会通过开展各种实践活动对社会成员的公益价值观进行培育；许多国家通过发展公益事业来帮助政府协调一些政策杠杆所触及不到的社会矛盾，一定程度上缓解了政府治理社会的压力，缓和了社会矛盾。我们可以对公益价值观进行合理分析，从而为我国大学生志愿服务的顺利开展和经验总结提供有益借鉴。

另一方面，在批判借鉴国外公益价值观的基础上，要兼具特色，引领潮流。我国大学生志愿服务中价值观和西方所谓的公益价值观之间存在的本质区别在于我国大学生志愿服务中价值观具有鲜明的中国特色。我们在合理借鉴国际公益价值理念培育的同时，要有机地将社会主义核心价值观与大学生志愿服务完美地融合，形成具有中国特色的一脉清流，从而对国际公益价值观产生重要影响，进而让承载中国特色、凝聚中国智慧的社会主义核心价值理念影响世界，引领国际公益价值观潮流。

（五）增强社会大众凝聚力的需要

社会是人的社会，社会是由一个个具体的人组成的，离开了个人也就没有社会；个人是社会的个人，个人是社会关系中的存在，没有社会也同样没有个人。社会主义核心价值观能增强大众凝聚力，其一在于其具有鲜明的价值导向，推动道德建设；其二在于形成道德意识和道德责任，促进道德建设，形成道德建设正能量；其三在于能够转化为大众的道德建设自觉和道德建设动力，把社会主义核心价值观内化为大众的精神追求。这是道德建设的最高境界，也是增强大众凝聚力的必然要求。国家倡导的核心价值观成为大众的精神追求，就能形成凝聚力，成为社会和谐、国家发展的永恒精神力量。国家践行富强、民主、文明、和谐之德；社会践行自由、平等、公正、法治之德；公民践行爱国、敬业、诚信、友善之德，得人民心，做到明大德、守公德、严私德的境界，整个社会的凝聚力就形成了。①

大学生是推动社会发展的动力和国家建设的希望，是最活跃的一股力量，也是培育和践行社会主义核心价值观的可靠原动力，“他们信仰什么主义、举什么旗、走什么路，决定着国家和民族的命运。”②大学生志愿服务活动，是大学生参与社会活动，积极投身实践的重要形式之一。大学生志愿服务中价值观培育，有利于加快他们对社会主义核心价值观的认知进程，进而带动社会大众对其认可认同进程，从而增强社会大众的凝聚力。

（六）为社会提供了全新的社会动员方式

由于志愿服务的不断发展，其影响力愈来愈强，越来越被大众所接受，并且逐步成为一种全新的社会动员方式，这在很大程度上积极地引导了社会主义和谐社会的构建。志愿服务作为一种低成本、个性强、作用巨大的社会动员手段，凭借着志愿精神的感召和志愿服务不计报酬、平等参与、自主选择、力所能及等一系列特征，成为了不同职业社会成员融合一致、共同服务社会的必要途径，在服务社会的同时，也可以有效提升志愿服务群体的自我

① 习近平．青年要自觉践行社会主义核心价值观——习近平在北京大学师生座谈会上的讲话［EB/OL］．http：//www.gov.cn/xinwen/2014-05/05/content_2671258.htm，2014-05-05.

② 陈明凡．如何引导大学生树立正确的理想信念［EB/OL］．］.http：//theory.people.com.cn/n/2015/0708/c83859-27273434.html，2015-07-08.

价值、自我能力。相关数据显示，自 1993 年志愿者项目开始实施以来，我国已累计有超过 4 亿人次参加了超过 80 亿小时的、不同形式的志愿服务活动，这成为了中国志愿服务发展史上最为重要的成果之一。从目前来看，我国参与志愿服务的主体还是青年学生，他们占据了志愿服务人数的大多数。例如，在四川抗震救灾中，青年人占到了 70%，在上海世博会的志愿服务工作中，青年人占到了 91%，广州亚运会的志愿服务工作中，青年人占到了 90%，以上这些数据都可以表明，现在志愿服务的主体是青年人。志愿服务在全国范围内如火如荼的开展，不单单是创造了一种被当代年轻人接受、热衷、追逐的时尚潮流，更实现了社会动员方式和机制的创新和转变，成为社会变革中社会、经济、文化等领域发展的重要载体。

（七）优化了当今社会发展的精神品质

志愿服务活动作为一种时代发展的新型产物，以无偿服务于人的方式，逐渐在人类日常生活及社会工作等领域活跃起来。自愿、无偿是志愿服务的主要特征，奉献、友爱、互助、进步是志愿服务的精神真谛，参与志愿服务活动，并不求付出的回报，而是获得一种精神上的慰藉与满足，这与奉献精神如出一辙。笔者认为，“友爱”“互助”的志愿服务精神，是当前社会形势下志愿服务活动最真实的价值体现。一方面表现在施助者（即志愿者）与受助者（被服务对象）之间，在活动过程中所形成的和谐的社会关系，正是当前构建社会主义和谐社会的价值追求；另一方面表现在同为服务者的志愿团体内部成员长期以往生成的情感缔结——如默契、友情等。爱因斯坦说过，一个人的价值应该看他贡献了什么，而不是应该看他取得了什么。马克思的人的本质论强调，人的价值分为自我价值和社会价值。首先，自我价值的实现需要社会对个人的尊重和满足，志愿者正是在服务于人的过程中，得到社会的认可与评价，进而实现了自我价值的满足和思想境界的提升。其次，社会价值的实现需要个人对社会的责任和贡献，正是有了无偿的志愿服务活动存在，才会有无私奉献、互帮互助的社会氛围和平等友爱、团结进步的人际关系。志愿服务精神是儒家精神“仁者爱人”的精神传承，是当代“雷锋精神”的全新阐释，是践行社会主义核心价值观的精神支持。随着社会的向前发展，国民素质的不断提升，培育“奉献、友爱、互助、进步”的志愿服务精神，对于构建社会主义和谐社会事关重大，志愿者服务团队则会成为社会中不可忽视的重要力量，然而培育志愿服务精神看似简单易行，实则任重道远。当代大学生思想开放、积极上进、价值多元，这决定了他们对未来社会有着很强的好奇心，喜欢接触新的事物和新的挑战，因此，志愿服务活动正好符合了当代大学生的心理，在很大程度上抓住了大学生的精神需求和内心想法。大学生志愿服务工作的开展，真正实现了大学生对社会、国家、他人的奉献实践，真正凸显了“我参与、我奉献、我快乐”的精神特征，通过大学生参与志愿服务，实现了大学生自我价值的凸显和自我能力的实现，同时也净化和升华了自己的信念理想，志愿服务正逐渐发展成为一种精神时尚，并慢慢演化为一种生活态度和精神品质，深受广大青年的欢迎。

在价值取向上，志愿服务与理想信念教育是相容相通的。从本质上讲，志愿服务是一种基于个人自愿的实践活动，其核心是帮助他人增进福利、促进社会进步。人们参与志愿服务的动机是受驱动于利他主义，以个人社会价值的实现和完成为目标。理想信念教育本质上是一种精神塑造活动，是使人们形成与中国特色社会主义共同理想相适应的价值观、人生观和世界观。在这个过程中，通过一系列理论传播、知识教育和实践引导等不同方式的教育教学方法，作用于人们的精神世界，具有超越个人本位和功利主义的社会导向和利他特征。由此可见，在价值取向上，志愿服务的这种社会性和利他性与理想信念教育具有高度的契合性。理想信念教育是一种针对学生的精神世界进行引导和改造的观念活动，侧重于价值取向和价值观念的形成环节，旨在用思想引领思想、用观念改造观念。然而，这种观念活动能否产生实际效果，或者说要检验理论教育的成效如何，还需要通过在实践活动中来进行验证。马克思曾说：“人的思维是否具有客观的真理性，是一个实践问题，并不是一个理论的问题。人应该在实践中证明自己思维现实性、真理性，以及自己思维的力量，亦即自己思维的此岸性。”① 志愿服务作为一项实践活动，是人们主动介入社会事务、自愿服务他人的活动，这种社会性和利他性的活动恰恰可以为理想信念教育提供有效的实践体验。从志愿服务的角度来讲，通过开展富有广泛性、综合性、实践性的志愿服务活动，可以帮助学生将课堂所学知识及时内化为一种技能，还可以锤炼和锻造学生强烈的社会责任感，

---

① 中共中央马克思恩格斯列宁斯大林著作编译局．马克思恩格斯选集 第 1 卷［M］．北京：人民出版社，1995：55.

将实现个人价值与社会价值的有机统一起来；相对应的，从理想信念角度来讲，开展以思想道德建设为基础、以马克思主义理论教育为核心、以爱国主义教育为重点的理想信念教育，可以不断提升大学生投身志愿服务活动的主动性和自觉性，可以使学生更加深入地理解志愿服务的社会意义。归根结底，志愿服务可以为理想信念教育提供有效的实践体验，而持续有效的理想信念教育也可以为之提供必要的精神动力和价值指引，确保志愿服务始终秉持非功利性的价值取向，始终依循正确的实践方向。

二、大学生志愿服务中价值观培育的重要意义

大学生志愿服务中价值观培育，无论对国家、高校或者大学生本人，都有着重要的现实意义和深远的历史意义。

（一）有利于实现中华民族的伟大复兴

人民有信仰，国家才有力量。一个国家的强盛，离不开精神的支撑，一个民族的进步，有赖于文明的进步。精神立则人格立，精神强则国家强。这就是精神的力量。对一个国家而言，核心价值观是体现国家意志和民族精神的价值坐标。一个国家和民族，贫穷落后固然可怕，但更可怕的是精神荒芜。没有理想信念，精神缺钙，就会得“软骨病”，就会止步不前，甚至堕落退化。自改革开放以来，中国取得举世瞩目的成就，“中国模式”“中国速度”“中国故事”成为世界关注的焦点。到2010年，中国已经成为世界第二大经济体、第一大贸易国。但与中国经济实力的发展相比，文化的影响力和文化的软实力没能并驾齐驱、同步繁荣，文化力量尚需增强，文化自觉、文化自信、文化自强尚需提升。习近平指出，“核心价值观，其实就是一种德，既是个人的德，也是一种大德，就是国家的德，社会的德。国无德不兴，人无德不立。”[①]“国家的德”“社会的德”“个人的德”，揭示了我国意识形态建设的必要性和根本方向。建设中国特色社会主义，实现中华民族伟大复兴，需要全体中国人，尤其是祖国的未来，当今的大学生积极培育和践行社会主义核心价值观。大学生志愿服务是培育和践行社会主义核心价值观的有效载

① 国务院新闻办公室会同中共中央文献研究室、中国外文局．习近平谈治国理政［M］．北京：外文出版社，2014.

体，也是增强其时效性的重要手段。通过大学生志愿服务中价值观培育，有利于实现中华民族的伟大复兴。

（二）有利于培养合格的社会主义事业接班人

中国特色社会主义事业不能后继无人，而大学生作为时代的骄子，更应当是社会主义事业的接班人。大学生价值观念的正确与否，不只是个人发展问题，更重要的是它决定着将来我国社会主义事业的发展方向。“大学生思想政治教育对于社会主义建设事业的重要性是确保我国在激烈的国际竞争中始终立于不败之地；确保中国特色社会主义事业兴旺发达、后继有人。”①

大学生志愿服务中价值观培育属于思想政治教育工作的一部分，应该充分意识到思想政治工作在大学生志愿服务中价值观培育方面的重要性，引导大学生以社会主义事业接班人的姿态和立场去履行社会责任。长期以来，我国大学生思想政治教育还存在薄弱环节，即教育内容、教育方法与社会生活实际脱节，教育所传授的政治原则和价值观念在与青年的生活实际“对接”时欠缺中间环节，这样的政治理念、核心价值观难以内化为青年的自觉行为。因此，造成了个别大学生“智力因素高，非智力因素弱；政治热情高，综合素质弱；理论水平高，实践能力弱；自我评价高，社会责任弱”。而志愿服务是一种基于自愿，不以获得报酬为目的，用自己的时间、技能、爱心为他人和社会提供服务的行为。通过参与志愿服务，大学生在服务社会、服务他人的同时，不仅了解了国情，也经受了锻炼，提高了自己的思想修养和道德境界。这实际上是一个“双赢”的过程，既是助人，也是自助；既帮助了服务对象，同时也让自己的精神得到满足、价值观得到提升、灵魂得到净化。应在志愿服务中开展社会主义核心价值观培育，运用马克思主义及其中国化理论教育大学生，培养和造就有理想、有道德、有文化、有纪律的有用人才和忠诚的共产主义继承者。在大学生志愿服务中培养其建立起社会主义核心价值观，可以让大学生志愿服务中价值观培育在为将来我国高速发展和转型后的治国理政输送人才方面发挥更加有效的作用。因此，要利用好大学生志愿服务这个平台，积极开展社会主义核心价值观培育研究，用社会主义核心价值观武装他们的头脑，培养社会主义事业合格的接班人和建设者。

---

① 戴维书. 志愿服务对社会主义核心价值观培育的意义［J］. 教育界，2013（30）：40–41.

（三）有利于建设和谐校园、和谐社会

一方面，大学生志愿服务中价值观培育有利于建设和谐校园。大学生志愿服务活动，是大学生开展无私奉献、互助帮扶的实践活动，大学生在这个过程中感受到了团结互助的力量，感受到了无私奉献的价值，无形中改善了大学生之间的人际关系，提升了大学生对社会主义核心价值观的认知范围。在大学生志愿服务中开展社会主义核心价值观培育，反过来又促进大学生志愿服务的顺利开展，加快了大学生志愿服务常态化、标准化进程。随着大学生志愿服务的深入开展，使大学生之间的关系更加和谐，使大学生和大学校园之间的关系更加融合，有利于营造大学校园充满朝气的和谐氛围，为建设一个关系和谐、人文气息浓郁的和谐校园奠定了坚实的基础。

另一方面，大学生志愿服务中价值观培育有利于建设和谐社会。大学生志愿服务中价值观培育能够营造和谐的人际关系，从而加速和谐社会的实现进程。大学生通过参与志愿服务，锻炼了人格和性格，学会了与人交流沟通的能力，从而形成了和谐的人际关系。目前有很多形式的志愿服务项目可以让大学生锻炼自己的人格品性，如通过社区养老机构的助老行动、民政部门或社会福利机构的帮孤行动、针对残疾弱势群体的帮扶行动、针对边远地区的支教行动，等等，使中华民族五千年来积淀的温和的处世态度、善良的人格品德、恭敬长序的性格、节俭的生活作风、谦逊的交往心态等优秀品德得到了大学生群体的一致认可，加强了大学生群体及其他社会成员对社会主义核心价值观的认同感，有利于社会成员之间、社会各个组织之间的融合，有利于社会各种力量的整合，把社会上的分散力量凝聚到一起，促进和谐人际关系氛围的形成，为和谐社会的实现奠定基础。

（四）有利于传承和弘扬中华民族优秀传统文化

志愿服务中所提倡的奉献、友爱、互助、进步的服务理念，是中华民族优秀传统文化的重要组成部分，是中国传统文化——“善”的发展和延伸，体现的是人与国家、人与社会、人与人之间的关系。而社会主义核心价值观是对中国传统价值观进行一个“凤凰涅槃”式的“扬弃”的成果，同时，也是中华民族优秀传统文化的内容在当代的表现形式，并被赋予了新的时代意义。因此，对大学生志愿服务中价值观培育进行研究，有利于挖掘中华民族

优秀传统文化的积极因子，将脱胎于中华民族优秀传统文化而又凝结在社会主义核心价值观中的“行善立德”的理念与现代志愿服务相契合，并将其运用到价值观培育过程之中，使服务社会与实现个人价值有机地结合起来，陶冶情操，立德修身。这不仅仅有利于大学生志愿服务的顺利开展，还与扶危济困、助人为乐的中国传统美德一脉相承，有利于传承中华民族优秀传统文化，又反映了社会进步发展的时代要求，更体现了社会主义核心价值观的要义。

大学生志愿服务中价值观培育有利于弘扬中华民族传统美德，其是涵养社会主义核心价值观的重要源泉。其中，“孝悌为本、仁爱友善是中华民族爱国情感之基，以人为本、天下己任是国人担当精神之源，礼让诚信、人文化成是公民道德教育之本，追求公平、崇尚正义是社会秩序之基石，尚中贵和、万物化育是社会和谐之秘诀，变易日新、自强不息是改革创新之动力。”① 一个国家如果没有品德，这个国家就不会得到发展；一个国家的人民如果没有品德，就不会在社会中立住脚跟。我国五千年来形成的社会美德蕴含在中国的传统文化之中，这是我们民族精神的根本保障，里面有无数可以深深挖掘的思想政治教育的资源。比如传统文化中所大力宣扬的“天行健，君子以自强不息”的自立自强精神；敬业乐群的尽职尽责观念，等等。这些传统美德，是中华民族优秀传统文化的有机组成部分，大学生对这些传统美德接触时间长，理解程度深，合理利用他们，为大学生志愿服务中开展社会主义核心价值观培育创造了条件，减轻了阻力，拓展了外延。

（五）有利于加速大学生社会化的进程

在大学生志愿服务中进行社会主义核心价值观的培育，是志愿服务方向性、科学性的重要保证。同时，大学生志愿服务是加速大学生社会化进程的重要手段。学校教育的作用是在学生走向社会前培养其所必备的理论素养，而通过大学生志愿服务的实践培养才是大学生掌握社会机制的重要平台，更是大学生从一个半社会化的个体变为完全社会化的个体的重要途径之一。例如，对许多参与“大学生志愿服务西部计划”的青年来说，西部基层工作成为“一次前所未有的经历”，他们更加深切地了解了国情，增进了与人民群众

① 张自慧．论社会主义核心价值观的传统文化基源［J］．思想理论教育，2014（10）：21-25.

的感情，对社会形成了比较客观和清醒的认识，从而能够理性客观地规划自己未来的人生道路。当今社会，大部分人对知识背景的学习都是以集体的形式、在学校环境中进行的，这种模式需要在空间上与社会进行相对分离，因此，不可避免的会造成理论与实践在一定程度上相脱节的现象。这种现象迫使大学生在即将毕业或毕业之后要经过社会化的改造，否则，就会让大学生带着强烈的理想主义走向社会，这种理想主义与现实的碰撞必然会带来一些不适应。以什么样的方式让大学生去接触社会、在哪些方面需要更多的时间磨合，这都是大学生志愿服务在大学生完成社会化改造中所要思考的问题。大学生群体通过积极参与大学生志愿服务，获得一些社会经验和人生阅历，明确自己的长处和优势，逐步形成更加适合社会现实生活的心理倾向、性格特征和行为方式。这在一定程度上弥补了学校集体教育与社会脱节的问题，让众多的大学生在走进社会之前清醒地认识到自身的不足，从而在心理上有一个充分的准备，以正确而有效的实现社会化的目标。

（六）有利于大学生更好地践行社会主义核心价值观

大学生正处于价值观塑造的关键时期，除了理论学习，更需要实践来加深对社会主义核心价值观的理解与认同。作为践行社会主义核心价值观的有效载体，志愿服务在大学生价值观塑造阶段作用非凡，其与社会主义核心价值观的培育是相互影响、相互联系的关系，两者在价值取向和行为判断上是高度一致的。应利用好志愿服务这个载体，对大学生进行社会主义核心价值观培育，让大学生深入理解社会主义核心价值观的具体要求，从而将社会主义核心价值观的具体要求贯穿到大学生的日常行为和活动中，实现知行统一。同时，培育大学生志愿服务中价值观为大学生的实践活动提供了必要的精神指引和价值导向，保证了大学生开展社会实践活动的方向性和针对性，反过来又不断加深对社会主义核心价值观的理解和认同，实现在过程中领悟，在领悟中深入，在深入中践行，这样一个良性循环，推动大学生更好地践行社会主义核心价值观。

第四章

大学生志愿服务中价值观培育现状的调查与分析

大学生志愿服务中价值观是社会主义核心价值观在大学生志愿服务领域的具体体现，其与社会主义核心价值观之间具有内在的统一性。要实现大学生志愿服务中价值观的培育和践行，就必须广泛开展调查研究，通过对大学生志愿服务中价值观培育现状的调查，以小见大，并对其调查结果进行追根溯源式的分析，为大学生志愿服务中价值观培育路径提供必要的理论支撑和实践参考。

一、调查资料来源与调查对象分析

（一）调查资料来源

为了更好的收集研究资料，在 2016 年 3 月至 2016 年 11 月期间，笔者对四所高等院校的大学生进行了问卷调查。本次调查共分两次进行，一共发放问卷 1800 份，回收后通过筛选确定有效问卷 1486 份，有效回收率为 82.6%，并且对问卷的信度和效度进行验证和修正。在此基础上，还对相关高等院校的学生工作部门、具有代表性的学生家长进行了资料核实和访谈（见附录）。

（二）调查对象分析

本调查选取中国矿业大学（北京）、南开大学滨海学院、中华女子学院、山东工业职业学院四所高等院校的在校大学生作为调查对象，其中性别分类上，男性大学生占 57.34%，女性大学生占 42.66%；从年级分类上，大学一年级的学生占 14.61%，大学二年级的学生占 49.32%，大学三年级的学生占 27.24%，大学四年级的学生占 8.35%；从政治面貌的分类上，大学生党员人数所占比例为 23.26%，大学生团员所占比例为 63.78%，大学生群众所占比例为 12.96%；在志愿服务过程中有过职务的比例为 9.98%，学生干部占调查对象的比例为 27.66%，参加过志愿活动的志愿者占调查对象的比例为 74.66%，一次志愿服务也没有参加过的大学生占调查对象的比例为 25.34%。

二、大学生志愿服务中价值观培育现状的调查

大学生志愿服务中价值观培育现状的调查，必须以社会主义核心价值观为理论基石，以大学生志愿服务活动为载体，紧紧围绕以下问题进行调查与分析：一是紧紧围绕大学生志愿服务活动的现状进行调查。因为大学生志愿服务活动是大学生志愿服务中价值观培育的立足点和落脚点，只有全面了解大学生志愿服务活动开展的状况、出现的问题，并对其进行分析，才能为大学生志愿服务中价值观培育奠定坚实基础；二是紧紧围绕对大学生志愿服务中价值观培育的现状进行调查，着重了解其培育的具体内容、培育的必要性、培育过程中出现的问题以及问题的原因等内容。

（一）大学生对社会主义核心价值观认知倾向的调查

大学生志愿服务中价值观是社会主义核心价值观在大学生志愿服务领域的具体体现。因此，开展大学生对社会主义核心价值观认知倾向的调查与分析，是进行大学生志愿服务中价值观培育的前提和基础，其主要包括两个内容：一是大学生对社会主义核心价值观具体内容的认知；二是大学生对社会主义核心价值观与大学生志愿服务活动两者之间关系的认知。

1. 大学生对社会主义核心价值观具体内容的调查

要了解大学生志愿服务中价值观培育的现状，首先要了解大学生对社会主义核心价值观具体内容的认知情况。大学生对社会主义核心价值观认知情况的调查结果见图 4.1。通过调查，可以发现，六成大学生对社会主义核心价值观的认知准确、全面，能准确选出社会主义核心价值观 24 个字的内容；1/4 大学生对社会主义核心价值观认知不全面（不能选出全部 24 个字的内容）；但是也有 14.29% 大学生认知不准确（答题时选择非 24 个字的内容）。这反映出，当前社会主义核心价值观已经在大学生中形成了一定的认知基础，但仍有不到位的情况，需要进一步开展社会主义核心价值观的宣传和教育工作。特别是通过选择有效的载体和示范平台来积极开展培育和践行社会主义核心价值观的实践活动。

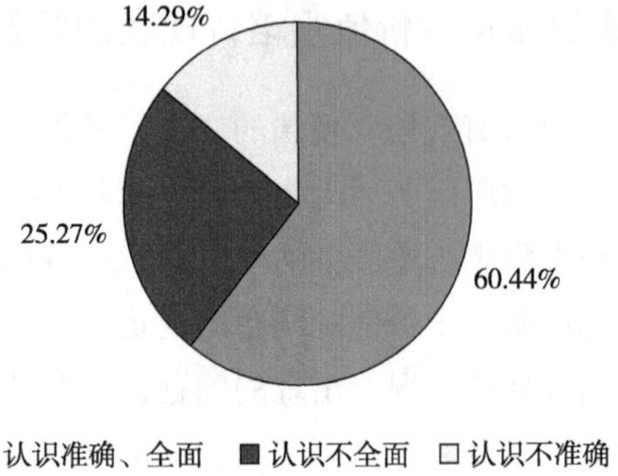

图 4.1 大学生对社会主义核心价值观认知倾向调查

2. 大学生对社会主义核心价值观与大学生志愿服务关系的调查

社会主义核心价值观是大学生志愿服务中价值观培育的理论来源和出发点，大学生志愿服务中价值观培育，是培育与大学生志愿服务密切相关的社会主义核心价值观的部分内容。因此，了解社会主义核心价值观与大学生志愿服务之间的内在联系，是开展大学生志愿服务中价值观培育的前提和基础（图 4.1.2）。

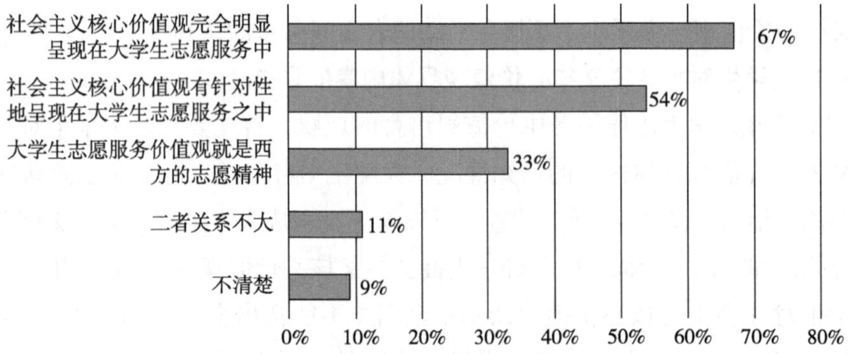

图 4.2 社会主义核心价值观与大学生志愿服务的关系调查

通过调查，我们可以发现，大学生对社会主义核心价值观和大学生志愿服务两者之间的关系的理解不够具体、不够清晰。大部分被调查者认为，社会主义核心价值观的 24 个字，都完全明确地体现到了大学生志愿服务中；相当一部分大学生认为，社会主义核心价值观的 24 个字有针对性地呈现在了大学生志愿服务中。这也表明，大学生对社会主义核心价值观与大学生志愿服务之间关系的理解缺乏统一的认知。因此，应当深挖社会主义核心价值观与大学生志愿服务之间的关系，精确提炼出社会主义核心价值观在大学生志愿服务领域特色呈现的部分内容，从而解决大学生志愿服务表面化、形式化的问题，增强大学生志愿服务中价值观培育的针对性和实效性。

（二）大学生志愿服务中价值观培育必要性的调查

大学生志愿服务是大学生参加社会实践的最佳方式之一，是他们在服务社会的过程中完成自身社会化的有效方式之一，更是培育和践行社会主义核心价值观的示范平台。在大学生志愿服务中培育社会主义核心价值观，是大学生践行社会主义核心价值观的有效途径。对大学生志愿服务中价值观培育必要性开展调查与分析，对于社会主义核心价值观的培育和践行具有重要的意义，其主要包括三个内容：一是大学生参与志愿服务活动原因的调查与分析；二是大学生对志愿服务中价值观培育必要性的调查与分析；三是对大学生志愿服务中价值观培育作用的调查与分析。

1. 大学生参与志愿服务活动原因的调查

大学生能否正确看待志愿服务，直接关系到大学生志愿服务中价值观培育的实效性。在问卷调查中，当问到“您参加大学生志愿服务的原因有哪些（多选）？”时，超过 80% 的大学生认为是充实自己的生活并实现自我价值，从而丰富自己的大学生活，践行知行统一的价值理念；帮助他人、增长知识、增加就业筹码依次为 46%、48%、45%。而受周边影响和学校任务安排的选择比例分别为 15%、13%。这表明大学生参与志愿服务活动的主要动因出自大学生对于实现自身价值、进行友善互助行为等因素的内在驱动（图 4.3）。

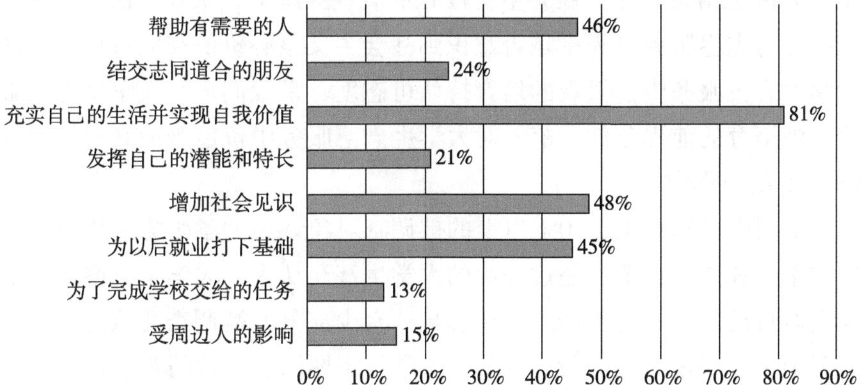

图 4.3　参加大学生志愿服务的原因调查

当问“您认为参加志愿服务有什么作用（多选）？”时，选择“履行社会职责”的大学生比例为73%，这表明我国绝大部分大学生心怀国家，理想和责任感促使他们积极主动地投身于志愿服务活动中；选择有利于专业学习和职业发展的有62%，说明大学生在实现社会价值的同时，渴望实现自身的价值、得到社会的认可。（如图4.4）。

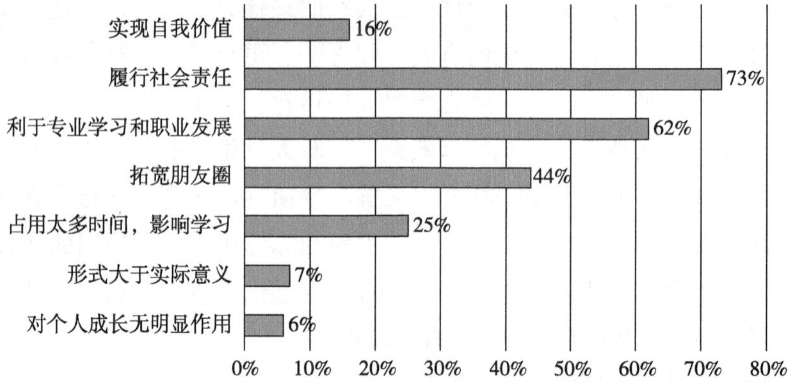

图4.4　参与大学生志愿服务的作用调查

综上所述，目前，大学生基本上能够正确、理性地看待大学生志愿服务，并且能够以一种积极、健康的心态参与其中。大部分大学生认为，参与志愿服务活动，可以实现社会价值和个人价值的统一。这说明通过大学生志愿服务活动培育社会主义核心价值观具有广泛的可操作性。

2. 大学生志愿服务中价值观培育必要性的调查

大学生志愿服务中价值观培育就是大学生在参与志愿服务中对与大学生志愿服务密切相关的部分社会主义核心价值观的认可、认知、认同过程。大学生在参与志愿服务过程中是否意识到社会主义核心价值观的重要性；是否对大学生志愿服务中价值观的培育持认可态度，是我们进行大学生志愿服务中价值观培育的前提条件。笔者对大学生志愿服务中价值观的必要性进行了调研，结果如图4.5。

从下图中可以看出，70%以上的被调查对象认为大学生志愿服务中价值观非常重要和比较重要，超过一半的大学生甚至认为，大学生志愿服务中价值观会对自己的其他行为产生重要影响；有少部分的被调查者认为大学生志愿服务中价值观重要性一般；认为“大学生志愿服务中价值观有没有都无关紧要”的所占比例最少。这说明，大学生基本上高度认可在志愿服务中培育社会主义核心价值观的重要性并支持其培育。

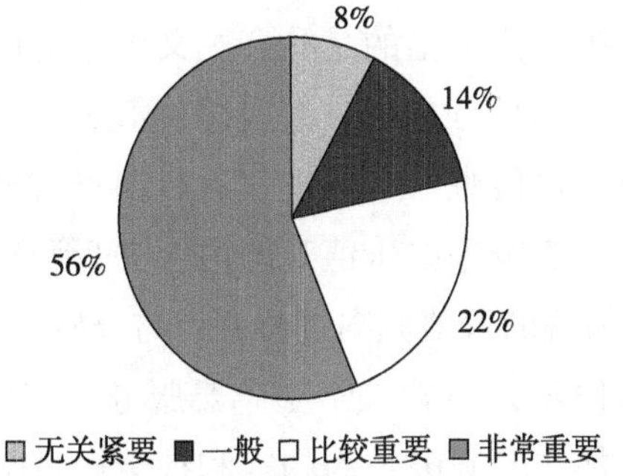

图 4.5　大学生志愿服务中价值观必要性调查

在本次调查中，有一个问题是“您认为志愿服务中价值观培育有什么作用？”（如图 4.6），大学生主要选择了“有利于大学生综合素质的提高，形成健全人格”“有利于传承和弘扬中华民族优秀传统文化”“树立爱国奉献友善责任的新风气”“有利于和谐社会、和谐校园建设”四种答案，选择这四个答案的大学生占了大多数，而且选择“有利于大学生综合素质的提高，形成健全人格”的人数最多，达到了 77%。这个数据说明，大学生志愿服务中价值观培育不仅仅对大学生本人有重要的作用，可以帮助他们实现自身价值观的重塑。更重要的是，通过培育，对社会、对学校，甚至对中华民族优秀传统文化也有着重要的作用。由此可知，大学生志愿服务中价值观培育的重要意义得到了大学生群体的充分认可，这个结果对大学生志愿服务中价值观的培育创造了有利条件。

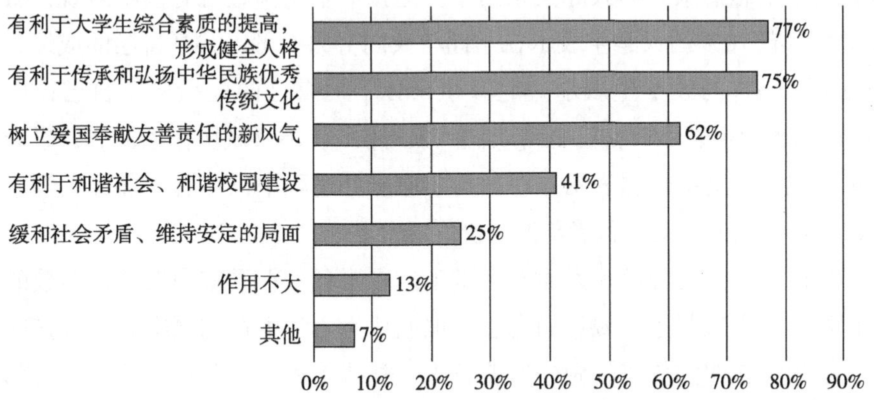

图 4.6　大学生志愿服务中价值观培育作用调查

（三）大学生志愿服务中价值观现状的调查

大学生志愿服务中价值观指的是社会主义核心价值观在大学生志愿服务中与志愿服务高度契合的部分内容，即爱国价值观、友善价值观、和谐价值观、文明价值观和公正价值观。对其现状进行调查与分析，重点从两个方面进行：一是对大学生志愿服务中价值观的内容进行调查与分析；二是对影响大学生志愿服务中价值观的价值倾向进行调查与分析。

首先，从爱国价值观方面看大学生志愿服务。在调查中发现，83.8% 以上的大学生认为，参加志愿服务是为国家和社会做贡献的，这个结果可以看出大学生在志愿服务中对爱国价值观的认可。通过访谈进一步发现，爱国价值观在大学生志愿服务中的体现较为明显，许多被访者都提到，大学生志愿服务活动特别是大型社会活动既服务社会，也代表国家形象。不仅如此，部分学生还谈到，如果遇到了有损国家形象或者利益的行为或言论，会挺身而出并主动制止。这些可以说明，大学生对志愿服务中的爱国价值观认知比较到位。

其次，从友善价值观、和谐价值观方面看大学生志愿服务。在调查中发现，一些大学生在志愿服务中对如何与他人和谐共处，团结友善，达成共同目标等方面缺乏正确的认识。通过对数据的整理发现，在大学生志愿服务中，表示能与同学和谐相处的占 52.85%；表示无论思想差异如何，仍然能够和同学和谐相处的占 25.81%；这组数据说明，大部分的被调查者能够团结周围的人，能够调节因思想差异所带来的交际落差，能够包容他人并能够很好地融入到大学生志愿服务的人际关系当中。但接下来的调查就有些不乐观，虽然数据显示有 70% 的大学生表示在与同学共同努力中可以共享自己的成绩，但是也有 13.5% 的大学生表示一起共事可以，但自己的成绩属于自己；更有 16.5% 的大学生表示，自己更喜欢做“独行侠”，不喜欢协作的模式，崇尚个人英雄主义。这些数据表明，在参与志愿服务过程中仍然有一部分大学生过于强调自我意识，缺少和谐友善的价值观念。

再次，从文明价值观方面看大学生志愿服务。在调查中发现，多数的被调查对象对志愿服务持诚恳的态度，他们认为大学生在志愿服务中应该继承和发扬中华文明的传统，做到文明行事、礼待他人。由此可以看出，大部分大学生在参与志愿服务过程中具有很强的文明意识和观念（见图 4.7）。

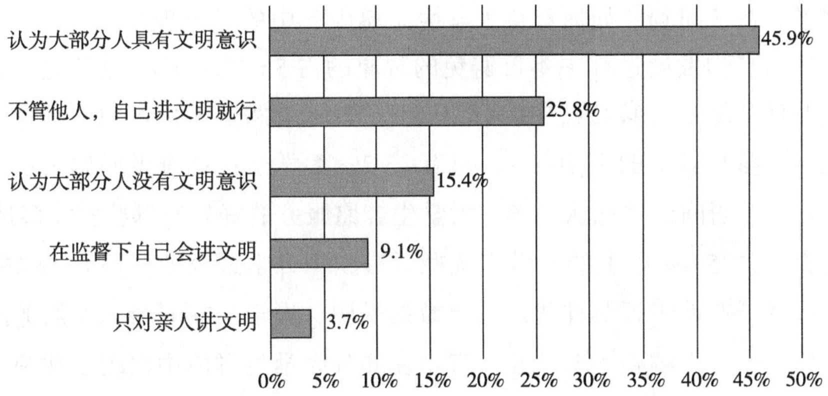

图 4.7　大学生文明意识调查

最后，从公正价值观方面看大学生志愿服务。在调查中发现，大学生志愿服务中价值观判断存在理想化的现象，部分大学生不能客观全面的看待问题。对于当今社会总体上是否是公平正义的判断中，表示基本认可的只占调查总人数的 18.2%，大部分的大学生认为志愿服务中存在一些不良现象，甚至是不公平的做法，这个数据表明很多大学生的价值判断存在理想化的趋势，从而导致不能以发展的眼光去看待大学生志愿服务中存在的问题。当在公共场合看到不符合志愿服务中价值观的谋利行为时，有 14.6% 的大学生表示和自己无关，60.2% 的大学生表示可能会私下告诉利益受损者，选择果断制止的只占被调查总数的 15.2%，有 10% 的大学生表示要看情况而定，这组数据表明，多数的大学生在抱怨社会不公的同时，面对社会不良现象则选择置身度外的态度。对于部分管理者以权谋私的不良风气，表示看不惯，但无能为力的大学生占 46.2%；表示想阻止，改变这些不良风气，但不知怎么去做的大学生占 53.8%；当被问及“将来走向社会，你手中有了一定权力”时，选择会在公平正义的原则性行使权力的占了 59%；有极少数大学生直言不讳地选择了可能会将权力转化为谋取个人利益的手段，这部分大学生只占 6.9%；还有的大学生具有公私兼顾的心理，占 16.5%；认为自己各种选择都会有，但是都不会太过分的占 17.6%。这些调查结果可以发现，大学生在参与志愿服务中，对于社会不公平现象存在着价值观念和实际行为上的脱节现象，公正价值观在大学生志愿服务中体现的比较明显，但是具体到执行维护公平正义的行动上，大学生知行不统一。

此外，价值取向多元化的问题也是影响大学生志愿服务中价值观的重要因素。在被问到“如何看待大学生志愿服务中的投机现象？”时，表示这是任何事物发展过程中不可避免的现象的占 35.6%；认为虽然是正常现象，但自己绝不会参与其中的占 20.5%；表示既然是不可避免的现象，自己也可以参与其中的占 10.8%；只有 33.2% 大学生被调查者明确表示鄙视这种行为。当问到“您认为参加大学生志愿服务的好处有哪些？（多选）”的调查中，75.8% 以上的同学都选择了有助于升学或就业；还有 56.1% 的同学选择了有助于评奖评优。这组数据说明，大学生在看待志愿服务问题上价值观念越来越趋于多元化，甚至在部分大学生群体中出现了功利化倾向明显的趋势。

从大学生参加志愿服务的追求看，大学生对功利主义、拜金主义的态度是价值观多元化的重要表现。当问到“您如何看待大学生追求名利的行为？”时，认为大学生不应以追逐名利为目标的被调查对象占 48.3%，当然这个比例不算低，但是在选择第二个选项“大学生追求名利的行为不应该受到约束”的也有 40.3%（见图 4.8）。

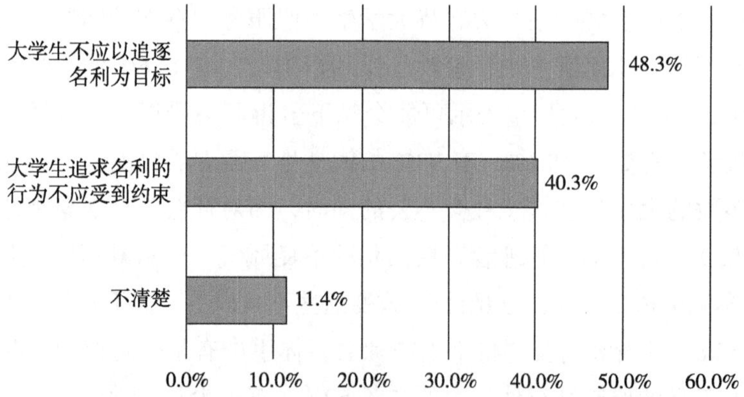

图 4.8　对大学生追求名利的态度调查

从大学生参加志愿服务目的性的调查中，75.8% 以上的同学都选择了有助于升学或就业；还有 56.1% 的同学选择了有助于评奖评优。访谈中也发现，部分大学生认为只要不违法、违规，去追求名利是个人选择的权利。还有部分大学生认为，通过志愿服务获得名利是自己付出的回报。这些数据和访谈结果充分体现出，当前，部分大学生深受功利主义、实用主义、拜金主义的影响，削弱了大学生志愿服务中价值观培育的向心力和凝聚力。

还有，从参与志愿服务的态度方面看大学生在志愿服务中价值观的价值倾向。问题“您对于参与大学生志愿服务的态度如何？”的回答中，大部分同学选择了主动参加，说明大学生自身参与志愿服务的意识较高，但是也有10%的大学生将参加志愿服务活动当成完成学校安排的任务；选择“能躲就躲”“从不参加”的人数加起来占总被调查对象的13.5%（见图4.9）。这说明，大学生群体对于参与志愿服务的态度有待改进，大学生志愿服中价值观培育显得必要而迫切。

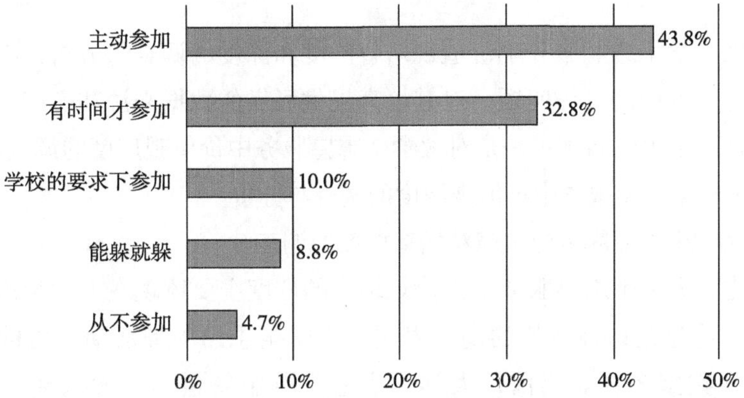

图4.9　参与大学生志愿服务的态度调查

同时，调查数据表明，有57%的被调查者表示会考虑参加放弃自己某些切身利益的大学生志愿服务；剩下的43%的大学生表示，不会参加放弃自己某些切身利益的大学生志愿服务。这个调查结果说明，部分大学生在志愿服务中价值观的判断上还不能很好地体现知行统一的价值理念，大学生志愿服务中价值观判断受到自身因素的极大影响（见图4.10）。

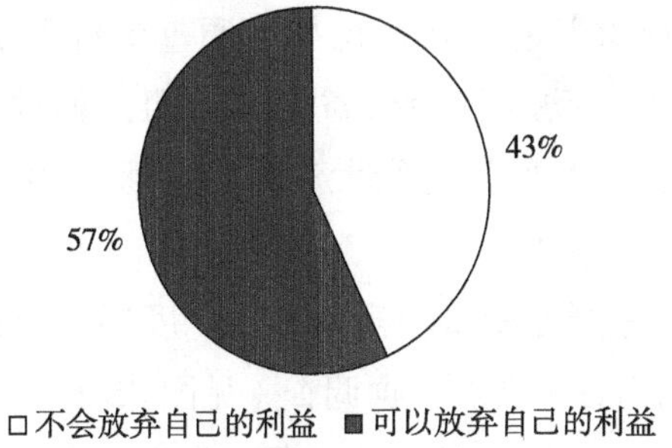

图4.10　大学生志愿服务中价值观判断调查

以上所列的部分思想倾向，是我国在社会转型期不可避免出现的状况。经济结构的多元化，必然导致思想上的多元化，这使得一些大学生的价值信念出现了偏离社会主义核心价值观的现象。因此，需要借助志愿服务这个平台，积极开展志愿服务活动，在大学生志愿服务中积极开展社会主义核心价值观培育，用社会主义核心价值观指导大学生志愿服务，保证大学生志愿服务的方向性和科学性。

（四）大学生志愿服务中价值观培育广度和深度的调查

开展大学生志愿服务中价值观培育广度和深度的调查与分析，有利于发现其培育过程中的具体问题，对其培育提供可靠的数据来源和实践支撑。其主要包括两个主要问题：一是对大学生志愿服务中价值观广度的调查与分析；二是对大学生志愿服务中价值观深度的调查与分析。

1. 大学生志愿服务中价值观培育广度的调查

首先，大学生志愿服务中价值观培育的广度主要体现在大学生志愿服务类型中。通过走访被调研的高校发现，大学生志愿服务活动开展的层次较为丰富，类型多样。当前，大学生志愿服务主要包括：大型活动志愿服务，例如北京奥运会、上海世博会等；社会公益志愿服务，例如关怀孤寡老人、关爱留守儿童等；专业性志愿活动，例如支教活动、心理援助等；以及其他志愿服务活动。在回答“您参加过以下哪些志愿服务项目？（多选）”时，大部分大学生志愿者选择了“大型活动志愿服务”和“社会公益志愿服务”，占比都在 60% 以上（见图 4.11）。这说明，在我国大学生志愿服务活动中，志愿服务活动的覆盖面很广，但是在志愿服务的类型中，活动类型的覆盖面虽然很广，但纵深度不够，在具体的志愿服务项目中，选择性参加的现象普遍存在。比如在调查中可以发现，大部分大学生选择了大型志愿服务活动和社会公益活动，而诸如像“山区支教”“定点扶贫”类的活动少有人参加，这给大学生志愿服务中价值观培育带来了一定程度的困扰。

其次，大学生志愿服务中价值观培育的广度还体现在大学生志愿服务专业机构上，如青年志愿者协会。根据调查（见图 4.12），当被问到“您听说过青年志愿者协会吗？”时，有 67% 的被调查大学生表示知道这个组织，但是仅仅局限于听说过而已。当被问到“您对加入大学生志愿者的报名流程了解吗？”时，只有10%的大学生表示非常了解。青年志愿者协会自1994年成立以来，其开展工作的主要场所在各个高校内部，大学生对它有所了解理所应当。但是，怎么去联系他们，怎么报名成为一名大学生志愿者，绝大多数大学生还不熟悉，不了解。正是因为对这些情况的不了解，给大学生志愿服务中价值观培育工作造成了不利影响。

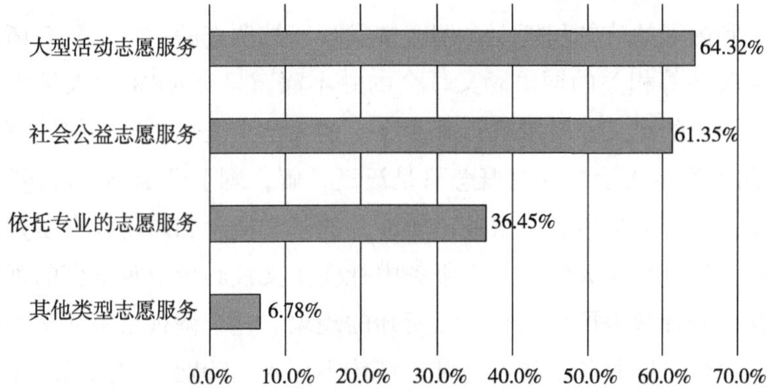

图 4.11　大学生参与志愿服务类型调查

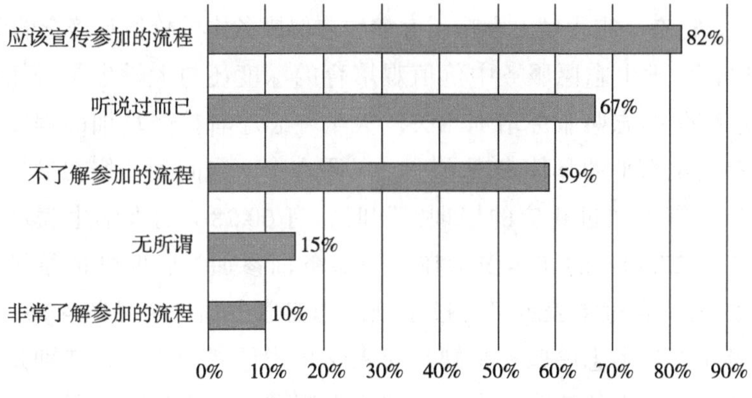

图 4.12　大学生对青年志愿者协会了解情况调查

最后，大学生志愿服务中价值观培育的广度，还体现在大学生志愿服务的具体活动中。自从我国有了现代意义上的志愿服务后，各个高等院校也都成立了专门的大学生志愿服务组织，大学生志愿服务力量也已经成为我国志愿服务事业的中坚力量。这些力量主要活跃在学生社团和学生会当中，他们所组织的志愿服务由最初限于校内逐步发展到社会上的各个领域，并且分工越来越细，甚至在有的高等院校，还有专门针对社会某一个领域的大学生志愿服务团体组织，这使得大学生志愿者在选择志愿服务领域上有了更广阔的空间，活动组织化、分工细致化无形中也拓宽了大学生志愿服务中价值观培育的广度。

2. 大学生志愿服务中价值观培育深度的调查

首先，大学生志愿服务中价值观培育的深度体现在大学生对志愿服务所涉及概念和内涵的认知程度上。调查中发现，被调查的大学生，对诸如志愿者、志愿服务等相关的词语涵义领会的并不深，只有 4.8% 的大学生表示对这些相关词语的涵义非常了解；有 23.6% 的大学生表示对其比较了解；有大概 45% 的大学生表示对这些概念只是泛泛了解；剩下的 26.6% 表示不了解。由此可见，对于大学生志愿服务中所涉及的基本概念和内涵，大多数人只是一知半解，特别是对大学生志愿服务中社会主义核心价值观培育的理解，大学生还存在着理解表层化甚至一无所知的现象。这个调查结果从某种程度上说明，大学生志愿服务工作不完善，宣传不深入。特别是相关组织者没有充分认识到在大学生志愿服务中培育社会主义核心价值观的重要性，从而使得一些大学生在志愿服务中呈现表面化、形式化的趋势，又影响大学生志愿服务的效果，这在一定程度上影响了大学生志愿服务中的价值观培育的深度。

其次，大学生志愿服务中价值观培育的深度还与大学生是否接受过专业化、系统化的志愿服务培训相关。大学生志愿者接受培训的程度就是志愿服务专业化水平的具体表现之一。在调查中，当问到“您在参加志愿服务之前有没有参加过相应的培训？”时，有 60.28% 的大学生表示并没有参加过；有 27.80% 的同学表示在志愿服务前参加过临时性的培训；只有 11.92% 的被调查对象表示接受过系统的志愿服务培训（见图 4.13）。可以看出，当前大学生志愿服务中缺乏对大学生志愿者的培训，特别是在志愿服务中进行价值观的培育，在一定程度上削弱了大学生志愿服务中价值观培育的深度。

最后，大学生志愿服务中价值观培育的深度还受到高校相关培育工作的影响。高校在大学生志愿服务中价值观培育过程中，重视程度、宣传力度、执行情况如何，对其培育深度的影响都很大。当问到“学校在大学生志愿服务中宣传力度怎样，是否提炼出过通俗易懂的口号？”时，只有 30.5% 的被调查者认为“宣传力度很大，有明确的口号”；认为“宣传力度很大，只是没有明确的口号”的占了半数以上。这表明，高等院校在重视大学生志愿服务形式上宣传工作的同时，更要注重理论上对大学生志愿服务中价值观具体内容的提炼，拓展大学生志愿服务中价值观培育的深度。

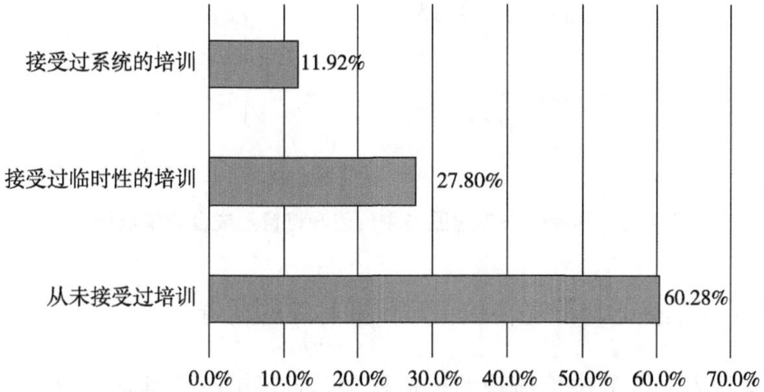

图 4.13　大学生志愿者参加志愿服务培训的情况调查

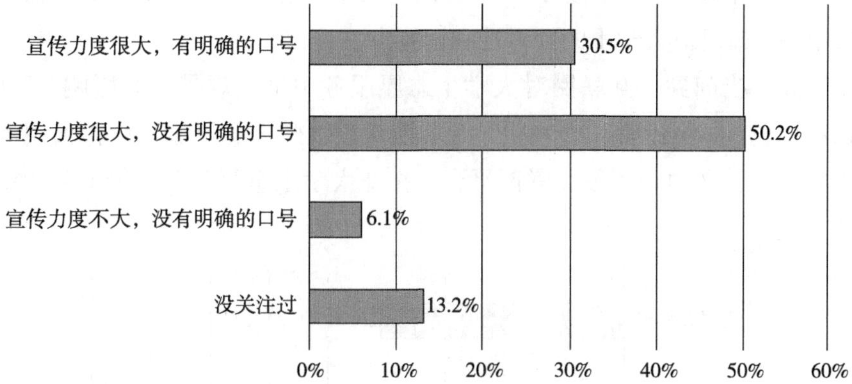

图 4.14　学校对志愿服务宣传程度调查

当问到“您认为学校在大学生志愿服务中价值观培育方面，理论、实践和宣传能否互相承接，形成合力？”时，只有不到半数的被调查者做出了肯定的回答，超过半数的被调查者认为学校的相关培育没有形成合力。这表明，高等院校的相关机构与人员应该加强沟通与合作，使各部门的工作上承下接，形成合力，才能切实提升大学生志愿服务中的价值观培育的深度。

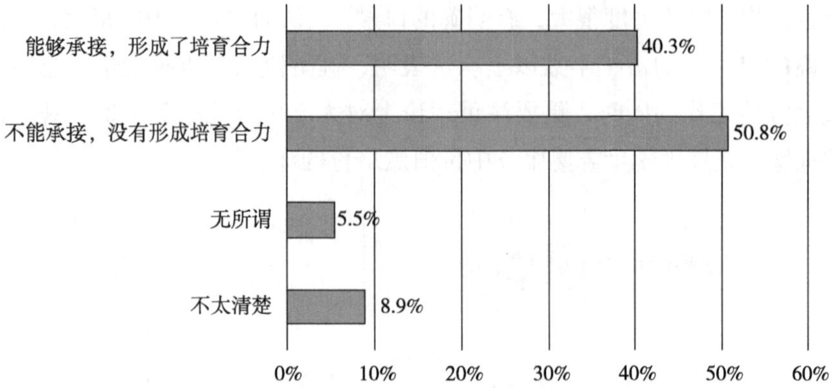

图 4.15　学校关于志愿服务中价值观培育形成合力情况调查

（五）大学生志愿服务中价值观传播程度的调查

大学生志愿服务中价值观的传播程度，直接影响着其培育效果。通过调查发现，一方面，互联网对大学生志愿服务中价值观的传播影响很大，已经成为制约其培育的重要因素；另一方面，大学生志愿服务中价值观传播方式比较单一，缺乏对大学生的针对性和影响力。

首先，当问到“互联网对大学生志愿服务中价值观是否有影响？”时，承认有影响的占 61.4%，这表明，互联网对于大学生志愿服务中价值观的传播影响较大，必须利用好互联网平台，拓宽大学生志愿服务中价值观的传播途径。

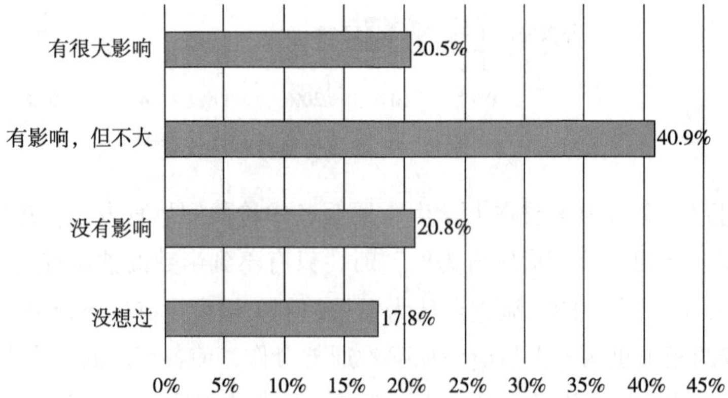

图 4.16　互联网对大学生志愿服务中价值观培育影响情况调查

其次，大学生志愿服务中价值观传播缺乏针对性。高等院校、志愿服务组织及社会在大学生志愿服务中价值观的传播力度方面缺乏针对性，这是调查过程中较为凸显的问题。目前高等院校和志愿服务机构也比较重视大学生志愿服务中价值观传播的创新，通过媒体公益宣传、中国传统文化宣传、各种墙体画的宣传形式，极力增加传播的趣味，不断丰富传播的内容。可是，这些主动传播方式缺乏针对性，并未符合大学生群体的特征。通过调查，我们发现大学生通过互联网进行信息获取的方式已经占据大部分，调查对象中只有不到 10% 的大学生表示很少通过网络获取信息，而如此普遍的大学生网民群体中只有不到 3% 的被调查者是通过互联网获取大学生志愿服务及大学生志愿服务中相关价值理念的信息（见图 4.17）。这表明，大学生志愿服务中价值观在互联网领域的传播效果不明显，缺乏针对性。

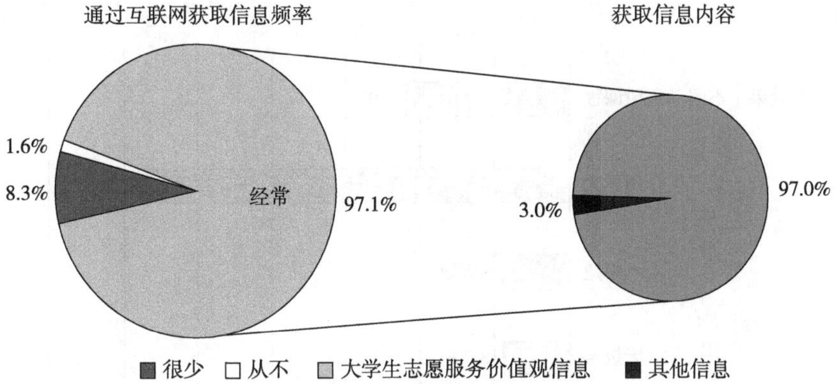

图 4.17　大学生通过互联网获取信息频率和内容调查

最后，大学生志愿服务中价值观传播缺乏影响力。在调查中发现，有 46.9% 的大学生认为，家庭中的长辈对自己社会价值取向和人生理想形成的影响排第一位；有 20% 的被调查大学生认为后天知识的学习排第一位；只有 13.5% 的大学生认为自己是在宣传的环境中受到了很大的影响。很明显，前者所占的比例远远超出后两者。在学校内部的传播中，认为对自己社会价值取向和人生理想形成的影响排第一位的是同学、舍友及其他校友，占了被调查总人数的 52.5%；有 24.1% 的大学生认为是受到了学校老师的影响；23.2% 的被调查者认为是各种书本和资料的影响。另外，根据问卷调查结果，由于信息传播力度不足的原因而导致的大学生不能经常获取大学生志愿服务信息的现象普遍存在。由于经常获得大学生志愿服务信息而经常参与大学生志愿服务的只占被调查者的12.4%，偶尔参加的占79.2%；由于不经常获得大学生志愿服务信息而没有参与大学生志愿服务的占9.9%。由此可见，大学生志愿服务中价值观在传播上缺乏影响力，需要拓宽和创新传播机制，提升传播效果，提升大学生志愿服务中价值观传播的影响力。

（六）大学生志愿服务中价值观在思想政治理论课中状况的调查

在高校，大学生的价值观教育主要是在思想政治理论课中进行，并没有把价值观教育单独剥离出来。从“您认为学校的思想政治理论课程怎么样？”的回答中可以看到（见图4.18），认为“不同于一般课程，有效果”的占总人数的21.9%。这说明，学校的思想政治理论课有一定效果，但还有很大的提升空间。

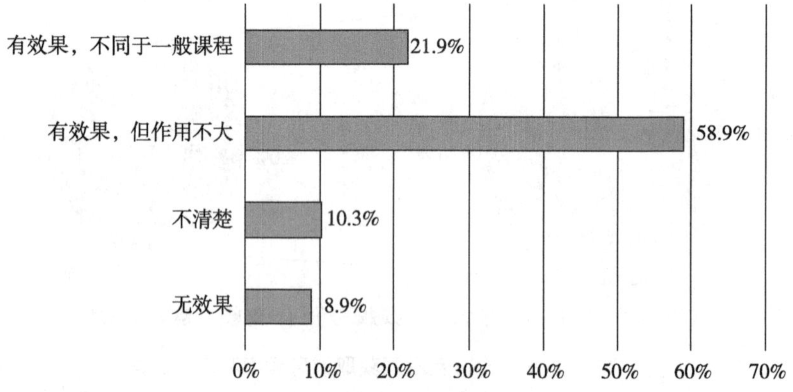

图4.18　大学生对思想政治理论课的态度调查

从调查问卷中，“您认为思想政治理论课中的大学生志愿服务中价值观培育有效果吗？”该题的回答情况（见图4.19）可以看出，大学生认为培育工作“非常有效果”和“比较有效果”的总和为31.1%，还不到总人数的三分之一。这个数据说明，高等院校在思想政治理论课程中开展大学生志愿服务中价值观培育还有很大的提升和改善空间。

此外，当问到“您认为大学生志愿服务中价值观培育仅仅体现在思想政治理论课上，还是在所有学科里都有体现？”时，超过半数的同学意识到，大学生志愿服务中价值观培育的内容应该体现在所有的学科当中；也有40.3%的同学认为大学生志愿服务中价值观培育只局限于思想政治理论课程中。这种认识上的局限性，需要高校相关部门的工作者进行正确引导，积极发掘思政课、其他课程之间的思想政治教育资源，使不同课程之间形成培育合力。

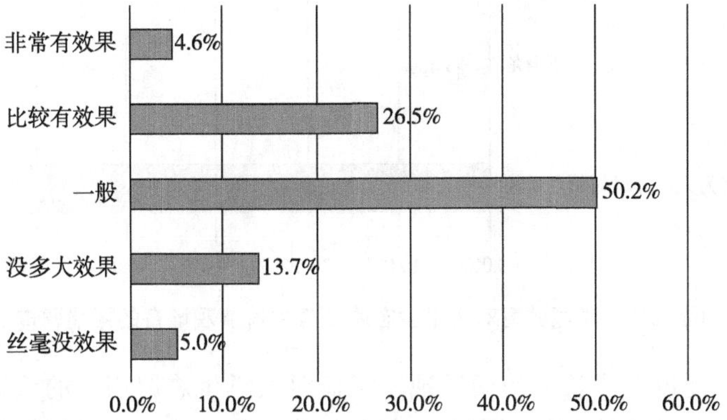

图 4.19　大学生志愿服务中价值观培育在思想政治理论课中现状调查

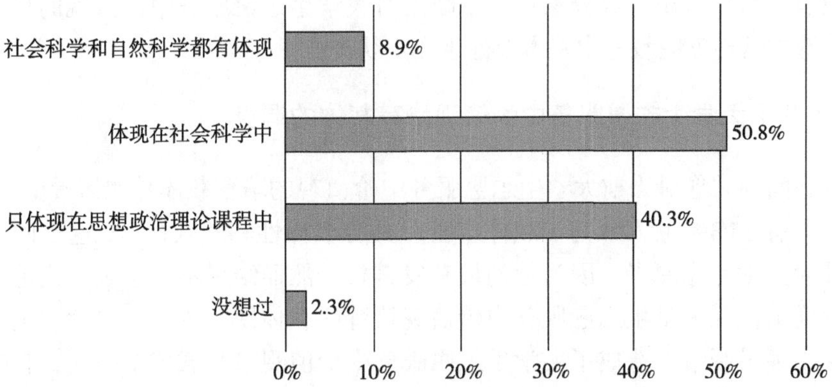

图 4.20　大学生志愿服务中价值观培育与思想政治理论课、其他课程之间的关系调查

（七）大学生志愿服务中价值观在家庭教育中状况的调查

大学生志愿服务中价值观培育不单纯依托学校教育，家庭教育也是其培育的主要阵地。但是通过对样本家庭的访谈（见附录），可以发现，家庭对其重视程度较低，在对家长问到“您认为家庭教育会对大学生志愿服务中价值观产生影响吗？”时，超过 50% 的家长认为不会产生影响；超过 45% 的家长认为家庭教育也是大学生志愿服务中价值观培育的一个重要环节。可以看出，家长对家庭教育在大学生志愿服务中价值观培育方面的作用认识不统一、不清楚，家庭教育的缺位，给大学生志愿服务中价值观培育带来了不利影响。

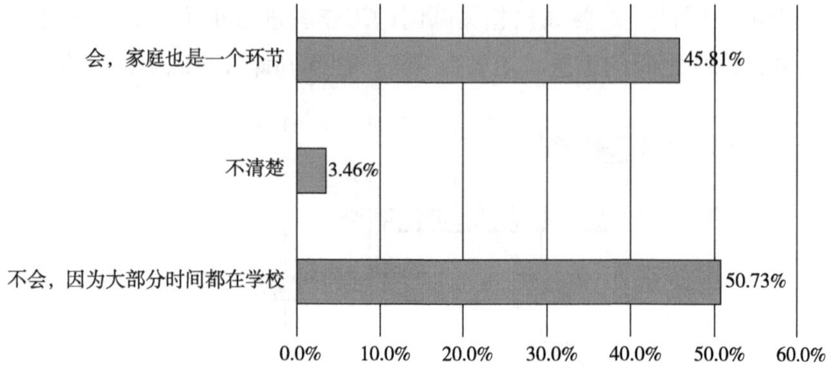

图 4.21 家庭教育对大学生志愿服务中价值观培育的影响调查

此外，通过对家长的访谈发现，家长对大学生志愿服务的认知也基本停留在“奉献”这个简单的层次上；还有部分家长认为，志愿服务是孩子锻炼自立能力的重要渠道，但对于大学生志愿服务中价值观培育的理解和认知近乎没有。可以看出，部分家长由于缺乏对大学生志愿服务中价值观的科学认知，造成其在家庭教育中基本上处于真空状态。

（八）大学生志愿服务中价值观培育载体的调查

当问到“您对当前大学生志愿服务中价值观的培育载体是如何看待的？”时，只有 15.3% 的人认为“载体丰富，具有多样性和时效性”，这个问题主要针对大学生志愿者，因为他们最有发言权。然而结果不容乐观，这也在一定程度上说明大学生志愿服务中价值观培育的载体缺乏创新，与大学生志愿服务出现了脱节，造成了大学生志愿服务中价值观培育载体单一化，影响了其培育的实效性（见图 4.22）。

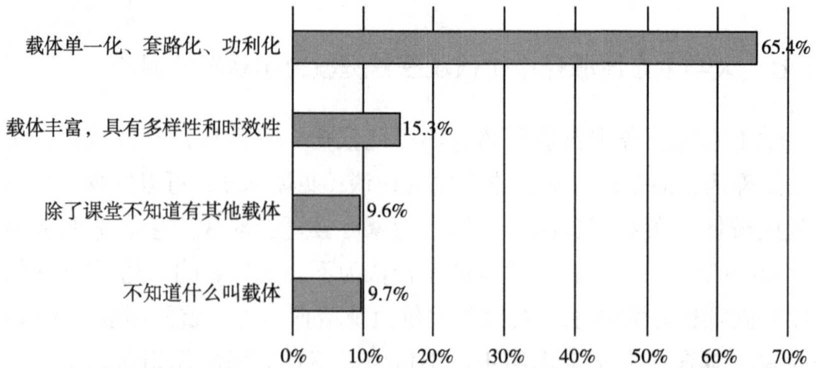

图 4.22 大学生志愿者对志愿服务中价值观培育载体态度调查

（九）大学生志愿服务中价值观培育现状的调查总结

通过以上的分析我们可以总结出以下几点：

第一，我国大学生志愿服务活动在形式上、规模上成绩斐然。首先，大学生在观念上、理论上对志愿服务的认可程度大大提高；其次，高校对大学生志愿服务活动的重视程度前所未有，纷纷开展建立相应的志愿服务组织以保障大学生志愿服务的组织性、规范性；最后，大学生志愿服务活动形式多样化、内容广泛化、制度规范化趋势愈加明显。

第二，参与调查的大学生，包括大学生志愿者，对社会主义核心价值观有一定了解，但是，仍有部分大学生对其内涵的理解不全面或有偏差。部分大学生对社会主义核心价值观与大学生志愿服务的关系认识不清，且对大学生志愿服务中价值观内容的理解呈现单一化的倾向，容易出现以偏概全的现象。

第三，大多数的被调查者，特别是大学生志愿者，认可大学生志愿服务中价值观培育的重要性，意识到在开展大学生志愿服务过程中培育社会主义核心价值观是保证大学生志愿服务活动方向性、科学性的重要保障。

第四，一方面，爱国价值观、和谐价值观、友善价值观、文明价值观、公正价值观是大学生志愿服务中价值观的具体内容，在大学生志愿服务中表现最为明显，也是大学生志愿服务中价值观的最大特色。另一方面，价值观多元化深深影响着大学生志愿服务中价值观的培育，功利主义、实用主义、拜金主义等思想倾向成为影响因素中的突出因素。

第五，大学生志愿服务中价值观培育的广度，受大学生志愿服务活动类型和规模的影响。现在，我国大学生志愿服务中价值观培育的广度取得了一定成绩，但出现的问题也不容忽视。此外，由于缺乏大学生志愿服务的相关培训，特别是对大学生志愿者进行社会主义核心价值观培训，给大学生志愿服务中价值观培育深度带来了一定的难度。

第六，思想政治理论课的作用被广泛认同。但是，思政课程、其他课程之间与大学生志愿服务活动缺乏必要的关联和结合，弱化了思想政治理论课作为大学生志愿服务中价值观培育的主阵地作用，也使思政课与其他课程之间的合力没有得到充分发挥。其次，家庭教育对大学生志愿服务中价值观培育产生重要影响，但是，其基础作用发挥的不尽如人意。最后，大学生志愿服务活动载体的单一化、形式化，也是影响大学生志愿服务中价值观培育的重要因素之一。

三、大学生志愿服务中价值观培育存在的主要问题

根据大学生志愿服务中价值观培育现状的调查与分析，结合一手调查问卷结果、样本高校学工部门负责人访谈与学生家长访谈（见附录），并对调查结果进行逐一分析，总结出大学生志愿服务中价值观培育存在的主要问题。

（一）高校对加强社会主义核心价值观教育力度不足

一方面，高校肩负着培养中国特色社会主义事业建设者和接班人的重大任务。坚持弘扬和践行社会主义核心价值观，贯彻落实其基本精神和内在要求，是高等教育坚持中国特色社会主义理想和共产主义崇高理想，体现国家教育意志、教育理念和教育方针的根本要求。高校的内在使命要求其必须积极探索和寻求加强社会主义核心价值观教育的有效途径和方式方法，引导大学生正确处理好个人利益与集体利益、局部利益与整体利益的关系，整合思想政治教育的各种要素，形成教育合力。同时，高校应将社会主义核心价值观培育融入大学生教育全过程，实现大学生对社会主义核心价值观的认识、认知到认同。根据调查问卷，相当一部分大学生对社会主义核心价值观的“三个倡导”有一定的了解，然而真正做到具体了解甚至是十分熟悉的大学生还比较少，调查结果不容乐观。这说明，高校在加强社会主义核心价值观教育工作中，缺乏有针对性的教育模式，对社会主义核心价值观的教育力度不足，有的高校甚至仅仅停留在被动宣传或者理论灌输上，缺乏对社会主义核心价值观整体性、系统性的理解和教育，这是影响大学生志愿服务中价值观培育的重要因素。

另一方面，高校对社会主义核心价值观的教育力度不足还突出表现在高校缺少对大学生志愿服务中价值观具体内容的精确把握。社会主义核心价值观作为统领整个社会的价值准则和价值标准，对我国各个领域的工作起主导作用，居统领地位。有些高等院校在解读社会主义核心价值观时大而化之，只在宏观层面进行解读，不能很好地将培育社会主义核心价值观与大学生志愿服务活动有机结合。社会主义核心价值观内涵丰富、韵味无穷，具体到大

学生志愿服务领域，有其针对性的体现。大学生志愿服务作为培育和践行社会主义核心价值观的有效载体，更应该具体提炼出大学生志愿服务中价值观的具体内容，为培育和践行社会主义核心价值观奠定基础。

通过调查结果可以看出，在我国大学生志愿服务中价值观培育的实践中，对于社会主义核心价值观与大学生志愿服务关系的理解存在偏差，对于什么是大学生志愿服务中价值观缺乏一个清晰地认识。在理论研究领域，很少有人针对大学生志愿服务活动，阐述如何在活动中培育社会主义核心价值观，也没有将社会主义核心价值观的内容与大学生志愿服务紧密结合，准确把握大学生志愿服务活动中所体现的社会主义核心价值观的具体内容，这是社会主义核心价值观培育在大学生群体中泛化、表面化的重要原因。

同时，同国外相比，由于国情的不同，在意识形态领域的区别，我国大学生志愿服务中价值观也是具有中国特色的，它是社会主义核心价值观在志愿服务领域的具体体现。因此，把握社会主义核心价值观与大学生志愿服务的关系，提炼出具有中国特色的大学生志愿服务中价值观的主要内容，是大学生有效开展志愿活动、践行社会主义核心价值观的前提。

（二）大学生志愿服务中价值观培育没有形成合力

通过调查，我们可以发现，在大学生志愿服务中价值观培育的过程中，高校、家庭、社会三方没有形成合力，各自为营，这大大降低了大学生志愿服务中价值观培育的效果。通过调查，在大学生志愿服务方面，其主要活动的发起和进行，主要集中在了高校的活动中，学生自发参与社会活动或者家庭动员参加志愿服务的形式和数量不容乐观，在通过对样本家庭的家长访谈中也说明了这一点。大部分学生家长没有主动培养自己孩子志愿服务的意识，鼓励大学生加入社会志愿活动的行动更是无从谈起，这在一定程度上降低了家庭教育在大学生志愿服务中价值观培育的作用。大学生志愿服务是培育和践行社会主义核心价值观的有效载体之一，是大学生参与社会活动，实现社会化进程的重要形式。只有高校积极引导，家庭循序善诱，社会潜移默化，才能真正充分发挥大学生志愿服务的作用，实现在大学生志愿服务中培育社会主义核心价值观的目标。首先，高校在大学生志愿服务中，过多的关注校园内的或者与大学生紧密相关的志愿服务活动，没有考虑到家庭教育、社会教育在促进志愿服务进程方面的积极作用。这在一定程度上减弱了志愿服务活动的整体化、全面化效果。其次，大部分家长仅仅将大学生志愿服务活动与好人好事等同，没有发挥家长在大学生志愿服务中的榜样示范作用和价值启蒙作用，造成一部分大学生片面认为志愿服务的开展就是学校的事情，与家庭无关，这样的现象大大削弱了大学生志愿服务中价值观培育的实效性。最后，社会是大学生志愿服务中价值观培育的外部条件，其社会氛围的好坏直接影响其培育的效果。同时，社会宣传力度的薄弱，也影响了大学生志愿服务中价值观培育的进程。大学生志愿服务中价值观培育，家庭参与是重要前提，高校培育是主要阵地，社会保障是外部条件，缺一不可，只有将三方紧密结合，形成合力，才能保证大学生志愿服务中价值观培育的实效性、长效性。

（三）亟需提高大学生在志愿服务中价值观培育的主体地位

调查显示，91.8% 的大学生愿意贡献自己的时间来参与大学生志愿服务活动、通过大学生志愿服务活动践行社会主义核心价值观。但是，只有 11.7% 的大学生系统地掌握了大学生志愿服务中价值观的相关知识，有 86.5% 的大学生对志愿服务中价值观的掌握还有较大的空白，说明我国大学生志愿服务中价值观培育方面还有很大欠缺。虽然高校在价值观培育方面取得了长足的进步，但是，还是有很大的提升空间，亟需提高学校对这方面的重视，来实现对我国大学生志愿服务中价值观培育的引导。

在大学生志愿服务中价值观培育的过程中，大学生不单单作为被灌输对象，成为价值理念的被动接受者，还要作为整个培育过程中的主体参与者，充分体现其在大学生志愿服务中价值观培育的主体能动作用。从教育评价理论的角度看，大学生对某种观念的培育和形成不是一朝一夕、一蹴而就的事情，而是要经过认同、反馈、评价、外化、内化等各个阶段的考察。所以，我们可以认为在某种程度上，大学生志愿服务中价值观培育的时效性取决于在培育中能否坚持以学生为主体的培育理念。我国传统的以灌输为主的教育模式，不可避免的也存在于大学生志愿服务中价值观培育之中，往往忽视了大学生主体的参与性。教育理念不能与时俱进，这让大学生志愿服务中价值观的形成和转变出现了诸多的困难。毋庸置疑，在大学生志愿服务中价值观培育方面，我们要始终如一的坚持社会主义核心价值观的指导，同时也应该在教育理念上充分考虑到时代的变化和大学生群体的特点。面对多元化的社会意识形态，大学生在思想意识上缺乏主导而又多维度的认同。他们当中大多数都追求自身的发展和前途，同时也想回报社会，对此必须通过大学生志愿服务中价值观培育有针对性的加以疏导。但实践证明，在教育理念上与大学生志愿服务中价值观培育时效性的要求还有一段距离，在培育中存在着单向灌输的被动教育理念，没有看到大学生群体信息获取渠道多元化的新形势，更没有体现大学生个体进步的需求。在教育理念上，突出大学生主体地位不够，教育机构和教育者的主导教育思维依然存在，缺乏创造和发展。这就造成了大学生群体在志愿服务中面对新问题、新形势时，不能够从教育主导者那里及时得到对新问题、新形势的判断和指导，而培育中长时间的主体缺失也使得大学生很难做出自己的价值判断和抉择。不具体地去细化教育主体的针对性，千篇一律，简单化的理论灌输容易使得大学生群体从潜意识里抵制大学生志愿服务中价值观培育的理念和方式。所以，在大学生志愿服务中价值观培育的过程中不重视大学生的主体地位，使培育的效果不突出，是大学生志愿服务中价值观培育一个比较突出的问题。

（四）高校思政教育、通识教育与专业教学融合度低

长期以来，高校大学生思想政治教育面临“孤岛”困境，思想教育、通识教育与专业课教学往往“两张皮”，没有融会贯通。一些专业课教师认为思想政治教育和社会主义核心价值观培育践行是思想政治教育教师、学生工作人员、学校领导的事情，专业授课老师负责专业知识技能传授即可，思想政治教育存在“单兵种作战”、专人作战的情况，存在全员参与度不高的问题。

一方面，当前的大学生志愿服务中价值观培育形式单一，仅仅依靠思想政治理论课，忽视了其他社会科学课程的作用。早在 2013 年，中央就在国家层面的规制上提出了相关培育的指导文件，“把培育和践行社会主义核心价值观融入国民教育全过程，创新中小学德育课和高校思想政治理论课教育教学，推动社会主义核心价值观进教材、进课堂、进学生头脑。”① 随后又进一步针对高校提出，以深入推进中国特色社会主义理论体系进教材、进课堂、进头脑为主线，以加强高校网络等阵地建设为重点，积极培育和践行社会主义核

① 中共中央办公厅印发《关于培育和践行社会主义核心价值观的意见》[EB/OL] .http：//cpc.people.com.cn/n/2013/1223/c64387-23924110.html，2013-12-23.

心价值观。[1]目前培育工作还是主要体现在高等院校的思想政治理论课中，没有充分发挥其他各学科对于大学生在理解社会现象、认识个体价值中所具有的重要作用，未能深入挖掘其他各门课程中所隐现的大量的相关教育资料，并且，也没能充分认识到它们也是大学生志愿服务中价值观培育功能的承担者。没有和其他包括自然科学在内的所有课程形成培育链条，在很大程度上只是突出了思想政治理论课作为主要培育载体的功能。这就使大学生志愿服务中价值观培育的效果很难获得全方位的体现。

社会主义市场经济条件下，高校哲学社会科学理论的价值和作用没有得到充分的发挥。一方面，部分高等院校把教育效果的考察仅仅限于与就业接轨的单一角度，一些对就业帮助不大的基础学科被边缘化，只加强了那些与就业相关的，能够带来眼前利益的技术性课程。另一方面，在大学课程设置实用主义的影响下，部分大学生很难建立起一种高尚的价值追求。在急于与社会接轨的教育思想的影响下，如何在市场经济社会中得以立足，是大学生价值观所表现的方向和趋势，这种趋势的直接体现就是大学生在价值观的塑造上更加突出个人价值，在个人价值的追求中更加突出世俗化，这种世俗化很难让大学生群体形成一种长期的、高尚的理想。这就造成了部分人在接受高等教育目标的选择和技能的获取上讲究短、平、快，以短期目标为主，不能着眼于整个人生的发展，从而忽视可以长期指导自身修养的哲学类课程的学习。

另一方面，当前的大学生志愿服务中价值观培育没有深入发掘其他专业课中的思想政治教育资源。其实，每一类课程体系，包括自然科学，都蕴含着一定的思想政治教育资源，这些蕴藏在各个学科中的思想政治教育资源就是非常值得我们挖掘的大学生志愿服务中价值观培育的思想源泉，同时，这些思想源泉的挖掘反过来也可以促进本学科的继续发展。没有充分挖掘专业课程中的思想政治教育资源，就会使大学生志愿服务中价值观培育的效果大打折扣。

总之，大学生志愿服务中价值观培育没有使思想政治理论课程、通识课程和专业课课程进行很好的融合，忽视了课程融合带来的强大带动力，特别

---

① 中共中央办公厅印发《关于培育和践行社会主义核心价值观的意见》[EB/OL].http：//cpc.people.com.cn/n/2013/1223/c64387-23924110.html，2013-12-23.

是在一些专业性比较强的人文和技术类学科中，基本上就丧失了培育功能。这使得大学生志愿服务中价值观培育动力不足、效果不突出。

（五）大学生志愿服务中价值观培育缺乏科学系统的评价机制

想要知道大学生志愿服务中价值观培育的时效性如何，目标有没有实现，就需要建立与之相配套的科学合理的评价考核制度。大学生志愿服务中价值观从提出，再到纳入到高等院校的课程体系中去实施培育，最终再成功转化为当代大学生自身所具备的一种价值观念，经历了一个漫长的过程。在这个过程中每一步的操作都离不开一个科学合理的评价机制，评价机制可以在大学生志愿服务中价值观培育方面给予其充分的效果保障。要建立一个科学合理的评价机制，就要依赖于所评价客体的特点和运行方式，通过对这些特点和运行方式的总结归纳，把大学生志愿服务中价值观培育的进步方面和缺点都一一进行制度化的处理，进而梳理出一套行之有效的评价体系。有效的评价体系可以在大学生志愿服务中价值观培育上长时间的给予纠正和激励，有效促进大学生志愿服务中价值观培育更深入、更广泛和更持久。

但是，通过对高校学生工作部门的访谈，我们发现，在大学生志愿服务发展到相对比较成熟的今天，能够建立起与之相配套的评价体系的大学生志愿服务组织或高等院校少之又少。即便是建立起来的，也只是表层化的评价机制，大都体现在官方性文件中，缺乏科学性、系统性和针对性。这种脱离实际、缺乏针对性的评价和激励机制，跟我国蓬勃发展的大学生志愿服务显得格格不入。过度的重视大学生对志愿服务中的价值观表层化的接受和认可，而忽略开展科学有效的培育反馈和评估机制，不仅给大学生志愿服务中价值观培育的常态化和持久性带来了困扰，而且还很难让大学生志愿服务中价值观培育工作的效果落到实处，使得培育过程无据可依。大学生志愿服务中价值观培育在过程制度化、评价科学化、反馈实效化上的缺失，大大影响了其培育的时效性。

（六）大学生志愿服务中价值观培育载体单一化、程式化

各个高等院校在大学生志愿服务中价值观培育模式和载体上进行了多年的努力探索。但是，到目前为止，依然存在着培育载体单一化的缺陷；依然存在着培育载体程式化不足的现象。主要体现在以下几点：

一是培育载体单一化。培育载体的单一化不能满足大学生多方面获取价值观念的需求。在大学生志愿服务中价值观培育的过程中，还是以班级集中授课的形式作为主要形式。这种课堂上我讲你听的填鸭式的灌输形式势必会限制师生之间、志愿服务主体和客体之间的交流和互动。诚然，以班级授课的培育形式是不可或缺的，但是不能作为培育的单一载体。这种放养式的班级课堂培育形式很容易使大学生志愿服务中价值观培育继续走向表层化的道路，使得作为培育主体的大学生只能被动参与其中，这种主动性学习氛围的缺失会让大学生最终失去对培育的兴趣。

二是大学生志愿服务中价值观培育在载体上的创造力不足，不能吸引培育主体的注意力，缺少渗透力。在拓展各式各样的培育载体方面，大部分高等院校在大学生志愿服务中价值观培育的过程中没有探索到合适的方法，没有发现其他教育载体对培育的辅助功能，老生常谈的班级课堂形式乏善可陈，课堂以外的教育载体没能引起足够的注意，往往几句宣传标语就算完成了表面化的大学生志愿服务中价值观培育，这显然与培育的目标相差甚远。

此外，学校还存在着培育文化氛围缺失的现象，学校在培育文化上氛围不足以吸引大学生的关注，也融入不到培育的具体内容当中。校园读书社、文化沙龙和社团组织的参与停留在随意化、行政化阶段，没有形成在转型期社会背景下优化社会环境的思想和创新思维，各种文化活动的作用发挥不到位，千篇一律的文体活动对于大学生的吸引力不足，很多大学生在活动当中得不到自己想要学习的相关知识，导致大学生对志愿服务中价值观的认同不足。

通过调查结果可以发现，大学生志愿服务活动高度集中于大型志愿服务活动、社会公益活动、专业性强的志愿活动，对于小型志愿服务、“冷门”志愿服务活动或者偏远地区的志愿服务活动关注度不足。这些关注度低的志愿服务活动，作为大学生志愿服务中价值观培育的有效载体，在一定程度上更能有效的践行社会主义核心价值观。大学生志愿服务中价值观培育载体的单一化、套路化、功利化，大大削弱了大学生志愿服务中价值观培育的效果。

四、影响大学生志愿服务中价值观培育的因素分析

大学生志愿服务中价值观培育，是一项系统而复杂的工程，它既牵扯到大学生本人，又牵扯到高等院校，还离不开外部的社会环境。通过对大学生

志愿服务中价值观培育现状的调查与分析、对家长访谈和高校学工部门访谈的分析与整理，并结合当前培育存在的主要问题，共分三个方面对影响大学生志愿服务中价值观培育的因素进行分析。

（一）影响大学生志愿服务中价值观培育的学生因素

1. 大学生的成长环境受西方多元化价值观的影响

一方面，受功利的实用主义影响。功利主义价值取向对大学生志愿服务中价值观培育产生了负面影响，它使一些大学生在志愿服务中把追求个人利益放在了第一位。以功利为出发点的价值取向，主张人在事物面前不谈什么是非的判断抉择，只要知道趋利避害就可以了。因此，抱有这种价值取向的大学生在志愿服务中都是为了个人利益，他们没有是非曲直的判断，他们只是在利益的选择中保持自身利益的最大化，在不利的选择中使自己的利益受损最小化而已。随着改革开放步伐的加快，这种思想也不可避免的渗入到了大学校园之中。貌似很实用，实则和我国社会主义核心价值观的要求背道而驰，这成为了影响大学生志愿服务中价值观培育的重要因素。

另一方面，受拜金主义的影响。市场经济是把“双刃剑”，它在给我国经济带来翻天覆地变化的同时，在思想价值观念领域也产生了一些负面效应。市场经济诱发的“拜金主义”，对部分大学生的价值观影响很大，金钱解决一切，一切向“钱”看的思想意识开始膨胀。在本次的调查中，关于大学生对金钱的看法，“金钱至上”“金钱能解决任何问题”等拜金主义思想猛然抬头，这些都深深的影响着大学生志愿服务中价值观培育。

2. 大学生对社会主义核心价值观认知度不高

大学阶段是大学生价值观成型的关键时期，由于受到不同文化、社会思潮、社会现实的交叉影响，大学生价值观处于矛盾、冲突、波动的状态中，一些大学生在价值观形成、塑造上存在着迷茫和困惑。同时，由于社会阅历、人生经验的缺乏，再加上西方文化思潮的影响，大学生对社会主义核心价值观的认识存在片面性，不同年级、不同专业的大学生对其认知度、理解度、接受度上参差不齐。一般来说，大学生对贴近自己现实生活的价值观念比较容易接受，认可程度相对较高，反之就难以接受，认同度低一些。通过调查可以发现，大学生对社会主义核心价值观的认知表层化现象非常明显，非常了解的人数不容乐观；对于社会主义核心价值观与大学生志愿服务关系的了解更是表面化，要么认为社会主义核心价值观完全呈现在大学生志愿服务中，要么认为大学生志愿服务仅仅是好人好事甚至是无偿付出。一些大学生对社会主义核心价值观认知度低，不能通过大学生志愿服务这个有效载体培育和践行社会主义核心价值观，是影响大学生志愿服务中价值观培育一个重要影响因素。

3. 以实现自身目标的心理需求动机

以实现自身目标的心理需求动机在大学生志愿服务中的表现主要有以下几种情况：一是为了得到更多的学分，被对学分需求的心理裹挟到大学生志愿服务当中；二是为了积攒就业资本，在找工作中可以突出自己参与过很多社会实践活动，从而加大自己的就业砝码；三是虚荣心作怪，为了在与同学的相处中不落后，作为聊天时的谈资以增强自己在他人心目中的好感等。这些在大学生志愿服务中的思想倾向与社会主义核心价值观倡导的价值观念背道而驰。

大学生在中小学时期，几乎所有目标的实现都是由学习成绩所决定的，而到了大学阶段，各种荣誉和奖学金的获得，都是要进行全方面的综合评比。但是在大学阶段，要想获得荣誉和奖学金就必须要积极参与学校的各类活动，因为这将纳入评比之中。在实际的求职过程中，一些有着参加大学生志愿服务背景的，特别是参加过诸如大型赛事志愿服务的大学生往往更容易得到用人单位的青睐。这种榜样的力量就使得很多大学生带着就业的目的去参加大学生志愿服务，而且趋之若鹜地奔向那些具有社会影响力的大型志愿服务活动，从而造成了一些基层扶贫帮困的小活动缺少志愿者。最后一种心理动机最不容忽视，如果说前两者的自我需求动机还可以被理解，那么最后的这种需求动机就完全属于价值观的偏离现象，是必须要被纠正的。进入大学阶段，特别是一些重点大学，都是中学时代成绩比较突出的学生，这些学生进入大学以后会发现“强中自有强中手”，自己很快就会被淹没在平庸之中，由于在中学时期优越感的惯性使得这部分学生的心理出现偏差。这部分学生保持自身优势发展的愿望是迫切的，可是离开了原来的环境，在一个强手如林的环境中，这种美好愿望的实现是要建立在一定的实力和努力的基础之上，绝对不是靠一点优质的智商基因就能够得到。于是就出现了有些大学生越是大型活动就越是要争取参加的现象，因为在这些大型活动中容易获得各种认同感，最后成为了自己在同学当中建立“江湖地位”的资本。这是一种绝对要加以纠正的心理需求动机，它给大学生志愿服务中价值观培育带来了一定难度。

4. 中华民族优秀传统美德在当代大学生中的缺失

中华民族几千年来形成的文化中，既有美德传承，又有智慧的提炼，更有人文精神的精髓。继承和发扬这些优秀的传统文化，对于大学生志愿服务中价值观培育有着极其正面的意义。可是，由于历史的原因，中华民族的优秀传统美德在大学生群体中出现了某种程度的缺失。一些人认为传统美德对于现代文明背景下的大学生志愿服务活动是一种桎梏，从而否定了其对于现代文明社会的价值作用。传统美德的缺失在大学生志愿服务中主要表现在两个方面。一是部分大学生爱国友善的观念没有形成，在公共事务中突出自我，不能换位思考，不能融入到集体当中；心中没有国家的概念，对于损害国家形象的社会不良风气和行为持无所谓态度，甚至自己本身就有这样或那样的不良行为。二是责任意识缺失。主要体现在：在精神层面上，金钱利益至上，没有对人生的具体规划；在社会价值的选择上，过于看重自身的发展，从而忽视个人与社会发展的关系；在现代文明社会的观念上，不能担负起文明社会成员所必需的义务和责任。在家庭关系中，对父母态度不端正，很多大学生把父母看作是被社会淘汰的人，对于父母的言教采取的是不屑一顾的态度，甚至是粗暴抵制；还有一部分学生在对父母的物质要求上超出父母的能力范围，父母就是他们的银行，衣来伸手、饭来张口，而无视父母挣钱之艰辛与生活之不易。中华民族优秀传统美德在大学生群体中传承的缺失，大大削弱了大学生志愿服务中价值观培育的效果。

5. 独生子女的家庭环境造成以自我为中心的性格

独生子女的家庭环境造成部分大学生以自我为中心的性格，对大学生志愿服务中价值观培育的影响是不可忽略的。现在的大学生，大多数都是独生子女家庭出身，独特的家庭环境，让这部分大学生在志愿服务过程中表现为人际关系淡漠；缺乏必要的互帮互助的习惯和理念；缺乏与人为善，与人为伴的价值取向。这就给大学生志愿服务中价值观培育带来了相当大的难度。

（二）影响大学生志愿服务中价值观培育的高校因素

1. 高校相关部门缺乏对大学生志愿服务中价值观内容的精确把握

大学生志愿服务活动是高校学生工作的重要组成部分，也是培育和践行社会主义核心价值观的重要载体之一，更是培育和践行社会主义核心价值观的示范平台。但是，通过调查问卷发现，高校在组织开展志愿服务活动时，理论内容和活动形式产生脱节，没有将社会主义核心价值观与大学生志愿服务活动有机结合。要么将志愿服务活动看成是大学生献爱心的举动，要么将其看成是实践锻炼的具体形式，要么将其看成是责任意识的具体实践。这种片面化的认识整体上削弱了社会主义核心价值观在大学生志愿服务活动中的引领作用，大大降低了大学生对社会主义核心价值观的认可程度和理解程度，也不利于大学生志愿服务活动长效开展。此外，大学生志愿服务中价值观是社会主义核心价值观在大学生志愿服务领域的具体体现，其与志愿服务精神具有内在一致性，高校相关部门缺乏对大学生志愿服务中价值观具体内容的精确把握，对其培育工作的方向性和科学性带来了一定难度。

2. 高校对大学生志愿服务中价值观培育关注度不高，政策不够完善，直接影响了培育的效果

高校作为大学生志愿服务中价值观培育的主要阵地，其对培育工作的重视与否，直接会影响到培育的效果。首先，高等院校对大学生志愿服务中价值观培育关注度不高，主要体现在对大学生志愿服务中价值观的传播上支持力度不够。具体表现为，不能在时间上保证大学生志愿服务中价值观的宣传；没有扩大大学生志愿服务中价值观的宣传范围；在宣传强度上也明显不足。这些都直接影响了大学生志愿服务中价值观培育的效果。其次，通过被调查院校的访谈可以知道，部分高校对大学生志愿服务活动没有制定相应的运行保障机制，没有制定相应的规章制度，即便是有，也仅仅停留在理论层面，没有具体狠抓落实。由于政策的不完善，使大学生志愿服务活动形式化、表面化趋势越加明显，直接影响了大学生志愿服务中价值观培育的效果。最后，在大学生志愿服务中价值观培育上，没有制定相应的评价激励机制，通过志愿服务进行社会主义核心价值观的培育，没有形成制度化、系统化的评价、反馈机制，大大弱化了大学生志愿服务价值观培育的动力和效果。

3. 高校在大学生志愿服务中价值观培育方面，全面育人的合力机制没有充分形成

一是高等院校相关机构与人员缺乏沟通与合作，没能形成教育合力。在高等院校，承担大学生志愿服务中价值观培育的主要任务落在了思想政治理论课教学部门、学生管理部门、党团建设部门以及学校的宣传部门上。在培育中这些机构各自有各自的功能，有负责理论培养的，有负责实践活动培养

的，有负责宣传的，这些负责大学生志愿服务中价值观培育的教职人员，各管一方，各司其职。但是，在很多的高等院校中，作为共同实现大学生志愿服务中价值观培育目标的这些机构和人员，负责理论培育的只是埋头备课教学，负责实践活动的只是埋头找项目做活动，负责宣传的也不闻不问其他环节的事，不能说各机构不负责、不使力，但是这种分散的力量始终形成不了合力，形成不了你中有我、我中有你的环环相扣、上下承接的培育状态，最终使得培育工作形成了“心往一处想，劲却难往一处使”的局面，严重影响了培育工作的进展。

二是培育途径和内容缺乏统筹，没能形成有机融合的整体。各个高等院校在大学生志愿服务中价值观培育上有着不同的内容选择和路径选择，但是，很少有学校能够非常合理地把大学生志愿服务中价值观培育的内容和路径统一起来。不能和其他教育资源在内容上互通有无、互相补充，以及在教育方法上的互相切磋，培育资料的来源上比较单一，还没有形成一个全方位连接的教育链条。要想使培育保持正确的方向就要做到以符合社会主义核心价值观的价值理念来引导人，但是，在一些高等院校的相关培育中，以教学为主的培育内容和方式往往不能够紧贴主题，教师随意发挥的自主性比较大，使得被教育者在学习的过程中难以产生与社会主义核心价值观的共鸣；教学部门只负责理论传授，管理部门只负责活动组织，二者不能够有效沟通造成了理论与实践的脱节，使得大学生的社会活动与课堂教学不能够实现同步互动，不能有效地形成相关培育的思想体系，从而造成学到的和实践的难以互相促进的局面；这一点还体现在与校园文化的统筹上，没有把校园文化充分的纳入到培育的途经当中，发挥出大学生在文化氛围中的主体创造力，使得校园文化游离于相关培育的途径之外；在高等院校的相关培育中，除了思想政治理论课有所涉猎以外，其他课程很难见到价值理念培育的内容，这使得培育的途径越来越窄，培育的内容局限于某个学科当中，得不到全方位的培养。

大学生志愿服务中价值观培育的这些现实状况说明，高等院校内各种教学资源没有形成互相渗透、力量分散，这些都将影响到大学生志愿服务中价值观培育。

（三）影响大学生志愿服务中价值观培育的社会因素

1. 社会宣传力有待加强，一些不良现象给大学生志愿服务中价值观培育

带来了挑战

大学生志愿服务是大学生接触社会，迎接挑战的重要途径，因此，社会的大环境对大学生志愿服务影响颇深。

一方面，我国部分社会成员还没有意识到志愿服务对于我国社会进步所产生的作用，对其价值观培育更是不甚了解，在一些宣传性的志愿服务中，往往是志愿者费了半天口舌都难以换来公众的半秒驻足，这种低认可度的社会氛围给大学生志愿服务中价值观培育工作带来了不小的难度。宣传的形式单一、内容简单、缺乏相应的宣传培训，使得宣传效果和质量不尽如人意。

另一方面，在当今的社会中充斥着多元化的价值观念，有些价值观念不利于大学生志愿服务中价值观的培育，比如拜金主义、个人主义、享乐主义等价值观念，都给良好社会氛围的形成带来了不良的影响。营造积极向上、符合社会发展趋势的社会主义核心价值观的社会氛围，是大学生志愿服务中价值观培育工作的重点。

2. 互联网对大学生志愿服务中价值观培育的负面影响

互联网对大学生志愿服务中价值观培育的影响主要体现在培育的主动传播形式上，互联网的发展给大学生志愿服务中价值观培育工作带来了新的挑战。这一点主要体现在对大学生人际交往的价值理念的影响上。

一方面，网络的交往形式使得大学生人际关系冷漠。世界进入网络时代以后，越来越多的人利用互联网作为自己和外界交流的方式，互联网的交往会对现实中的人际关系价值理念造成不利的影响。这种脱离现实的、互相不见面的交流方式缺乏现实场景的情感互动，往往使得一部分人活在虚幻的想象中，在这种幻想中满足自己一切的人际交往需求，这无异于一种另类的“精神毒品”。不能与现实相结合的网络虚拟世界，会使得大学生群体渐渐地远离社会真实的场景，变得与社会相脱节，不利于他们在社会现实中成长和发展。

另一方面是社会责任感的弱化。互联网的交流使得大学生在各种问题面前获得了个性满足感的同时，也感受到了作为社会主体的存在感。但是，这种感觉毕竟是在不真实的情境下实现的，是通过电脑手机屏幕上一连串的文字信息所体现的，交流双方所表现出来的性格只是自己希望能够成为一种榜样角色，并不是现实中真正的自己，对于交往的双方都具有很强的迷惑性。在网络交流中，各方的名字和头像都是虚拟的，这就造成了部分人很难受到社会公序良俗和法制底线的控制。大学生群体在这样的舆论环境中也会受到一些不良言论的影响，会认为一些不负责任的言论不会得到追究，往往就在这种环境下开始不注意自己的言论。长此以往，就会在社会的善恶美丑的评判上发生扭曲，不利于大学生的社会责任感的建立，更会使得价值取向产生偏离。

3. 社会公益组织与大学生志愿服务活动对接工作中的形式化、机械化不利于培育工作的开展

当今，社会上各种公益组织活动开展如火如荼，虽然，部分内容也和大学生群体有相关对接，但是，对接的过程被动化、形式化，没有形成一套长效的对接机制，不仅让大学生志愿服务的开展断断续续，也不利于大学生志愿服务经验的积累。通过问卷调查发现，有的社会公益组织有需要的时候，就和大学生对接，招募大学生志愿者，志愿活动一结束，就两不相干。这样的对接，不仅削弱了大学生参与志愿服务的兴趣，更挫伤了大学生对社会公益组织对接的积极性，造成大学生志愿服务活动区域化、封闭化，这也不利于大学生志愿服务中价值观培育。

（四）影响大学生志愿服务中价值观培育的家庭因素

1. 家长对社会主义核心价值观的重视程度不够，忽视了家庭在其培育过程中的基础性作用

家庭作为社会的“细胞”，是推进社会主义核心价值观建设的基本单位，在社会主义核心价值观培育过程中发挥着基础性的作用。由于受到知识层次、理论修养、实践水平等因素的影响，调查显示部分家庭对社会主义核心价值观的认识和了解呈现表层化、形式化的特点，对大学生志愿服务中价值观的认知程度低。一方面，部分家长对社会主义核心价值观的认知程度不足，尽管他们能够意识到培育社会主义核心价值观的重要性，但是，受限于自身对社会主义核心价值观所承载的内容和精神的领悟不到位，很难在家庭教育中以身作则，对大学生开展培育工作；另一方面，部分家长认为，社会主义核心价值观的培育工作很重要，大学生志愿服务对于大学生全面发展和成长成才具有同样重要的促进意义，不过这些都应该是学校的工作、老师的责任，应该由学校组织并统一负责，和家庭教育关系不大。这样，就使得家庭教育在大学生志愿服务中价值观的培育过程中出现缺位现象，未能与学校教育、

社会影响形成合力，从而削弱了家庭教育在大学生志愿服务中价值观培育过程中的基础性作用。

2.“分数决定论”的传统教育观念对大学生志愿服务中价值观培育的负面影响

“分数决定论”的传统教育观念在当今许多家庭中普遍存在，它主要强调大学生的成长和发展主要由考试分数决定，一切对直接提高成绩无用的课程和活动都不应该得到支持，甚至是加以抵制。这样的错误观念，给大学生志愿服务中价值观的培育带来了负面影响。一方面，部分家长唯分数论，只重视孩子的课堂学习成绩，弱化对孩子价值观培育的投入程度。尽管家长们能够认识到社会主义核心价值观对大学生成长成才的重要作用，但是，囿于传统教育观念，没有对大学生社会主义核心价值观的培育予以足够的指导和支持。另一方面，由于家长对考试分数的偏重，对于大学生志愿服务活动持保留态度，认为大学生参与志愿服务活动，耽误大学生的学习时间，影响大学生的学习成绩，不利于大学生的成长成才。他们不会对大学生志愿服务给予充分的指导与支持；不会针对自己的孩子，有效开展个性化的社会实践指导；更不会充分整合家庭资源，利用家庭资源为大学生提供志愿服务机会，给大学生提供更为广阔的发展空间。即便是有部分家长比较重视大学生志愿服务活动，因为他们认为其对大学生专业技能的应用和提高具有重要的促进意义，但是，他们也忽视了应该在大学生志愿服务中加强社会主义核心价值观教育。这样的传统观念，在很大程度上限制了家庭教育对于大学生志愿服务中价值观培育的重要作用。

3.家庭教育方法单一化、片面化不利于培育工作的开展

当今，中国部分家长对于孩子的教育方法以传统灌输教育为主，在大学生成长发展的过程中，单一灌输方法占据主导地位。根据家长访谈的结果可以知道，部分学生家长对孩子的教育方法停留在传统灌输阶段，他们将自己的人生经历、实践经验和其他所闻所见，一股脑地灌输给自己的孩子，而不是根据孩子的个性特征、发展阶段、兴趣爱好等因素开展科学教育，这使得家庭教育呈现盲目性、滞后性的特征，不利于大学生的成长成才。大学生志愿服务作为大学生接触社会，开展社会实践的重要渠道，部分家长在肯定其重要作用的同时，缺乏对自己的孩子进行科学、形象的讲解和示范，没有将大学生志愿服务与社会主义核心价值观培育有机结合，不会根据社会热点和

孩子最为关心的问题进行对比、讲解，不善于利用家庭资源、社会资源，缺乏家庭教育中的双向互动。传统灌输教育的教育方法，不利于大学生积极性、主动性的发挥，更不利于大学生志愿服务中价值观培育的顺利开展。

同时，片面化的教育方法也给大学生志愿服务中价值观培育带来了挑战。根据访谈调查，部分家庭教育片面强调传统技能教育，忽视人文教育；片面强调实用教育，忽视理论教育；片面强调个人教育，忽视集体教育。这样片面化的教育方法，对大学生人文素质的提升、科学价值观的形成带来了巨大阻力，对大学生志愿服务中价值观培育带来了不利影响。

总之，大学生志愿服务中价值观以及培育，是一项综合性、系统性的工程，受到多种因素的影响。因此，大学生要发挥其主体性作用，主动加强对大学生志愿服务中价值观的认知、认可、认同力度；高等院校要发挥好主阵地的作用，力争在高校内形成全方位、立体化、多角度的育人机制，保证大学生志愿服务中价值观培育的效果；社会层面要加强外部保障，创造良好氛围，积极融入多媒体时代，为大学生志愿服务中价值观培育提供良好的外部保障；家庭要发挥基础性的作用，并与高校、社会形成对大学生育人的合力。只有将大学生本人、高等院校、社会环境和家庭教育有机结合，才能切实推进大学生志愿服务中价值观培育工作逐步深入。

第五章

国外志愿服务中价值观培育的做法及借鉴

大学生志愿服务中价值观的培育不能闭门造车，而应当进行域外借鉴、比较分析，即通过正确的分析和科学的比较，学习和借鉴其他公益价值观培育包括大学生在内的社会成员志愿精神的好的做法或有益经验。为此，必须坚持三个基本原则：第一，要坚持扎根于中华民族的优秀传统文化之中，以中华民族精神作为主导和基础。第二，要坚持以辩证的态度来学习借鉴其他志愿精神，选择与分辨出哪些是适合我们国情的，哪些是不适合的；哪些是现在适合的，哪些是将来适合的。第三，要坚持消化吸收的原则，不能简单的拼凑，要认真理解，逐步消化与吸收，将其与社会主义核心价值观的传承与培育有机地结合在一起，真正做到“为我所用”。

世界上的每个国家都极其重视本国的意识形态建设，通过志愿服务这个载体培育符合本国国情的价值观，已经成为大多数国家的共识。西方国家志愿服务事业发展起步早、经验丰富，更是在这方面积累了丰富的经验。他们通过志愿服务培育本国价值观的做法和经验为我国提供了有益的借鉴和思考。

一、国外志愿服务中价值观培育的特点

近年来，志愿服务因其凸显的社会效益获得了越来越多的国家、政府、社会和民众的重视。美国、新加坡、英国等国家志愿服务相关理念的培育注重在政府引导下调动广大民众的积极性，形成了强大的民众基础，其特点值得借鉴。

（一）培育理念：同国家核心价值理念相统一

为了使志愿服务理念同国家核心价值理念相统一，国外高校非常重视通过大学生志愿服务载体来进行本国价值观培育，他们把大学生志愿服务中价值观教育纳入到大学生的国民教育体系中，从国家层面推动大学生志愿服务中价值观培育。在英国，人们认为，大学生志愿服务不仅仅是奉献和付出，更重要的是要引导大学生通过志愿服务体会国家的传统文化，体会本国的核心价值理念。这种鲜明的导向能够很好的把国家的核心价值观贯穿到大学生

志愿服务中去，将国家主流意识形态教育和大学生的社会实践活动有机结合起来。英国核心价值理念的主要内容是公民教育，志愿服务所包括的公益理念和英国的国家核心价值理念紧密相关，这种融合是相辅相成、相互促进的。与英国相比，日本的志愿服务理念培育显得更为体系化。日本的大学全部开设志愿服务课程，实现大学生志愿服务教育课程化。在此基础上，积极支持大学建立志愿服务中心，大力推进大学生志愿精神建设，使大学生志愿精神教育与国家的价值观教育有机结合，从而实现更广泛的国民教育。

（二）培育形式：多样化手段开展价值观培育

国外通过志愿服务培育本国的价值观，形式各异、方法多样，总结起来，可以分为以下几种：

一是三方通力合作的教育方式。以美国为例，“美国主张通过学校、家庭和社区在内的力量推行新品格教育，对青少年开展深刻的核心价值观教育，以培养青少年良好的道德素养。”[①] 这种方式摒弃了以往只依靠家庭进行的价值理念传承的错误做法。他们很早就意识到志愿服务中的价值理念不能单靠某一个载体进行培育，必须要走出家庭，纳入国民教育体系，从社会实践中检验效果。因此，他们的社区也不遗余力地开展志愿服务活动，支持大学生的价值观培育。如社区会对大学生志愿服务中价值观培育提供一定的资金支持，还为大学生志愿服务活动给予大力帮助。此外，他们的学术机构也不会因为志愿服务是个偏门去冷遇它。相反，学术机构会从理论上研究大学生志愿服务，所产生的理论成果对大学生志愿服务中价值观培育有着不可或缺的作用。

二是开展丰富多彩的课外辅导活动。新加坡最为注重通过课外活动进行大学生志愿服务中价值观培育。他们把学校教育和学生的志愿服务活动结合起来，取得了许多有益的成果。为了加强大学生志愿服务中价值观培育的时效性，新加坡的高校形成了在校外进行多项实践辅导活动的机制。在这些校外辅导活动中，学校非常注重引导学生形成优良的品质和作风。并且，他们的校外辅导活动主题鲜明、类别广泛、吸引力强，把价值观的培育和学生生

① 徐丽葵．国外青少年核心价值观教育的经验借鉴及其对我国的启示［J］．吉林省教育学院学报，2016，32（1）：31–34.

活中的点点滴滴结合起来，在价值观培育上成功地做到了理论联系实际。

三是开展全国性的主题运动，营造良好的社会风气。还是以新加坡为例，他们会充分发挥国家的号召力，定期的就某一价值理念主题展开全国性的活动，让国民在活动中加深对这一主题的认识。[①]这无疑是志愿服务中价值观传播的最好方式。这种全国性活动的开展和传播，以及培育志愿服务中价值理念的方式可以弥补传统培育模式的不足，并且可以让国民在潜移默化中被科学的价值理念所同化，为大学生形成以帮助他人为荣、志愿服务为荣的价值信仰做了很好的铺垫。

四是发展文化产业，加强志愿服务中价值观的传递。国外非常注重在文化产业中加入志愿服务中的价值理念元素，并且借助文化的传播功能，去传递志愿服务中的价值理念。在这方面做得比较好的还是新加坡，2002 年开始新加坡掀起了文化建设的高潮，积极推行“艺术无处不在”“巧思妙想计划”等一系列文化发展计划，这些计划与志愿服务相结合，深入社区，发展基层文化产业，将志愿服务价值观深深地烙印在文化产业当中。东西方文化的完美交叉造就了新加坡独特的志愿服务文化，他们这种把这种文化作为载体进行志愿服务价值观念传递的做法很值得我们学习和借鉴。

五是开展国际志愿服务，吸纳来自不同国家、地区的志愿者，在志愿服务中传播本国价值观。以英国为例，面向国际开展海外志愿者项目，通过国际志愿者组织招募国际志愿者，以义工旅行的名义，吸纳其参与本国的志愿服务，在这个过程中传播英国的公民价值观，将价值观影响推向全世界。这种通过志愿服务输出本国价值观的做法被西方很多国家效仿。

（三）培育载体：非政府组织在志愿服务中价值观培育方面起重要作用

在世界经济贸易往来越来越密切的今天，各国非政府组织的社会机构越来越多，它们代替政府扮演着调节部分社会关系的角色。相对政府而言，他们在调节社会关系的方式上更具有机动性。它们是各个国家，特别是西方发达国家培育志愿服务中价值观的重要载体，甚至在某些国家它们已经成为某些行业价值观的主要推动力量。以英国为例，他们拥有庞大的非官方的社会

① 王芳．中外大学生志愿服务比较研究［J］．化工高等教育，2000（03）：76.

机构，这里面相当一部分是专门为社区服务的机构和以济贫扶弱为目的的慈善机构。这些非官方的社会机构立足于奉献社会，把志愿服务带到社区乃至社会的各个领域，从而弥补了政府工作的不足。与此同时，他们在做公益慈善的过程中，也把公益慈善观念、服务理念及奉献社会的价值取向在社会成员之间进行非常有效的传播，在社会各个领域和各个行业中间传递“博爱价值、义务意识、宽以待人”等价值理想。这种实践中的传递会迅速影响受众的心理，有利于引导社会成员的价值观念，有利于形成积极向上的社会风气，对于本国核心价值理念深入到社会成员的内心之中起到了积极的作用。

（四）培育方法：隐性教育与显性教育有机融合

通过志愿服务培育本国价值观。将隐性教育与显性教育有机结合，隐性教育常规来讲，指的是利用社会中的点点滴滴，挖掘其相应的教育因子和德育价值，不失时机地开展教育的重要方式。这样的教育方式重要特点就是“无声化”，无形中实现教育的目的，提升教育的实效性。国外将志愿服务精神的要求融化为生活中的点点滴滴，比如将关心照顾他人内化为从小的行为培养中，将其和大中小学生的日常处事有机结合，对他们的日常行为进行及时矫正，正确示范，加以引导，使得志愿服务精神无形中渗透到他们的日常生活和行为中，实现了隐性教育的渗透。

国外通过志愿服务培育本国价值观，更是善于运用社会的全媒体手段、国家的重大网络平台综合发力，实现显性教育的全方位覆盖。值得一提的是，国外的做法并不是大水漫灌，并不是注重形式，而是将一系列的显性教育与隐性教育高度融合，将社会主流的公益价值观讲清楚、弄明白、说彻底，形成全面的教育体系，构建持续的教育网络。使得受众在接受公益价值观的过程中，不断自我调节自我矫正。使得公益价值观念真正内化于心外化于行，提升了公益价值观培育的实效性和艺术性。

二、国外志愿服务中价值观培育的经验

研究一些发达国家通过志愿服务培育本国价值观的做法和特点，对我国有一定的借鉴意义。通过对西方发达国家相关做法进行对比，可以给我国的大学生志愿服务中价值观培育带来一些启示和借鉴。

（一）大力支持，设立政府专项资金

西方发达国家很注重为社会核心价值理念在公益慈善中的传播提供物质保障。西方发达国家有专门的研究机构，为社会的公益价值理念提供理论支持。韩国有 12 所大学建立了志愿服务研究中心，开展相关的研究和探索；政府部门给大学和教育机构拨专款进行大学生的价值观教育。美国在 1998 年进行过一次统计，志愿服务组织总收益约 6.2 亿美元，政府资助就占到近三分之一多。对于做公益慈善的企业和个人，甚至一些非营利性的公益机构都有政策或物质支持。英国法律中明确规定像志愿组织、民间力量团体、社会公益组织筹集资金开展活动，对其税收进行优惠甚至减免。再以美国为例，承办志愿服务项目的组织所需补助金通过联邦健康和公共服务部（Department of Health and Human Services，HHS）的支付管理系统（Payment Management System，PMS）来获得，需要联邦政府拨付资助金时，要先登录 PMS，在线提交申请。一旦获得批准，PMS 会在第一时间寄上“欢迎函件”，详细解释支付管理系统的操作要点，告知负责该项目的联系人。通过 PMS 在线系统，申请者只需要数分钟时间就可以办理好申请。批准付款后，资金将直接存入承办机构的银行账户。[①]由此可以看出，对于志愿服务中价值观培育，西方发达国家会提供便利的物质保障，并且还在社会规制方面进行志愿服务中价值观培育的制度建设，从法律上保证专项资金不被擅自挪用，最大限度地支持和保障志愿服务中价值观培育。

（二）高度凝练，重视概念提炼和细化

首先，重视概念的提炼。西方发达国家在志愿服务中价值观培育方面也非常重视相关内涵的提炼和内容的细化。一是它体现了本国的核心价值理念，能够使社会成员加强对社会主流价值观的认可；二是志愿服务中价值观能够整合各种社会价值观念，凝聚社会力量。所以西方发达国家都非常注重志愿服务中价值观培育。例如，为了能够让具有本国特点的志愿服务中价值观更加深入人心，他们的做法很简单也很有效，那就是通过宣传标语让大学生及其他社会群体容易记住。宣传标语看似简单，其实是动用了很多政府和社会力量总结归纳出来的，具有简单、清楚、通顺、容易背诵等特点。在美国，他

① 谌宪伟，彭志庭等．美国纳税志愿服务运作机制简介［J］．国际税收，2016（01）：78-81.

们在志愿服务中价值观概念的提炼上，首先突出的就是爱国理念和个人价值理念。此外，还特别倡导一些具有普遍社会意义的价值理念。诸如，对社会及他人的怜悯、面对问题的勇气、社会相处中的善心诚实、社会运作中的公平正义等等。在这方面做得比较好的亚洲国家有新加坡和日本，新加坡从国家层面倡导他们国家的共同价值精神，他们以政府为推力，倡导国民践行社会工作中的尽职尽责和勤奋努力、社会管理中的廉政公平、社会运行中的“效率第一”等价值理念。他们在志愿服务中价值观的提炼上做得也很到位，比如他们提出了以国家利益为主、社会利益为先、家庭社会共同发展、心怀他人共济贫弱、社会困难的共同承担、社会理念的求大同存小异、社会问题协商解决、种族之间的和平共处、教派之间的宽和相待等价值观口号。这些提炼通俗易懂，普通社会成员理解起来也非常容易。在进行大学生志愿服务中价值观培育时，他们会针对学生年龄阶段的特点进一步提炼出更加具有针对性的教育内容。

其次，重视志愿服务中价值观培育内容的细化。社会志愿服务中价值观是针对全体社会成员的，大学生毕业之后也将步入社会，因此，国外也非常注重针对大学生志愿服务中价值观培育。国外在志愿服务中价值观培育的方式上也有很多可圈可点的地方。以英国为例，他们根据大学生不同的成长阶段的心理特征实行不同的培育方式，从而促进大学生志愿服务中价值观培育的系统性和有效性。在步入大学之前，英国没有把爱国主义教育作为志愿服务中价值观培育的重点，而是特别注重孩子们的家庭、社会的情感培育，为塑造健康独立的人格打下基础，也为他们成年之后参与社会奉献、参加志愿服务奠定基础。不同年龄的孩子有不同的任务，“6 岁以下要学习爱父母，每天向父母问好等；7 岁要学会爱朋友，爱小动物；8 岁要有同情心；9 岁要学会帮助他人，向困难的人伸出援手；10 岁要懂得爱他人，要了解消防员、救护员、医生、养老院和红十字会的工作人员都是在做着爱他人的工作，要学会尊敬这些人；11 岁要学习爱家乡；12 岁要开始懂得爱国家，学习维护国家主权。英国教师对学生进行爱国主义教育时，会先从地图、孩子的出生地、家乡的特产和著名人物、风土人情等各方面来循循善诱，使少年儿童逐步形成对国家的亲近感、认同感和归属感。”① 英国的这种循序渐进的方法对学生积极参与志愿服务起到了很好的效果。此外，他们还非常注重培育学生对国

① 董轶文，姜相志．澳大利亚青少年价值观教育［J］．思想政治教育研究，2008（4）：96-98.

家标识的尊重，充分利用国旗、国歌等国家标识增强学生的爱国主义精神。

（三）紧密结合，融入其他各类课程

大学生志愿服务中价值观培育离不开系统的学校教育，各个发达国家都非常重视把大学生志愿服务中价值观培育融入到国民教育体系之中，通过学校各科课程的开展和学习，使学生逐渐形成符合主流意识形态的世界观、人生观和价值观，认识到志愿服务活动对国家、社会、他人、自然、自我的重要意义。大学生志愿服务中价值观并不是和课堂活动相脱节的，相反，这二者是紧密相关的。早在 2003 年，日本就已经有接近 8% 的大学将志愿服务引入课堂教学，其中四分之一的学校将志愿服务列入必修课程。韩国的南汉城大学更是建立了志愿服务系，开设的课程包括志愿服务计量、志愿组织管理、志愿服务经济学等。除此之外，发达国家在其国民教育体系的历史教育、艺术教育、文学教育、地理教育、经济及法学教育等社会人文学科中，都会贯穿社会对个人的价值要求，教学生辨别好坏、善恶、美丑等。有些国家的教育部门还专门为此制定了相关的教育大纲，以澳洲的阿德莱德市为例，他们就发布过专门针对学生价值观培育的教学大纲，要求在培育中要体现“关爱他人、自强自立、公平正义、积极参与、爱护自然、诚实守信、真诚友爱”等方面的内容，与之相配套的就是在学校中开设了部分与志愿服务中价值观内容相关的课程，例如保护自然方面的课程、个人与社会关系的课程、创造力培养的课程等。英国从本世纪初就在国家层面上，有意识地制定了大学生志愿服务中价值观培育的整体计划，他们在教育规划中把志愿服务中价值观的内容渗透到整个学校教学过程中，在各个学科中都有体现。为了培养学生的国家观念，一些学校还专门开设了一门重要的课程，就是近代史的教学。这门课程中融入了大量的爱国主义思想观念，让学生了解他们的国家在近代史上对欧洲、美洲乃至世界的贡献和影响，在教学中融入了大量的关于其本国所倡导的诸如自由、宽容、民主、公正的核心价值观。

国外在培育本国价值观的过程中，将各类课程与培育工作紧密结合，更值得一提的是国外的各类课程在融合的过程中的隐形化、生活化和社会化。国外在相关课程的融合过程中，抛弃了“大水漫灌”的灌输式教育，避开了传统形式上的说服教育，将志愿服务相关的公益价值观念，隐性的融入课程的全过程，使得课程教学润物细无声。在揭秘结合各类课程的过程中，生活

化教育更是一大特色，价值观培育离不开生活，正是将其融于生活中的点点滴滴，才使得相关培育工作的持久性、覆盖面大大增加。最后，相关培育工作的社会化更是使得培育理论和课程在真正的社会生活中得以检验，并在生活实践中不断调整培育方式、融入形式、目标过程，从而大大提高了相关价值观培育的实效性、针对性，持续性和整体性。

（四）注重实践，渗透学生日常生活

在这方面做得比较好的是日本和韩国。他们更加突出志愿服务中价值观培育的针对性和实践性，注重把志愿服务中价值观和学生日常生活结合起来，提升指导学生日常生活的作用，增加志愿服务中价值观的贴近现实性和可操作性。以日本为例，他们把“和他人形成融洽的关系”作为志愿服务中价值观的核心内容，并且把“与他人形成融洽的关系”具体化为实际可操作的层面。比如与人相处要有和善的态度，从打招呼这些小事上时时刻刻注意自己；与人相处时要懂得换位思考和理解他人，要对曾经帮助过自己的人和机构心存感激。甚至在什么样的地点场合需要什么样的礼仪态度，都有详尽的指导。[①]我们会发现，这些发生在日常生活中的一点一滴的善都是志愿服务中价值观所不可或缺的为他人着想的同理心、友善的待人态度以及对社会和他人的感恩之心。

除了现实生活，网络生活也已经成为人们日常生活的重要组成部分，在一定程度上甚至成为了最核心的日常生活的一部分。因此，世界各国均比较重视利用网络等新兴媒体的传播优势，国外许多高校都有专门的志愿服务网页，对志愿服务流程、内容等进行详尽介绍，鼓励大学生参与志愿服务。例如“英国肯特大学的志愿服务网站为学生提供社区志愿服务的机会，并帮助学生获得肯特大学生志愿服务认证。”[②]“美国方案网”的宗旨是加强和复兴美国价值，以赢得未来；“美国价值工程网”致力于“为全体公民塑造一个公正和更美好的社会，关注重点集中在审视美国价值观、发展对重要价值观的普遍共识、比较价值观理念与实际行为、力促行为调整以反映共享价值观。”[③]

---

① 牛海，李江，夏小华 . 日本价值观教育服务于本国发展的方式探究［J］. 上海理工大学学报（社会科学版），2015（01）：85–89.

② 江泽全 . 英国志愿服务发展及对中国的启示［J］. 广东青年干部学院学报，2004（03）：22–24.

③ 周利方，沈全 . 国外核心价值观建设的实践类型及启示［J］. 全球视野，2011（11）：158–162.

（五）定期评价，保证培育落到实处

西方发达国家注重对本国社会成员公民品格的培养，并且认为，通过志愿服务来培育价值观是实现这一目的不可或缺的载体。为了保障培育的效果，他们在评价机制和激励机制方面也是下了很大的功夫，这样就使得志愿服务中价值观培育形成了一个完整的链条。从评价机制这一点上，澳洲的表现值得我们借鉴。澳洲在志愿服务中价值观培育的评价机制中主要是突出评价的往复性，保证评价的合理性，力争评价的全面性。他们甚至成立了一支专门的研究队伍，对志愿服务中价值观培育进行调研，以增强培育效果考核评估的往复性、合理性和全面性。这种周期性往复的评价活动主要目的不是为了奖惩，而是为了让志愿服务中价值观培育的相关人员对培育效果做到心中有数，对检验出来的问题要进行及时的反馈，进而对培育实践中的方法和内容进行及时的调整。除了从政府的层面对相关考评进行政策规制，澳洲还成立了国家层面的评价部门，这也是他们在志愿服务中价值观培育方面做得比较成功的原因之一。美国通常由私人基金会赞助成立专业评价监管机构，这些机构虽不属于政府部门，但是公信力很高。①主要职能是对志愿服务进行调查分析、评级并将结果反馈到组织方。高校等组织方据此改善志愿服务的组织形式或内容，并对大学生志愿者进行评估。②

（六）严格选拔，建立专业学者队伍

无论是志愿服务中价值观培育，还是其他领域的价值观培育都需要有众多的人才队伍作为保障，他们自身所具备的知识素养往往直接决定着培育效果的好坏，对受教育者具有非常强大的带动作用。与此相反，在现实的工作中，还存在一些教育者，他们自身的素养有限，对自己工作所具有的意义理解不深刻、不到位，对志愿服务中价值观的内容了解不够，对志愿服务中价值观培育产生了一些不利的影响。西方国家志愿者服务的成功经验与志愿者服务的培训密不可分。国外的志愿者活动比较注重志愿者自身的学习和发展，涵盖了长期的志愿者素质培训和短期的技能培训。例如美国的“全球志愿者组织”在其志愿服务过程中，潜移默化地向志愿者介绍当地的风土人情和行

① 白洪亮．中美大学生志愿服务比较研究［D］．哈尔滨：东北林业大学，2009.

② 李晗，郑凌冰等．大学生志愿服务评价国际比较研究［J］．思想教育研究，2015（05）：97-100.

为习惯，无形中让志愿者学习到当地的独特风貌。①志愿服务中价值观的培育不是一朝一夕之功，一经形成，便具有十分强大的辐射和带动作用，能够凝聚全社会的共识，汇聚到主流意识形态当中起到教育全体公民的作用。作为和我们同根同源的新加坡的做法也很值得借鉴，他们的主流意识形态的从业者必须有相关的知识，还要对志愿服务中价值观具有高度的认可。所以，新加坡在招募思想教育工作者时，无论对学历背景的考量，还是对个人品德的考察都有非常高的要求。这不仅是为了教育事业的顺利进行，还是为了让从业者起到榜样示范的作用，通过言传身教引导学生形成正确的价值观，在志愿服务中践行本国的价值观。

三、国外志愿服务中价值观培育的启示

国外关于志愿服务中价值观培育的经验有很多值得我国借鉴并学习的地方。归纳总结起来主要有以下几点：一是我们要在国家层面上意识到大学生志愿服务是践行我国社会主义核心价值观的重要载体，大学生志愿服务的开展同样具有意识形态传播的效果，大学生志愿服务可以使多元化思潮向社会主义核心价值观靠拢，凝聚大学生的共识；二是包括志愿服务中价值观在内的任何领域的价值理念的引导，都要与我国的国情、社情、民情相融合，形成具有中国特色的价值目标和规范体系；三是在主体功能的发挥上多做文章，积极引导大学生参与志愿服务，充分发挥大学生在志愿服务中传播和践行社会主义核心价值观的作用，增强大学生主动认识和深刻理解社会主义核心价值观的主观能动性；四是注重大学生志愿服务中价值观培育的方式的创新和培育内容的准确提炼及细化，使志愿服务中价值观的内容简单明了，通俗易懂，和大学生的日常行为紧密联系在一起。具体来讲，国外志愿服务中价值观培育对我国的启示主要包括以下几方面。

（一）完善规制建设，加大政府支持力度

大学生志愿服务中价值观培育离不开我们所处的社会环境，离不开社会成员的共同努力。因此，整个社会应该一起营造良好环境，不能把大学生志愿服务中价值观培育方法和措施仅仅停留在口号式的宣传中，社会上各部门

---

① 李勃．国内外青年志愿者工作机制比较研究［J］．中国青年研究，2009（04）：70-71.

也不能“单打独斗”，孤立作战。我们可以依靠国家的影响力和政府的协调力，从规制上完善对大学生志愿服务中价值观培育的保障工作，从法律上明确培育过程中各方的权利与义务，促使培育工作起步于校园，又能走出校园，融入社会，融入家庭。政府在其中扮演的角色除了引导和推动，更重要的是要做好立法工作。如“美国联邦政府先后制定《国内志愿服务修正法》（1989年）、《全国与社区服务法案》（1990年）、《志愿者保护法》（1997年）等法律。”① 高等院校的相关部门和非营利性的社会公益组织有义务向政府呼吁，并且协助政府做好大学生志愿服务中价值观培育规制建设方面的社会调研工作，减轻政府的工作压力，力争使我们的大学生志愿服务中价值观培育工作有规可依。

（二）明确培育目标，细化内容高度凝练

明确的培育目标是国外志愿服务中价值观培育比较成熟的国家的共同特点，我国大学生志愿服务中价值观培育要想取得效果，也必须要牢牢的抓住这一点。大学生志愿服务中价值观培育的目标必须与国家的核心价值观念紧密结合，从国家层面上推动。大学生志愿服务中价值观培育需要深入实践之中，这就决定了培育目标的设定不能徒有其表。由于我国大学生志愿服务的开展呈现多层次、多手段的特点，只有通过对目标的具体细化，才能使大学生志愿服务成为社会主义核心价值观实践的有效载体。

大学生志愿服务理念的高度凝练，是志愿服务深入大学生日常学习、生活中的重要途径，在大学生志愿服务中践行和培育社会主义核心价值观可以采用口号、标语等方式开展宣传。简单、通顺、易记忆的口号宣传，可以使社会主义核心价值观进一步细化，融入到大学生志愿服务中，更容易使大学生群体识记并践行，从而在大学生心中树立起社会主义核心价值理念，提升培育效果。

（三）加强学科融合，融入学校教育体系

学校教育是大学生志愿服务中价值观得以形成的重要载体，大学生志愿服务中价值观培育离不开学校的课堂教学形式。国外志愿服务中价值观培育比较成熟的国家也同样很重视学校教育。但是，他们对国民的意识形态教育并不只

① 张勖．大学生参与志愿服务长效机制研究——中美比较的视角［J］．中国高教研究，2009（12）：71-72.

依赖于类似思想政治教育课堂。在长期的志愿服务价值观培育中，他们很善于把价值观的培育和其他学科结合起来以增强效果。这对于我国大学生志愿服务中价值观培育工作至少有两方面的启示：首先，我们结合其他学科中思想政治教育资源进行大学生志愿服务中价值观培育，会使培育工作更加具有立体感，运用到位的话，还会更加具有生动感。其次，要明确大学生志愿服务中价值观培育与其他学科的具体结合点，也就是要知道结合什么。大学生志愿服务中价值观培育要结合各个学科的人文特点，把这些特点和我们所要培育的社会主义核心价值观的内容进行有效地整合。最后，充分挖掘学校文化的隐性教育功能。这就需要我们的各个培育责任主体加大调研和研究力度，配备专门的机构和人员去研究学科的整合，一旦各个学科在大学生志愿服务中价值观培育方面形成合力，就会使大学生志愿服务中价值观培育达到预期的效果。

（四）重视社会实践，培育活动可操作化

大学生志愿服务中价值观属于意识形态领域的问题，要想使大学生深入了解、加强认知，就必须和现实中的志愿服务活动结合起来，加强培育的实践力度，确立大学生在志愿服务中价值观培育的主体性，让他们在志愿服务活动中把价值观教育和知识技能结合起来，让所学所用在社会主义核心价值观的指导下发挥作用。国外志愿服务中价值观培育比较成熟的国家很注重这一点。例如美国就专门对这个问题组织团队力量进行调研。1983 年全国教育调查委员会发表了《处于危险边缘的国家》报告，对教育质量问题提出了警告，联邦政府号召学校、公司、教会组织、城市协会和志愿者组织参与志愿帮助学生提高读写技能的服务计划。为了加强价值观实践的知识技能性，他们根据社会的实际需求设计了很多实践内容，并且很注重这些内容的趣味性，让学生在实践这些内容的时候树立起相关的价值观念，为今后走向社会后职业道德的建立打下良好基础。①这个做法启示我们应该抛开应试教育思维，延长大学生志愿服务中价值观培育的体验过程，加大大学生的社会参与度，让大学生在社会实践中加强志愿服务中价值观实践的知识技能性，为大学生志愿服务中价值观培育提供动力。

当代大学生呈现出的新特点也需要我们在大学生志愿服务中价值观培育

---

① 高嵘 . 美国志愿服务发展的历史考察及其借鉴价值［J］. 中国青年研究，2010（04）：108-113.

的活动操作上尽可能贴近他们的日常生活。大学生使用新媒体的现象十分普遍，及时性、互动性、娱乐性、连续性是新媒体这个舆论平台的特征，因此，可以考虑通过手机、电脑，以及便利的互联网来开展培育活动。大学生志愿服务中价值观培育要重视这些新媒体平台的作用，微信、微博、论坛、QQ、直播平台等都是传播大学生志愿服务中价值观的渠道，只要合理运用，完全可以将新媒体变成大学生志愿服务中价值观培育的新阵地，将价值观培育融入大学生网上网下的日常生活实践之中。具体说来，一方面，要重视并推广校园网络及文化建设，加强网站建设，使之更加贴近年轻人，做到独特、有趣，吸引年轻人；另一方面，严格网络监管工作，保证信息安全，保护学生隐私。

（五）完善评价机制，树立合理培育标准

志愿服务中价值观培育的评价机制在国外已经相当成熟，但是，国内这方面的工作还有待完善。国内高等院校开展的大学生志愿服务中价值观培育效果评价通常是流于表面，调查形式也多集中于自我测评。调查中也出现了大学生敷衍了事、不实事求是等现象，从而使得评价机制缺乏实际参考意义。大学生志愿服务中价值观培育效果的考评缺乏标准，影响了大学生参与志愿服务活动的效果，阻碍了大学生志愿服务中价值观培育改进与发展进程。我们应积极批判借鉴国外志愿服务中价值观的评价机制，特别是参考国外“往复式”的评价方式，可以采用定期调查的方式，对国内的大学生志愿服务中价值观培育效果开展更为全面的、追踪式的测量。在不断测量和改进中，探寻适合我国具体国情的评价机制，为我国大学生志愿服务中价值观培育设立评价标准，保证培育工作的系统化、科学化。

（六）选培专业人员，打造培育人才队伍

我国目前在大学生志愿服务中价值观培育上主要采用思想政治理论课堂教学的方式。当前高等院校思想政治理论课的教师是专业的教师队伍，对大学生志愿服务中价值观培育起着主要的作用。但是，现状是大学生社会实践、志愿服务的指导教师通常是由高校的辅导员、团学工作干部来担任，他们具有较丰富的实践经验，但是，在大学生志愿服务中价值观培育的工作中，他们的理论水平和专业技能还都远远不足。因此，我们可以借鉴美国、新加坡

等国的做法，打造一支专业化的志愿服务教师队伍，在选拔上严格标准，要求相关教师有过硬的理论素养和道德素质，而且这些教师对志愿服务要有热情，愿意投入到大学生志愿服务中价值观培育的工作中去。在培训上进行专业化的设计和有针对性的考核，形成体系化、标准化的培训体系，为打造一支专业化的大学生志愿服务中价值观培育的人才队伍建立基础。

西方国家通过大学生志愿服务培育自己本国价值观的做法，呈现隐形化、社会化、系统化的趋势，这样的持久机制大部分依赖于专业化的队伍，依靠专业化的人才。专业化的队伍，不仅仅依据教育学、心理学、社会学等综合交叉学科的知识背景，还依托丰富的社会经验、成熟的应急预案、专业的处理手段等专业素养。西方国家在构建专业化队伍的过程中，严把入口，使得参与相关专业背景的人员不仅具有相应的知识背景，更需要有过硬的实践能力，在审核初期就设置了专业的杠杆和门槛。这样的做法，值得我们进行借鉴。

总之，西方国家借助志愿服务平台培育本国价值观的相关做法给我国大学生志愿服务中价值观培育提供了有益借鉴和启示，但是同时，我们更应该看到，由于中国和西方国家政治制度、社会发展和历史渊源的不同，我们对他们的做法应该辩证对待，批判式的借鉴，我们在进行大学生志愿服务中价值观培育的过程中，必须立足中国国情，根据中国大学生志愿服务发展的现状，有针对性地进行社会主义核心价值观的贯穿与融入，从而真正实现大学生志愿服务中价值观培育的落细落实。

第六章

大学生志愿服务中价值观培育的原则和方法

大学生志愿服务中价值观培育，是紧密依托大学生志愿服务这个有效载体，精准把握社会主义核心价值观在大学生志愿服务中的鲜明呈现，有针对性地实现社会主义核心价值观的培育。在培育过程中，正确阐述和把握大学生志愿服务中价值观培育的原则和方法，对做好大学生志愿服务中价值观培育工作具有重要的意义和价值。

一、大学生志愿服务中价值观培育的原则

党的十九大以来，中国特色社会主义建设进入了一个崭新的时代。“这个新时代，是承前启后、继往开来、在新的历史条件下继续夺取中国特色社会主义伟大胜利的时代，是决胜全面建成小康社会、进而全面建设社会主义现代化强国的时代，是全国各族人民团结奋斗、不断创造美好生活、逐步实现全体人民共同富裕的时代，是全体中华儿女勠力同心、奋力实现中华民族伟大复兴中国梦的时代，是我国日益走近世界舞台中央、不断为人类作出更大贡献的时代。”① 在这样一个崭新的时代里，就要“积极培育和践行社会主义核心价值观，就要把社会主义核心价值观融入社会发展的各方面，转化为人们的情感认同和行为习惯。”② 大学生志愿服务因其外在形式和内在诉求与社会主义核心价值观具有共融共通性，因此要引导当代大学生积极开展志愿服务活动，在实践中感悟价值，在践行中体验认同。新时代，大学生志愿服务应坚持正确导向、坚持联系实际、坚持与时俱进，实现大学生志愿服务中价值观的培育。

（一）坚持正确导向

党的十八大闭幕以后，习近平总书记创造性地提出了核心要义为实现中华民族的伟大复兴的“中国梦”。习近平总书记在十九大报告中对新时代包括

---

① 习近平．在中国共产党第十九次全国代表大会上的报告［N］．人民日报，2017，10（18）：1.

② 习近平．在中国共产党第十九次全国代表大会上的报告［N］．人民日报，2017，10（18）：1.

大学生在内的广大青年发出了号召，为大学生应如何为实现这一伟大梦想而奋斗指明了方向：“广大青年要坚定理想信念，志存高远，脚踏实地，勇做时代的弄潮儿，在实现中国梦的生动实践中放飞青春梦想，在为人民利益的不懈奋斗中书写人生华章！”① 应当说，实现中华民族伟大复兴的中国梦就是当代大学生在奋进过程中所应坚持的正确导向。只有坚持这样的正确导向，树立这样的正确价值观念，当代大学生才能更好地理解习近平新时代中国特色社会主义思想，才能更好地认知认同社会主义核心价值观对当代中国当下和长远的重大意义，才能更好地做好大学生志愿服务中价值观培育工作。

面对多元文化的碰撞和冲击，在西方文化的影响下，如今的 90 后 00 后大学生群体难免会产生价值疑虑和思想困惑。因此，聚焦大学生特色社会主义核心价值观的培育，事关实现中华民族伟大复兴事业的前途。我们应该清醒的认识到，当代大学生只有在实现中华民族伟大复兴的中国梦这一正确价值导向的引领下，才能树立正确的世界观、人生观、价值观，才能把对中国特色社会主义的道路自信、理论自信、制度自信、文化自信内化于心外化于行，才能真正承担起新时代党和人民所赋予的历史重任。正如习近平总书记在参加“实现中国梦、青春勇担当”主题活动时所讲的那样：“中华民族的伟大复兴终将在广大青年的接力奋斗中变为现实。要用中国梦激发广大青少年的历史责任感，为每个青少年播种梦想、点燃梦想，让更多青少年敢于有梦、勇于追梦、勤于圆梦，让每个青少年都为实现中国梦增添强大青春力量。”②

1. 在大学生志愿服务中价值观培育过程中，坚持以实现中华民族伟大复兴的中国梦为正确价值导向，为当代大学生更好地成才发展指明了方向

大学生是未来国家建设和社会发展的中坚力量，同时也是实现中华民族伟大复兴中国梦的重要后备力量，因此，应当坚持以实现中华民族伟大复兴的中国梦为正确的价值导向，引导他们响应时代的号召，用社会主义核心价值观的深刻内涵涵养自身，不论在何时何地都要始终坚持用习近平新时代中国特色社会主义思想作为自我成长成才的精神指引。在坚定不移的坚持中国共产党的领导下，将社会主义核心价值观内化于心，外化于行，在确定价值目标实现的路径时，时刻将自己个人的梦想融入中国梦这个集体梦想之中。

① 评论员 . 不忘初心跟党走　青春建功新时代 [N] . 中国青年报，2017，10 (19)：1.
② 习近平 . 实现中国梦、青春勇担当 [N] . 人民日报，2013，07 (18)：1.

在实现人生价值的具体实践过程中，将作为新时代大学生所承担的历史重任铭刻在自己的思想和头脑上，这是当代大学生在人生价值实践中必须坚持的原则。只有在大学生志愿服务中价值观培育的过程中指明他们未来的奋斗方向，才能够使他们在未来发展的道路上少走弯路，才能够使他们在未来的生活和工作中永远怀着一颗敬畏之心，时刻对照社会主义核心价值观来规范自己的行为，才能够帮助他们在这个充满机遇和挑战的时代实现自己的人生价值，成为当之无愧的国家栋梁。

2. 在大学生志愿服务中价值观培育过程中，坚持以实现中华民族伟大复兴的中国梦为正确价值导向，为当代大学生提供了实现人生价值的舞台

任何一个国家，一个民族，都离不开一个核心的价值观做支撑。中国也不例外，社会主义核心价值观集国家、社会和公民的价值目标、价值追求和价值原则为一体，是社会主义核心价值体系的最大公约数，凝练和集中表达了社会主义核心价值体系的核心要义，体现在当代中国意识形态领域的最深沉、最持久的价值诉求和价值表达。新时代，必然需要对社会主义核心价值观赋予时代解读，在新的历史条件下，大学生志愿服务和社会主义核心价值观培育的有机结合，才能使当代大学生将实现中国梦作为自己思想体系形成的奠基之石，才能为中国梦的实现进行自我最大能力范围内的实践，贡献自己最大的能量。此时，实现中国梦必将成为当代大学生实现人生价值的舞台。梦想在当代大学生的心中是普遍存在的，而梦想与现实之间的差距也是客观存在的，受制于现实生活中的种种原因，大学生的梦想往往变为他们自己意识形态中较为模糊的一种意象，这种意象可能来源于他们的潜意识状态，也有可能来源于他们在接受不同信息过程中形成的零散的思维意识，还有可能来源于他们在目标不明确的状态下进行一番尝试后被现实所影响的思维定式，等等。当代大学生要实现自己的梦想，清晰的符合实际、符合逻辑的思想意识形态是必不可少的，而更为重要的是一定要具有坚定正确的价值导向和价值观念，在正确价值导向和价值观念的引领下，逐步在实践中把梦想变为现实。当所有的社会成员包括大学生都应当将实现中国梦作为自己的价值导向和价值观念时，中国梦就成为了包括大学生在内的所有社会成员共同的大梦想，这种思想意识和价值理念也将必然上升成为民族意志、国家意志，形成一股强大的、无法抗拒的精神力量在社会改革进程中发挥出决定性的作用。当代大学生在培育和弘扬社会主义核心价值观的过程中，在坚持正确导向的

同时还要紧跟世界进步的潮流，把握人类社会前进的方向，他们所形成的理想信念、所产生的巨大力量将直接推进中华民族伟大复兴，并在这个宏大的舞台上创造出奇迹。

（二）坚持联系实际

大学生志愿服务是大学生群体利用自己的专业技能和时间，公益性的开展社会实践的一种重要实践形式，其时代性、实践性、系统性特征鲜明呈现。大学生志愿服务中价值观培育，是积极依托大学生志愿服务形式开展的意识形态培育工作，其与大学生志愿服务同生共存，互融互进。因此，大学生志愿服务中价值观培育，必须坚持理论联系实际的基本原则，以保障大学生志愿服务中价值观培育工作的方向性、科学性。

1. 在大学生志愿服务中价值观培育过程中，坚持联系实际的原则，必须紧紧依托大学生志愿服务的实际，科学地开展大学生志愿服务活动，以实现在过程中培育社会主义核心价值观的目标

大学生志愿服务是一项系统而又宏观的持久性工程，其随着志愿服务活动的深入开展或者主客观条件的变化，价值观培育的方式方法也应该呈现出同步性的特征。首先，在大学生志愿服务初步阶段，要明晰大学生志愿服务秉承的不是西方所谓的公益价值观，也不是西方所谓的多元化价值观，而是具有中国特色的志愿精神。大学生在志愿服务过程中培育的不是其他的价值观，而是中国特色的社会主义核心价值观，也只有明确了这个目标，大学生志愿服务活动才能保证其自身的科学性、方向性。反过来，社会主义核心价值观培育，更要紧密结合大学生志愿服务的实际，社会主义核心价值观内涵丰富，韵味无穷，作为其践行的有效载体之一，不可能完全承载社会主义核心价值观的全部内容，摘取社会主义核心价值观与大学生志愿服务紧密结合的部分，紧紧扣住爱国价值观、友善价值观、和谐价值观、文明价值观和公正价值观，将其与大学生志愿服务牢牢结合，从而实现大学生志愿服务中社会主义核心价值观的全面行性培育。其次，在大学生志愿服务中期，要将社会主义核心价值观贯穿大学生志愿服务的全过程，在过程中，根据大学生志愿服务的目标、过程、结果等情况的变化，不断调整社会主义核心价值观的培育方向、目标和方式方法，实现在贯穿的全过程渗透性贯穿，滋润式贯穿，全面性贯穿。最后，在大学生志愿服务后期，社会主义核心价值观培育更要

紧密结合大学生志愿服务的实际，以大学生志愿服务的实践与理论轮动性目标为参考依据，检验社会主义核心价值观培育的结果，发现培育过程中的问题，真正实现社会主义核心价值观的整体性培育。

2. 在大学生志愿服务中价值观培育过程中，坚持联系实际的原则，要求深入剖析当前大学生志愿服务中价值观相关的问题，针对相关问题，有特色地开展大学生志愿服务中价值观培育工作

志愿服务来源于西方，西方国家大学生志愿服务渊源已久，其理论化、制度化、系统化发展别具一格。随着中西方志愿服务交流的广度、深度和力度不断增加，西方所谓的公益价值观无形中影响着我国大学生的意识形态阵地。加之，大学生主体容易受到外来价值观的侵扰，并且难以对其进行本质区分，造成在大学生志愿服务领域功利主义的功利思想悄然抬头，理想信念动摇的现象时有发生，中国特色志愿精神入脑入心面临挑战。面对这样的实际问题，要将中国特色志愿精神中的奉献、友爱、互助、进步的内容当作社会主义核心价值观的精神标志，对大学生进行理论融入，实践检验，评价科学，厘清社会主义核心价值观与中国志愿精神的内在一致性，廓清中国志愿精神与西方倡导的公益价值理念的本质区别性，认准当代大学生的主体特殊性，把握当代大学生的鲜明特征，使得在大学生志愿服务过程中，真正有针对性地开展社会主义核心价值观的培育工作，提升其培育效率。

（三）坚持与时俱进

习近平总书记指出："核心价值观是文化软实力的灵魂、文化软实力建设的重点。这是决定文化性质和方向最深层次要素。"① 社会主义核心价值观是一个系统的、科学的理论体系，它不但意蕴深厚，而且内涵丰富，同时它具有完整缜密的逻辑架构。它是全面贯彻落实"五位一体"总体布局和"四个全面"战略布局的文化灵魂，是当代中国特色社会主义意识形态的本质表现。伴随着新时代的社会发展，持续深化改革是党在十九大报告中明确提出的国家发展方向，那么在新时代背景下用什么样的价值理念来统一大学生志愿服务活动，用什么价值理念引领社会思潮，这不仅关乎新时代中国特色社会主

① 核心价值观是文化软实力的灵魂［EB/OL］. http：//opinion.people.com.cn/n/2014/0916/c1003-25670599.html，2014-9-16.

义的发展方向，而且也关乎实现大学生志愿服务中价值观培育目标的价值导向。之所以把社会主义核心价值观的内容作为大学生志愿服务中价值观培育过程中坚持与时俱进的内容选择，是要使社会主义核心价值观的培育更加具有先进性、时代性，也是要引导当代大学生在多元文化的环境中始终坚持正确的价值立场、增强抵制西方多元化价值观的辨别能力。

1. 将社会主义核心价值观作为当代大学生志愿服务中坚持与时俱进原则的重要内容，是大学生志愿服务中价值观培育的本质要求

社会主义核心价值观是大学生志愿服务开展的理论基础和保障，是大学生志愿服务中价值观培育的理论来源和持久源泉，是保证大学生志愿服务科学化、方向化的重要支撑。大学生志愿服务与社会主义核心价值观是理论与实践、基础与呈现的关系，大学生志愿服务作为一种特殊的社会实践活动，必将有相应的价值观为指导，以保障志愿服务的科学性、持续性、常态化发展。社会主义核心价值观与大学生志愿服务具有内在一致性：国家观与大学生志愿服务追求的终极目标相一致、社会观与大学生志愿服务的伦理正义相吻合、公民观与大学生志愿服务的民众参与互为基础。因此，大学生志愿服务中价值观培育需要与时俱进，与时俱进最大的要求就是要将社会主义核心价值观贯穿大学生志愿服务全过程，大学生志愿服务不断发展、深入、完善的过程，就是其对社会主义核心价值观认知、认可、认同程度不断加深的过程，社会主义核心价值观倡导的价值目标、价值准则、价值追求逐步递进的过程中，大学生志愿服务不断发展，使得大学生志愿服务中社会主义核心价值观培育有步骤，有节奏。

当前，“西方国家一方面不正视中国特色社会主义所取得的重大成就，想借中国的力量尽快摆脱金融危机；另一方面又不愿看到社会主义中国发展壮大和日益强盛，把中国发展视为对西方社会思想理论、价值观念、制度模式的挑战，因此加紧对我国实行西化、分化战略，加强对我国意识形态的渗透，其组织越来越周密，力度不断加大，手法也更加多样。”在大学生群体中，西方所谓多元化的价值观来势汹汹，无形中影响着我国大学生的意识形态阵地，在这种情况下，借助大学生志愿服务这个有效载体，培育和践行社会主义核心价值观，形成大学生志愿服务中价值观培育策略，对于牢牢把握对青年大学生意识形态的领导权，加强对大学生的社会主义核心价值观教育，构筑大学生群体中主流意识形态的教育阵地，具有重要的理论和实践意义。

2. 将社会主义核心价值观作为当代大学生志愿服务中坚持与时俱进原则的重要内容，是实现大学生志愿服务“知行合一”的题中之义

培育和弘扬社会主义核心价值观是凝魂聚气、强基固本的基础工程。[①]大学生志愿服务是践行社会主义核心价值观的优先载体之一。大学生在参与社会奉献、进行志愿服务的过程中能够提高精神境界，培育文明风尚，树立起社会主义核心价值观。大学生志愿服务中价值观培育，就是在大学生志愿服务中价值观的内容进行提炼和总结，明确社会主义核心价值观是大学生志愿服务中价值观培育的理论基础，大学生志愿服务中价值观的具体内容就是社会主义核心价值观在大学生志愿服务过程中有针对性呈现的鲜明体现。将社会主义核心价值观看作是大学生志愿服务中价值观培育的时代化标志，为大学生志愿服务活动提供与时俱进的理论指导，为大学生志愿服务实践活动提供目标和结果的检验标准，是大学生志愿服务活动的内在要求和题中之义。如果在大学生志愿服务过程中没有将社会主义核心价值观的内容与活动形式进行有效对接，没有明晰社会主义核心价值观在大学生志愿服务中的指导地位，那么，当代大学生在志愿服务中，对其应该秉承的价值理念和意识形态就会模糊不清，从而陷入到价值观冲突而茫然不知的境地中，甚至会在多元化的价值观的冲突中迷失自我，进而深陷西方国家设置的文化陷阱中。积极开展大学生志愿服务中价值观培育研究，通过大学生志愿服务平台，培育社会主义核心价值观，深层次地解决了大学生志愿服务过程中价值观秉持模糊不清楚的问题，明确我们在大学生志愿服务中培育的是具有中国特色的志愿精神，是中国特色的社会主义核心价值观，从而强化了社会主义核心价值观在大学生群体中的指导地位，大大增加了对大学生进行意识形态教育的主动权，有效地解决了现阶段我国大学生志愿服务过程中的理论与实践问题。当代大学生在深入学习、了解社会主义核心价值观后会发现，大学生志愿中价值观培育就是我们在保持中国特色的基础上与其他意识形态的国家在差别中寻找共同点，我们始终坚持与其他国家保持一种相互理解、相互尊重的状态。我们不单单在交流中紧紧把握住了“互动原则”与“他者原则”，而且将这些原则运用到了实践过程中。当然整个过程是一个对立中寻求统一的过程，是一个理论与实践的转化过程，是一个将社会主义核心价值观一以贯之的全过

① 习近平 . 在中央政治局第十三次集体学习时的讲话 [N] . 人民日报，2014，02 (24)：1.

程。将社会主义核心价值观作为当代大学生志愿服务中价值观培育中坚持与时俱进原则的重要内容，其目的就是要使当代大学生在全面理解和把握社会主义核心价值观的基础上，在深入理解中国特色志愿精神的维度下，正确认识和科学借鉴其他国家志愿精神的合理成分，从而更好地培育和践行中国特色社会主义核心价值观。

二、大学生志愿服务中价值观培育的方法

大学生志愿服务中价值观培育的方法是多种多样的，我们需要科学总结，善于发掘，结合时代，更新方法，不断完善。从当前来看，应当在综合运用各种方法的基础上，着力探寻大学生志愿服务主体特征，使大学生志愿服务中价值观的培育更有成效。

（一）探寻大学生志愿服务主体特征，强化示范引领的效应

大学生志愿服务，以其时代性、综合性、专业性的特征区别于一般的大学生社会实践形式。大学生志愿服务，其实践主题是大学生，具有专业技术高、思维方法活、信息接受度高等特征使得大学生志愿服务的主体性特征彰显时代特色。因此，在大学生志愿服务中价值观培育过程中，需要进一步强化大学生的主体意识，深层次塑造大学生主题人格，多元化扩宽大学生主体要求，进一步培养大学生主体能力，从而提升大学生志愿服务中价值观培育的实效性。

第一是激发大学生志愿者主体性发挥的深层内在动力。“所谓内在动力，就是和大学生志愿者主体密切联系的源动力，是大学生志愿能力提升的关键”。[①] 一方面，着力促进大学生自我价值的真正实现。大学生通过志愿服务活动，将自身综合条件通过社会实践作用于各种社会形式，这样的互动过程不仅仅使得大学生的相关综合能力“物尽其用”，更能使得在实践的过程中激发他们的内在动力，从而提升他们的自身荣誉感、自尊心和内生热情，大大加强大学生参与志愿服务的内生动力。这样互动的过程反复实践，大学生自我满足特别是精神层面的满足和自身能力层面的提升联动机制就会良性循环，

---

① 肖贵清．系统研究我国大学生志愿精神的一部力作—评《大学生志愿精神作用机理及实证研究》[J]．山东社会科学，2017（06）：4.

从而实现大学生在志愿服务中不断发展自身，完善自身，提升自身。另一方面，加强大学生志愿者对“人类价值”的追求。从“人类价值”的角度来看，其最终着眼于人的全面发展与自由，追求人类的价值，主要来自于对主体的自觉，来实现自我境界的提高。大学生志愿服务活动，从某种程度上说，是一种超越的社会实践活动，其体现的不仅仅是精神境界上的提升，更是一种超越功利主义的最佳境界。大学生通过志愿服务活动，在志愿服务活动中不断追求奉献国家、服务社会、帮助他人的精神境界，从而在过程中实现自我精神境界的提升。大学生在追求“人类价值”的过程中，要真正去探求人生的意义和实现自由发展的路径，不断提升自我的主体性。

第二是强化大学生志愿者主体性发挥的外在动力。高校大学生志愿者主体能动性的发挥，离不开外在动力的影响。所谓外在动力，就是大学生志愿者主体产生影响的外部环境和外部力量。外在动力在大学生志愿服务中起着重要的渲染、熏陶、促进、养成等作用，积极构建大学生志愿服务的外部环境，更好地强化大学生志愿服务主体性发挥的外在动力。首先，引导大学生形成良好的社会公德。“德行是社会健康发展的关键因素，人们的道德观念往往建立在自由和理性的基础上。社会成员对德行的追求逐步营造出一种宽容、理性和自由的氛围，而在这样的氛围下，大学生志愿服务是一种自由、理性的态度，更多的从正面给与支持和关怀，这样为大学生志愿服务主动性的发展起到了积极的作用。”① 其次，积极发挥高校对大学生的良性教育。高校是大学生志愿服务顺利开展的首要阵地和组织保障，高校教育为大学生主体性的全面发展提供了现实可能。积极发挥高校对大学生的良性教育，积极开拓形式各样、主体鲜明、内容先进的大学生志愿服务形式，不仅可以提升大学生的实践能力和基本素养，提高大学生对志愿服务的认知能力和实践能力，更可以通过制度化的构建，形成一系列奖励机制和绩效机制，提升大学生参与志愿服务的积极性、主动性和创造性，进而强化大学生志愿服务中价值观培育的主体性特征。牢牢把握高校教育的主阵地，是保障大学生志愿服务顺利开展的实践前提和前提条件，也是构筑大学生主体性发挥机制首要解决的问题之一。

① 李玮，林伯海．利己与利他关系视角下的大学生志愿精神培育［J］．西南交通大学学报（社会科学版），2018（02）：53-54.

第三是强化大学生世界观、人生观和价值观教育。中国特色社会主义建设是立体的、多样的、深层次的系统工程，社会文明和人际关系的和谐是中国特色社会主义现代化事业的重要内容和目标，而衡量社会文明和人际关系和谐的一个重要指标就是社会公益事业的发展，集中体现在大学生志愿服务事业的现代化发展。大学生志愿服务覆盖面愈加广泛、触角渗透度愈加深入，整体水平愈加提升，成为社会主义现代化建设的一个重要衡量指标和表现方式。通过大学生志愿服务，大学生群体在社会实践过程中不断体会自己对于国家、社会和他人的重要意义，使得志愿服务逐渐成为一种社会风尚，一种道德风尚，反过来有助于加强大学生对整个世界的看法，对人如何存在的正确认识和个人价值观的形成具有重要推动作用。同时，在大学生志愿服务过程中，加强对他们的世界观、人生观、价值观教育，更有利于大学生在志愿服务过程中不断深入理解大学生志愿服务的本质，深入理解大学生志愿服务精神的实质，越来越认可、认同社会主义核心价值观。强化大学生的“三观”教育，使得大学生在志愿服务前期、中期、后期不同阶段，深入理解大学生志愿服务活动的全面性、进步性和时代性，从而强化大学生志愿服务中价值观培育研究。

第四是着力提升大学生自我实现的程度。“社会的不断发展进步为社会成员群体性心理变化提供了物质基础，社会成员群体性心理的变化为志愿精神的兴起和发展打下了扎实的心理基础”。潜在的是社会成员内在需求的日益增长切合了时下社会所倡导的发展理念在起作用，使得自身发展的需求向着合理化的动机演变，从而催生出志愿行动。“在强化大学生志愿服务工作的过程中，必须要以动力机能构建为切入点，强化机能建设，为高校志愿服务工作的开展奠定重要的前提条件。”① 在大学生主体意识渐渐增长的背景下，必须要以此为基础构建完善的志愿服务活动体系，一方面，推动志愿者的自我实现，在志愿服务的过程中把个人的需要与社会需要结合起来，做到“你中有我，我中有你”，在服务社会的同时提升志愿者自我价值的实现，另一方面，凸显志愿服务者的情感体验，让大学生志愿者在志愿服务过程中不断体会到助人自助、帮助他人的乐趣和情感体验，真正做到志愿服务全过程的知行合一，确保大学生志愿服务活动的全面性和持久性，让大学生在实践中体味，

① 金艳，朱煜．大学生志愿精神的新时代意蕴［J］．学校党建与思想教育，2019（02）：45-46.

在体味中成长，在成长中感悟，在感悟中不断加强志愿服务活动的兴趣和动力，丰富志愿服务的情感体验，从而夯实大学生志愿服务中价值观培育的实践基础。

（二）利用新兴技术平台，丰富价值观引导方式

第四次工业革命方兴未艾，依托互联网模式发展的新兴技术对人们日常生活影响越来越大，其中，高校学生成为互联网新技术的典型群体。互联网企业间的内部竞争促使在线通讯软件的不断创新，为了迎合网民沟通需求，抓住市场份额，出现了一批批内容优质，方式新颖，沟通高效的网络社交平台，微博、抖音、快手成为当代青年的精神食粮基地，而微信和QQ之间的内部竞争也在不断地使沟通变得兼顾趣味性和有效性，让高校学生多角度、全方位的在“象牙塔”中了解社会变化动态成为了可能。毫无疑问，互联网是把双刃剑，在线分享的资讯浩如烟海，有促进健康成长的精神养料，也有荼毒内心的文化垃圾，大学生在接受新鲜资讯的时候很容易将鱼龙混杂的信息都装入脑中，潜移默化的影响、混淆一些正确的价值观念，这对于成长、成才并无益处。反之，若使用备受学生青睐的新媒体平台发布正能量信息，如有针对性的发布培育志愿服务精神的资讯，大学生在浏览的过程中自然而然的会接受到正能量的引导，进而逐渐形成志愿服务意识，这是利用新媒体技术的有益尝试，更有助于实现社会主义核心价值观的传播。

1. 善于熟练运用新媒体培育社会主义核心价值观，促进高校现有宣传方式与新兴媒体的交融，使社会主义核心价值观实现校园全覆盖

随着新媒体技术的应用和普及，高校学生的日常生活充斥着海量的互联网信息，社交工具和新型网络平台足够将变化万千的动态展现给学生，通过抖音、微博了解社会各界资讯已经成为相当一部分学生的日常习惯，基于这一点而言，新型网络平台在普及大学生以信息时也暗含着引导价值观的全过程，成为大学生认识社会、探索世界的新起点。当前，高校中传统的宣传方式还在发挥着作用，虽然做到完全的信息传播现代化还有一定距离，但越来越多的新媒体技术尝试被证实对社会资讯和新闻动态的传播更有效果，也在实际生活中被不断提倡应用。值得警惕的是，西方国家的文化入侵从未停止，随着新兴技术运用，网络成为其传播、蛊惑、诱导学生的新方式，这种思想上的偏离是最不容易及时察觉的，稍有不慎就会造成灾难性的后果。如果高

校学生不能辩证对待网络上的海量资讯，稍有不注意就会陷入西方意识形态的陷阱，在认知上与社会主流文化脱节，这与志愿服务的初衷正好背道而驰。但无论如何，新媒体技术是不可阻挡的趋势，我们只能适应、驾驭它，况且新兴媒体和传统媒体作为信息传递的两种方式，各有利弊，新媒体传播速度快，内容多，传统媒体纵向延伸能力强，我们要将二者有机结合，统一于社会主义现代化建设的蓝图里，也就是又快又好地将社会主义核心价值观中的服务意识传递给广大高校学生。

要切实做到将新媒体和传统媒体共同统一在高校学生志愿服务的体系中，将两者的优势相结合，把握时效性的同时又兼顾内容深度，全方位、深层次、多领域的普及社会主义核心价值体系，让广大高校学生增强对社会主义文化的认同，也加深对志愿服务的理解，培养助人为乐、回馈社会的氛围，多种方式并举，构筑社会主义集体精神的蓝天。

2. 要善于熟练运用新媒体培育大学生志愿服务精神，就必须推动社会主义核心价值观进校园，促使新媒体成为校园宣传新方式

新媒体传播的最重要因素是信息能够及时准确送达，除时效性外，人们更多关注的是信息的质量，往往以其内容为评判标准。习近平总书记指出："推动传统媒体和新型媒体的融合发展，要遵循新闻传播规律和新型媒体发展规律，强化互联网思维，坚持传统媒体和新型媒体的优势互补、一体发展，坚持先进技术为支撑、内容建设为根本，推动传统媒体和新型媒体在内容、渠道、平台、经营、管理等方面的深度融合。"① 在社会主义现代化建设的今天，高校宣传工作不应局限于老师到学生点对点的传统模式，而应因势利导的运用新媒体技术手段，扩大宣传受众群体，增强宣传效率，这不仅有利于加深宣传力度，更是为增强意识形态的宣传和普及"开路搭桥"。我国一贯坚持走中国特色的社会主义道路，就离不开社会主义核心价值观的引领，这不仅是由于经济发展后精神文化需要跟进的结果，更是因为核心价值体系中暗含着世代中国人的立身准则和行为规范，在新时期更要毫不犹豫的遵守和践行。运用新媒体普及社会主义价值体系，不仅保证了新媒体宣传质量，更是对新兴技术的充分运用，让价值引领不再成为书上的"冷文字"，而是成为高校学生日常生活中触手可及、随眼可见的"身边事"。

---

① 习近平．在中央全面深化改革领导小组第四次会议上的讲话［N］．人民日报，2014，08（18）：1.

首先，树立校园新媒体传播总遵循，确保以宣传社会主义核心价值体系为要旨。基于大学生日常生活中与新媒体的密切交往实际情况，使新媒体传递的信息短时高效进入当代大学生的生活中成为可能，也为借助新媒体技术传播社会主义核心价值观提供了参考。高校中新媒体平台信息传播方式主要是视频和文字两种，如何使价值引领成为不动声色、不费周章的行为？这是对相关技术从业者的考验，要切实做到使价值引领不落入俗套成为空喊的口号，让社会主义核心价值观从书本上“走下来”，从网络中“走出来”，走进学生心里，迈进学生的日常生活中。这更是从深层次反映出，在互联网新兴技术的浪潮推动下，人们对社会主义优越性的审视，我们必须要充分发挥新媒体平台的作用，还要力图达到“人无我有，人有我精”的高质量水准，为全面建成小康社会交上满意的答卷。

其次，发挥新媒体矩阵的多维度宣传优势，培育符合社会主义精神文明建设要求的当代大学生。随着新媒体技术的广泛应用，多重维度的展现方式使新兴技术受到越来越多的关注，运用新媒体平台培育当代大学生的社会主义核心价值观意识成为融合高技术和新理念的尝试，打破教师的教和学生的学，不拘泥于知识的课堂传授，不强迫式的“填鸭教学”，而是采取高校学生喜闻乐见的接收信息渠道作为宣传平台，创新价值引领的方式和呈现手段，根据学生喜好倒逼宣传路径的丰富和完善。如分别利用微信的公众号、QQ的班级群、微博的热门话题，多领域深层次构建价值引领的新媒体矩阵，让高校学生时刻沐浴在社会主义精神文明建设的养分中，汲取社会主义的核心价值，从而完成对当代大学生的培养。

再次，重视学生组织的推动力量，运用好学生间正式群体和非正式群体助力价值引领。大学生组织是指高校学生自发形成的具有某一相同目的集体，有隶属于校团委的正式群体“学生会”，也有基于共同兴趣爱好组成的“兴趣社团”，值得注意的是，不论是正式群体还是非正式群体，往往具有凝聚学生思维的作用，因此要重视对高校学生组织的支持和引导，鼓励其运用相关新媒体平台沟通交流，技术交换，信息共享的同时，潜移默化地接受社会主义价值体系的引领，让社会主义精神文明不再是死记硬背的理论，不再是生搬硬套的公式，而是成为以兴趣为导向的“指南针”，反映学生真实想法的“晴雨表”。

（三）抓住时代特征，引导志愿服务体系

高校志愿服务活动是近代社会的产物，其精神内核是助人为乐的奉献意识，随着工业化进程加快，社会两极分化严重，财富差距加大带来的不仅是社会底层的经济匮乏，还有文化产品不能满足精神需要的时代特点，大学生志愿服务活动应时而生，种类多样化的对口服务项目对于帮扶校内困难群体、关护社会弱势群体起到了巨大作用。

“中国青年志愿者扶贫接力计划”是近年来兴起的青年学生志愿服务活动之一，主要工作指向医疗卫生、新型农业和小微企业发展板块，开展时限为两年的对点帮扶工作，志愿服务采用公开招聘的方式吸引在校学生，工作人员以定期轮岗的方式保证志愿服务一直“在线”。同一批次的志愿项目还有“绿色行动营计划”，通过集中组织青年学生开展志愿服务的方式宣传环保理念，在锻炼青少年的同时普及绿色环保常识，也是在实际应用中改善环境。1999 年 6 月 17 日，为了提升青年学生环保意识，以学习、交流和劳动为主题的志愿服务活动在河北丰宁首期展开，首届活动由共青团中央牵头，中国青年志愿者协会、水利部、中央电视台等 7 个部门联合发起的志愿活动，不仅能促进当地经济的发展，还能有效减少风沙对京津地区的侵袭，在保护水资源的同时，切实保障京津地区人民的正常生产和生活，这是结合理论和实践的有益尝试，不仅探索了河北绿化的路径，也为在全国范围内宣传普及青年学生志愿活动整理了一整套较为完整的科学办法。短短一年时间，志愿服务人数就达到了 6000 余人，在山东、吉林、内蒙古等地纷纷开展了绿色志愿服务行动，不仅有力推动了志愿服务活动的开展，也为生态环境保护做出了杰出贡献。

除了改善环境的绿色环保活动，由高校学生组成，占比极大的志愿者服务群体在奥运会、全运会等国家重大活动上发挥了重要作用，不仅保障重大赛事顺利进行，而且在维护赛场秩序，对接观众需求等方面起到了关键性作用，是整个赛事各环节间的“润滑剂”，也是保证比赛安全进行的“镇定剂”。2008 年是北京成功举办奥运会的一年，也是借此将我国志愿服务活动推到顶峰的一年，大学生志愿服务群体成为北京奥运会的亮点，也为全世界志愿服务提供了经验参考。调查结果显示，北京奥运会志愿者多达 170 万人，其中人员构成如下，在各大城市中广泛参与志愿服务的社会志愿者有 100 万

人，在城市主要干道和交通枢纽协管服务的城市志愿者有 40 万人，竞赛场馆内的赛场志愿者有 10 万人，拉拉队志愿者 20 万人，其中高校学生占据很大比例，分布在奥运赛事的各个环节，成为了整个北京奥运会的运转轴承。在北京奥运会整个过程中，志愿者身影无处不在，出现在赛前指引服务，保障比赛的顺利进行，赛中维持秩序与医疗应急准备，赛后组织奖品发放和保障交通运行，各个环节都有大学生参与，可以说正是由于庞大基数的高校学生参与到志愿服务中来，才与全国共同造就了北京奥运会的盛况，奥运会的顺利举办和结束，志愿者有不可磨灭的作用，也是这些高校大学生成长道路上的珍贵回忆。2008 年北京奥运会上的大学生志愿服务给全世界提供了经验和启发，重大赛事不仅为志愿服务提供广阔平台，也潜移默化中在志愿者心中埋下了正确的价值观，志愿服务精神借此得到弘扬。

北京奥运会志愿服务体系作为奥运会的亮点，体现出独有的文化内涵。首先，能够将中国传统文化和世界志愿服务标准相结合，由于受中国传统文化的影响，志愿者早期服务没有严格按照世界奥委会规则，服务从内容到方式都彰显着“实在”“大方”的东方文化符号，体现的是具有中国特色的志愿服务体系，但是在奥运期间我们有效地结合了奥委会规定的服务流程和规则，还保留了东方的传统“待人敦厚”的特征，受到了国内外人士的一致好评。其次，通过奥运会志愿服务展现了中国传统文化的魅力，使中华文明内涵得到国际认同，作为世界性赛事，北京奥运会吸引了上至总统、下至平民的关注，可以说是全世界关注的盛事，各国政要、知名记者、普通游客不计其数，高校学生志愿者服务群体以其周到的服务，贴心的关照，灿烂的笑容给全世界留下了深刻的印象，处处流露出浓浓的中国风，处处传递着中国情，向全世界展现中国友好、负责的形象，也为中国更好地走向世界埋下了扎实的信任基础。最后，北京奥运会实现了志愿服务体系的创新，积极组织引导高校学生作为志愿服务的后备军，使志愿服务活动依托世界级赛事到达新的平台，给全世界带来了参考的模板，丰富了大学生志愿服务的内容，也是对其自身素质的又一重提升，中国的青年志愿者成为全世界宣传的典范。

因此，利用好国家重大志愿服务活动，在活动中培育大学生志愿服务精神和助人为乐、积极奉献的价值观，一方面，能够让高校学生在开展志愿服务活动中切实体会到奉献、友爱、互助、进步的志愿精神，保障大学生志愿服务活动科学化、方向性的开展，另一方面，有利于大学生在志愿服务过程中，深刻感知社会主义核心价值观的深刻内涵，体会到社会主义核心价值观倡导的国家观与大学生志愿服务的目标相一致；社会主义核心价值观倡导的社会观与志愿服务的伦理基础相吻合；社会主义核心价值观倡导的公民观与志愿服务的社会参与要求相融通，从而促进大学生志愿服务中社会主义核心价值观的培育，使得社会主义核心价值观在大学生群体中落地生根，融会贯通。

（四）统筹协调，实现非政府志愿组织资源整合

非政府组织，简称 NGO，广义上指政府和营利企业之外的一切社会组织。包括注册的（合法的）和非注册的（非法的）两类，它在外延上包括各种政治性的、行业性的、专业性的、联合性的、学术性的社会团体，也包括各种基金会、志愿者组织、社会救济和福利组织等社会组织及事业单位等；狭义上则指非政府的、非营利的、志愿的、自治的民间公益组织。我国官方认可的非政府组织则是指按照《社团登记管理条例》和《民办非企业单位登记管理条例》登记注册的和依法免于注册的社会组织，分为社会团体、民办非企业和基金会三种类型。非政府组织古已有之，现代意义上的非政府组织则兴起于 19 世纪的欧洲，在 20 世纪 80 年代迅速发展成为一场全球性的“社团革命”，其“对 20 世纪后期世界的重要性丝毫不亚于民族国家的兴起对于 19 世纪后期的世界的重要性”。非政府组织的兴起改变了公共物品提供的组织结构，在公共物品的提供上，出现了两种类型的组织：政府与非政府组织，但二者在提供公共物品方面具有明显不同的特征。非政府与企业之间的差别则最主要地表现在是否基于志愿基础、是否以营利为目的以及产品的公私属性上。志愿服务组织是非政府组织的重要类型，是非政府组织的重要组成部分，具备非政府组织的基本特征。有学者总结了政府与非政府组织提供公共物品的特征比较，如下表：

	政府	非政府组织
垄断与竞争	垄断组织	非市场领域的具有竞争性的组织
强制与自愿	具有合法强制性	自愿加入、自愿接受服务
灵活性	层次结构，机械系统，稳定但缺少灵活性	注重合作，结构简单，有机系统，灵活性较强
契约	与公民间明确的契约关系	与社会的契约关系不强，但受多方力量的监督
目标导向	公共利益导向，但目标多元，经常相互冲突	特定的公共利益导向，目标难以衡量但单一
资源来源	税收和部分捐赠	会费，捐赠，营业收入，政府拨款

当今时代，非政府志愿组织因其覆盖范围广，运转方式灵活，组织开展志愿服务组织反应机敏等特点，对大学生志愿服务辐射力、影响力和渗透力逐渐加大。当今大学生行为方式多样，参与志愿服务活动动机多元，和非政府志愿组织契合面加大，也逐渐成为大学生志愿服务活动的重要选择。要想实现社会主义核心价值观通过大学生志愿服务活动的立体化培育，非政府志愿组织成为不可忽视的一支重要力量。因此，开展大学生志愿服务中价值观培育研究，就必须整合非政府志愿服务组织的有效资源，形成机制联动，有效开展大学生志愿服务中价值观培育工作。

整合非政府志愿服务组织资源，首先就要将其运行模式和机制与政府主导的大学生志愿服务组织有机联动，实现信息互通，资源共享，保障双方开展大学生志愿服务的信息互通，实现社会主义核心价值观在大学生志愿服务活动起步阶段就避免信息失衡、步入误区。其次，整合非政府志愿服务组织资源，更要树立其正面、科学的社会形象，详细备案其设立，运行工作，保证其志愿服务活动符合相关法律、法规的要求，为大学生志愿服务中价值观培育工作提供坚实的机制基础。最后，整合非政府志愿服务组织资源，更要把握社会主义核心价值观贯穿其运转全局，而不是泛泛而谈，更不是机械解读，真正使得它们成为培育和践行社会主义核心价值观的补充平台。

（五）注重过程，实现社会主义核心价值观贯穿全局

大学生志愿服务中价值观培育，具体来说就是积极依托大学生志愿服务这个示范平台进行社会主义核心价值观培育，微观来讲，大学生志愿服务中价值观培育的具体内容是社会主义核心价值观在大学生志愿服务中具体特色呈现的具体内容，即爱国价值观、友善价值观、文明价值观、和谐价值观和公正价值观，根本上说，我们要实现的就是社会主义核心价值观的部分内容在大学生志愿服务中的具体培育。要想开展大学生志愿服务中价值观培育，最本质的方法应该是将社会主义核心价值观贯穿大学生志愿服务的全局，在大学生志愿服务开始阶段，就需要将社会主义核心价值观的三个倡导讲清楚、弄明白，让大学生深入理解社会主义核心的内在理论内涵和外在表现形式，促使大学生将大学生志愿服务融入社会主义核心价值观培育的进程。坚决杜绝大学生开展志愿服务前对即将开展的社会实践活动含糊不清，对应该秉持的行为动机与理想信念避而不谈。在大学生志愿服务中期，更是需要将社会

主义核心价值观贯穿始终，用社会主义核心价值观对大学生志愿服务进行指导，以及时矫正大学生志愿服务的行为方向、内生动力和相应的理想信念，保证大学生志愿服务活动符合社会主义核心价值观的性质、要求、方向和本质，实现大学生志愿服务的科学性、方向性。在此期间，要抓住重点，将社会主义核心价值观倡导的价值追求、价值目标和价值追责与中国特色的志愿精神剖析清楚，理顺两者之间的内在一致性和内在共通性，保证大学生对志愿服务活动持守的价值观念清晰、明白，以实现对西方多元化价值观的有力抵制。在大学生志愿服务活动的后期，还要将社会主义核心价值观一以贯之。将社会主义核心价值观倡导的价值追求、价值规范具体化为相关大学生志愿服务的目标和细则，以保证大学生志愿服务的过程和目标符合社会主义核心价值观的要求，力求使得社会主义核心价值观在大学生志愿服务中落实到位。同时，可以依据社会主义核心价值观的要求，使得各项要求与大学生志愿服务的绩效考评机制与考核评价机制高度融合，使得大学生志愿服务的目标机制、过程机制与考核考评机制一一贯穿社会主义核心价值观培育和践行过程，从而实现大学生志愿服务真正成为社会主义核心价值观培育和践行载体，从而避免其成为重形式、轻理论的尴尬处境。只有将社会主义核心价值观始终如一的贯穿大学生志愿服务的始终，才能真正发挥大学生志愿服务对于社会主义核心价值观培育与践行的积极作用，才能真正实现社会主义核心价值观对大学生志愿服务的指导与矫正，才能使得大学生志愿服务全过程、全方位、多角度、深层次的体现社会主义核心价值观的本质要求、内在准则和规范，才能为大学生志愿服务中价值观培育奠定坚实的实践和理论基础。

总之，大学生志愿服务中价值观培育，要坚持探寻大学生志愿服务主体特征，强化示范引领的效应；利用新兴技术平台，丰富价值观引导方式；抓住时代特征，引导志愿服务体系；统筹协调，实现非政府志愿组织资源整合；注重过程，实现社会主义核心价值观贯穿全局等培育方法，才能正确的利用大学生志愿服务的内生动力，才能整合大学生志愿服务主体、客体、介体、环体等多方资源，形成大学生志愿服务的良性生态圈，真正实现大学生志愿服务中价值观培育的良性互动，提升大学生志愿服务中价值观培育的实效性和整体性。

第七章

大学生志愿服务中价值观培育的要求、机制和路径

大学生志愿服务中价值观，是社会主义核心价值观在大学生志愿服务领域的具体体现，社会主义核心价值观是大学生志愿服务中价值观的理论基础和来源。大学生志愿服务中价值观具体是指与大学生志愿服务高度契合的爱国价值观、和谐价值观、友善价值观、文明价值观、公正价值观，它是社会主义核心价值观在大学生志愿服务领域有针对性的直接体现。紧紧依托对大学生志愿服务中价值观培育现状的调查与分析、对高校学生工作部门的访谈调查与分析、对学生家长的问卷调查及分析，在借鉴国外相关志愿服务中价值观培育有益做法的基础上，本章探讨并提出我国大学生志愿服务中价值观培育的要求、机制和路径，以增强培育的实效性，提升培育的效果。

一、大学生志愿服务中价值观培育的要求

大学生志愿服务中价值观培育，是对大学生开展社会主义核心价值观教育的有效途径。要想实现培育工作的可持续发展，必须牢牢把握明确立足点、突出着眼点、强化聚焦点的核心要求，紧紧围绕大学生志愿服务与社会主义核心价值观的关系进行培育。

（一）明确立足点：中国特色社会主义进入新时代

“中国特色社会主义进入了新时代”，[①]这是党的十九大做出的重大政治判断。这一判断，明确了我国发展新的历史方位，为我国各项事业的发展提出了新的要求。在十九大报告中，习近平总书记明确提出要在本世纪中叶把我国建设成为富强、民主、文明、和谐、美丽的社会主义现代化强国。社会主义现代化目标又增加了一个“美丽”，这不仅是适应新时代社会发展，同时也丰富和发展了社会主义核心价值观的内涵。在社会层面，除了社会主义核心价值观倡导的价值目标，新时代，人民对美好生活的追求标准更高，要求

① 习近平.决胜全面建成小康社会 夺取新时代中国特色社会主义伟大胜利——在中国共产党第十九次全国代表大会上的报告［N］.人民日报，2018，1（2）：002.

更高，目标更清楚。在个人层面，除了社会主义核心价值观倡导的价值准则，更是提出了推进诚信建设和志愿服务制度化的新要求，这为大学生志愿服务及价值观培育提出了新的标准。

在大学生志愿服务活动中积极培育社会主义核心价值观，必须立足时代要求，坚持社会主义核心价值观的指导地位，并将其贯穿于大学生志愿服务的全过程。社会主义核心价值观是大学生志愿服务中价值观培育的理论基础和来源，坚持其指导地位，是保证大学生志愿服务中价值观培育工作顺利开展的前提条件和基础。

新时代背景下，大学生志愿服务中价值观培育要坚持中国特色，这个特色，主要体现在“为人民服务”的思想上。“为人民服务”作为中国共产党的立党之本，影响深远。后来，我们提出的“三个代表”重要思想、以人为本、群众路线等都是为人民服务思想的继承和发展。它的内容包括心中始终装着老百姓的福祉、心中始终装着老百姓的需要、始终以改善老百姓的物质精神生活为目标等，一切工作的考量都要以人民的利益为出发点和落脚点。新时代以来，大学生志愿服务既是“为人民服务”思想在大学生社会实践层面的具体呈现，又是在理论层面的外延拓展。大学生志愿服务中价值观培育，应该坚持全心全意为人民服务这个中国特色思想内涵，只有坚持这个中国特色才能从本质上区别于西方所谓的志愿服务价值观，才能真正实现具有中国特色的大学生志愿服务中价值观培育目标。

培育社会主义核心价值观与开展大学生志愿服务活动之间，是理论与实践、观念与行动的互动关系，贵在知行合一、行胜于言、行为心表。新时代背景下，要培育践行社会主义核心价值观，不能停留在口头上，更不能停留在理论层面上，一切理论的践行必须通过行动才能够实现。通过社会实践，促进大学生志愿服务中价值观在大学生群体中内化于心、外化于行。具体到大学生志愿服务活动，就是要在大学生志愿服务活动的开始、发展、成熟和常态化阶段，用实实在在的志愿行动来诠释社会主义核心价值观的内涵，让社会主义核心价值观在大学生志愿服务过程中落地生根，知行统一。

新时代，大学生志愿服务中价值观培育要在坚持中国特色的基础上，始终坚持社会主义核心价值观的统领地位，使其与具体的志愿服务高度结合，不断调整培育的方向和目标，从而实现大学生志愿服务中价值观培育民族化、时代化。

（二）突出着眼点：以大学生志愿服务促进社会主义核心价值观培育

大学生志愿服务是社会文明程度的重要标志，是促进社会和谐发展的重要手段，更是践行社会主义核心价值观的有效载体。因此，大学生志愿服务要以社会主义核心价值观为引领，培育大学生志愿服务文化，不断丰富和发展志愿服务的思想内涵，从而促进社会主义核心价值观的培育。

大学生志愿服务与培育和践行社会主义核心价值观是连体同构、相互促进的内在关系，大学生志愿服务与社会主义核心价值观在价值取向和评价标准上是一致的。从国家层面上讲，社会主义核心价值观强调“富强、民主、文明、和谐”的价值目标。大学生通过志愿服务奉献爱心、服务社会，集聚和放大社会正能量，有利于维护社会的和谐稳定。同时，大学生志愿服务行为本身就是一种彰显社会文明，推进社会进步的重要形式，又在一定程度上促进了行为文明、社会文明的发展进程；从社会层面来讲，社会主义核心价值观倡导“自由、平等、公正、法治”的价值取向，深刻的反映了中国特色社会主义的基本属性。大学生通过志愿服务为困难群众和需要关爱的人提供帮助、与社会不公正的行为作斗争，在一定程度上消除了社会的不公平现象，使社会更平等、公正；从个人层面来讲，社会主义核心价值观确立“爱国、敬业、诚信、友善”的价值准则。大学生通过志愿服务，弘扬“奉献、友爱、互助、进步”的志愿精神，崇尚“行善立德”的志愿理念，不仅是爱国主义的具体体现，更是与人为善、与人为伴理念的具体践行。大学生志愿服务是践行社会主义核心价值观的有效载体，大学生志愿者在为他人服务、为社会奉献的过程中提高精神境界，培育文明风尚，树立起社会主义核心价值观。

大学生志愿服务活动，内容多样、范围广泛、形式各异，大学生群体更是培育和践行社会主义核心价值观的中坚力量，只有以大学生志愿服务促进社会主义核心价值观的培育为抓手，才真正把握了社会主义核心价值观培育的“神”和“魂”，才是大学生志愿服务中价值观培育的着眼点。

（三）强化聚焦点：增强大学生志愿服务中价值观培育的主导权

社会主义核心价值观是推动中华民族发展进步最深层次的力量，是文化软实力的灵魂，更是中国特色社会主义“四个自信”的重要支撑，在大学生志愿服务中要积极培育社会主义核心价值观。西方所谓的多元化价值观借助大学生志愿服务活动不断对大学生进行渗透，产生影响。在大学生志愿服务领域，如果我们不去培育社会主义核心价值观，西方所谓的多元化价值观就会对大学生进行渗透和分化，从而影响或削弱我们对大学生意识形态培育的主导权。

大学生志愿服务中价值观培育，就是要有效利用大学生志愿服务这个平台，积极培育和践行社会主义核心价值观，让大学生在过程中感悟，感悟中认知，用社会主义核心价值观引领大学生志愿服务活动的全过程。同时，通过大学生志愿服务中价值观培育，引导更多的大学生积极参与志愿服务，促进社会主义核心价值观培育主体的广泛化。只有强化大学生志愿服务中社会主义核心价值观培育这个聚焦点，增强大学生志愿服务中价值观培育的主导权，才能牢牢把握对大学生进行意识形态教育的主动权，抵制西方多元文化价值观对我国大学生的思想渗透，实现对大学生进行主流意识形态的全面培育。

二、大学生志愿服务中价值观培育的机制

通过大学生志愿服务这个载体，构建行之有效的机制体系，是保障社会主义核心价值观培育取得实效的关键之一。大学生志愿服务中价值观培育机制的完善与建立，不仅从理论层面解决了如何在大学生志愿服务中培育社会主义核心价值观的问题，更从能力、技术层面解决了大学生志愿服务中价值观培育问题。同时，在建设大学生志愿服务机制体系的过程中，应不仅仅面对大学生志愿者，更多要面向全体大学生。因为每一个大学生都是潜在的志愿者，只有实现大学生志愿服务机制对象的全面化，才能真正推动大学生志愿服务活动的全面开展，为大学生志愿服务中价值观培育奠定基础。

（一）构建大学生志愿服务培训机制，奠定大学生志愿服务中价值观培育基础

对大学生志愿者进行的必要的知识和技能培训，包括基础知识和特殊知识两个部分。对志愿者进行培训是志愿服务实施过程中必不可少的一个环节。目的是让志愿者掌握具体的技术和建立工作网络，为其承担特殊的责任做准备；根据工作岗位的要求，使志愿者掌握工作所需要的知识、技能及态度，确保服务质量达到应有的水平。适当的培训可以让志愿者对工作更有信心，

帮助他们发掘潜能，促进个人发展。培训的方式有很多，一般包括讲座、阅读、研讨、实地考察、观看录像、专题讨论、案例、角色扮演、示范等。有学者将培训分为基础培训、专题培训和自身训练三种；内容概括为两个方面：一是志愿者工作的一般描述，为什么要做志愿者和为什么要完成设定的工作，什么东西不能做，在特定环境下必须做的事情等；二是角色和责任，与什么人一起工作，责任定位，他人的角色定位。

构建大学生志愿服务培训机制，是提升大学生志愿服务理论观念和技术水平的重要途径，有利于大学生志愿服务中价值观的培育和践行。大学生志愿服务是大学生参与社会公共事务的一种社会行为，更是培育和践行社会主义核心价值观的有效载体之一。根据前文的调查与分析，许多大学生对志愿服务活动、大学生志愿服务中价值观具体内涵的理解认知不到位，呈现表面化、形式化的现象。因此，构建大学生志愿服务培训机制势在必行。首先，在培训内容上，要对大学生灌输与培育社会主义核心价值观。大学生志愿服务中价值观是社会主义核心价值观在大学生志愿服务领域的具体体现；是大学生进行志愿服务活动的行动指南；更是保证大学生志愿服务目标实现的关键。进行理论方面，特别是大学生志愿服务中价值观方面的培训，帮助大学生认识志愿服务与社会主义核心价值观的内在联系，这不仅有利于他们对志愿服务行为的认知、有利于培养我国大学生志愿服务人才，更有利于发挥大学生志愿服务的载体作用，更好地践行社会主义核心价值观。其次，要提升和增强大学生的志愿服务技能。大学生通过对相关知识和技能学习，最大限度的使其行为与预期的志愿服务目标相匹配，进而提高大学生志愿活动的实效性，特别是专业要求相对较高的大学生志愿服务活动，更是要加强相关的技能培训和学习，才能保证志愿服务目标的实现。再次，在进行专业技能培训的同时，还要实现培训与考核有机结合，以保障培训效果。通过对培训内容定时考核，及时调整培训目标和方案，为大学生志愿服务中价值观培育提供保障。最后，实现大学生志愿服务培训形式与方式的多样化。在形式上，可将讲座、课程、经验交流、专题活动、体验学习、实习考察、比赛等有机结合。在培训方式上，可将长期培训与短期培训相结合、网络培训与现场培训相结合，这样做，既有利于定期开展集体培训工作，也有利于志愿者在课余时间自学，实现志愿服务培训全面化、立体化。

通过构建大学生志愿服务培训机制，特别是理论培训和技能培训，不仅促进社会主义核心价值观与大学生志愿服务高度结合，更使大学生在参与志愿服务中有方向、有能力、有标准地去调整自己的志愿服务行为，从而更好地实现在大学生志愿服务中培育社会主义核心价值观的目标，为大学生志愿服务中价值观培育奠定基础。

（二）完善大学生志愿服务运行机制，保障大学生志愿服务中价值观培育效果

大学生志愿服务运行机制是指大学生志愿服务活动中各个环节之间相互联系、相互作用的过程及方式。完善大学生志愿服务运行机制，不仅有利于大学生志愿服务体系的建立，也有利于提高大学生志愿服务的科学化、规范化、社会化水平。

完善大学生志愿服务运行机制，第一，要完善大学生志愿服务整体性运行机制。整体性既包括大学生志愿服务活动开展的整体性，也包括大学生志愿服务中价值观培育的整体性。具体来说，要注意大学生志愿服务运行机制是多项的、非线性的，并且是相互联系的。因此，大学生志愿服务中价值观的培育，不仅要立足于志愿服务活动本身，还应联合各个部门，统一协调，将大学生志愿服务中价值观的具体内容贯穿大学生志愿服务运行机制全过程，促进大学生志愿服务深入发展，从而更好地践行社会主义核心价值观。第二，要注意大学生志愿服务的有序性和动态性。一方面，大学生志愿服务活动从开始到结束再到反馈与评估是一个整体有序的过程，而这种“序”是在与环境不断进行物质、能量、信息的动态交流中才能保持和发展起来的。因此，要保证在大学生志愿服务中逐步培育社会主义核心价值观，这个有序性是实现培育目标的基本过程，只有把握这个有序的过程，才能实现在培育过程中有的放矢。另一方面，大学生志愿服务是立足于服务社会、奉献社会的实践行动，是一个动态性的系统，而不是一成不变的静态系统。大学生志愿服务应鼓励大学生勇于实践，大胆探索创新，以适应不断发展进步的社会。因此，大学生志愿服务需要不断完善和丰富活动内容和组织形式，充分尊重和大力倡导大学生志愿者在志愿服务方面的自主性和创造性，以适应其动态性发展的步伐。

完善大学生志愿服务运行机制，在大学生志愿服务中把握整体性、有序

性、动态性，将社会主义核心价值观贯穿于大学生志愿服务活动的开始、进行到常态化阶段，保证社会主义核心价值观在大学生志愿服务每一个阶段都发挥统领、指导作用，从而保障大学生志愿服务中价值观培育的效果。

（三）形成大学生志愿服务激励机制，增强大学生志愿服务中价值观培育动力

志愿者服务评估是对志愿者的志愿服务工作做出客观评价，包括其志愿活动产生的价值、效果、效率、影响、持续性等进行判定和评价。不同的标准产生了不同的志愿者服务评估分类。比如正式性评估与非正式性评估、过程性评估与目标性评估等。“非正式评估是指每天、每周、每月不间断地对志愿者的行为提供反馈，包括：赞扬志愿者的行为并鼓励其保持；对志愿者行为的偏差提出修改意见；询问“进展如何”；抽出时间认真询问；每月2–3个月召开会议；走访服务对象，并把服务对象的意见反馈给志愿者；与志愿者一起研读有关文章。”[①]部分学者对正式性评估与非正式性评估进行了横向与纵向的比较，认为，非正式性评估虽然具有强烈的私人特征，耗时较大，但是其以一个激励过程全方位呈现，对志愿者的影响是最大的；同时，正式性评估是指对志愿者的正式性鉴定与评估，时间一般是一年一次，在志愿服务过程中，对志愿者的志愿行为进行综合评价，对其实践过程中的优点、缺点进行归档整理和比较评价。在一般情况下，志愿者和相关的管理者对志愿行为的全过程进行记录和分析，对优缺点进行整理和归纳，比较、分析和演绎，从而找出问题，进而提出修改意见。过程性评估是指着眼志愿服务的全过程，从策划提出到活动执行，再到志愿服务活动的完结，都进行相关的记录和评价，从而实现志愿服务科学化的目标。比较常用的过程性评估方法是问卷调查、面对面访谈、现场评估等综合方法，常见的过程性评估有量化评估、等级评估和定性评估等。

志愿者效绩评估是对志愿者的影响和贡献的评估，是检验志愿服务工作成效、进行目标奖励的主要手段。“志愿者绩效评估的目的是帮助志愿者明确自己的工作任务和目标，了解志愿者在工作中的优点和不足，完善志愿者发

---

① 中国志愿服务大辞典［M］. 中国大百科全书出版社，2014：9.

展与能力提升规划。”[①] 评估的方法可以是定性的，也可以是定量的，但最好是结合定性和定量方法的综合性评估。评估的内容包括：回顾目的与指标；确认已经取得的成绩；获取志愿者及服务对象的反馈信息；收集有关志愿者参与的定性和定量数据。项目（活动）过程中的评估应该由志愿者督导进行，项目终期评估一般会委托独立第三方实施。志愿者绩效评估一般需遵循以下几条原则：“①像对待正式员工一样对待志愿者，提出有挑战性的高的绩效标准；②对待工作要严格要求，对待志愿者却要看其长处而避其短处；③绩效评估是帮助志愿者发展的工具，而非用于控制他们；④定期地询问志愿者，自己可以如何做去帮助他们提升绩效并获得成长。”[②]

志愿者激励条例指的是专门为激励志愿者服务积极性从而更好地实现组织目标所制定的具体的激励与表彰的规章制度。志愿者激励条例，通过一定的方法和手段激发志愿者的动机，满足志愿者的某种需要，从而调动志愿者的工作积极性，最终获得组织目标的实现。志愿者激励条例在志愿者服务体系中的作用是相当重要的。由于志愿者参加志愿活动，不能通过市场交换取得报酬，其积极性会随着时间的推移而逐渐的消退。有了激励条例后，就可以通过对其需要的（满足包括物质和精神上），刺激志愿者的积极性，从而更好地、更饱满地投入到接下来的志愿者服务中去。

形成大学生志愿服务激励机制，一方面，可以激发大学生参与志愿服务的积极性和内在动力，使大学生志愿者切实感受到自己参加志愿服务的价值，并产生志愿服务的自豪感；另一方面，可以使大学生志愿服务的质量得到较大提高。当前，越来越多的大学生投身志愿服务，为大学生志愿服务中价值观培育的进一步深入提供了必要的前提和可能。

形成大学生志愿服务激励机制，首先，要建立完善物质激励机制。物质激励能激发和维持大学生志愿者的热情，保持其参加志愿服务的长期性和延续性。物质激励形式多样，主要有金钱、实物、提供就业岗位等，这些措施不仅是一种对大学生志愿行为的认可，也是一种动员更多的大学生参与志愿服务的激励方式。其次，要建立完善绩效激励机制，这也是最科学的一种激励方式。科学的绩效考核是一个对大学生志愿者在其工作岗位上行为表现和

① 中国志愿服务大辞典［M］. 中国大百科全书出版社，2014：9.

② 中国志愿服务大辞典［M］. 中国大百科全书出版社，2014：9.

工作结果情况的收集、分析、考核过程，具体表现在对大学生志愿服务的数量、质量、策划、过程和团队精神等方面的内容进行绩效考核。因此，制定出科学、合理的绩效评估考核体系，建立起以“志愿者所在高校评估为主，大学生志愿者招募主体为辅，第三方参与”的科学评估模式，不仅实现了对大学生志愿服务的科学管理，包括在考核中发现问题、实现公平的奖励分配等，同时也为大学生志愿服务中价值观的培育提供动力和保障。最后，要注意大学生志愿者的线性综合评价。将大学生志愿服务者的考核评价与学校的考核激励机制相挂钩、与大学生就业辅导和推荐相挂钩，并将大学生参加志愿服务活动的考评融入学校的德育考核成绩，实现大学生志愿服务激励机制的综合化、程序化、全面化。

形成大学生志愿服务激励机制，将物质激励、绩效激励、线性综合评价机制有机结合，是保障大学生志愿服务有效开展、增强动力、扩大范围的有效措施，为大学生志愿服务中价值观培育注入不竭动力。

三、大学生志愿服务中价值观培育的路径

要实现大学生志愿服务中价值观培育的目标，就必须调动一切可以调动的因素，使多种培育形式协调一致，形成合力，使不同的培育形式发挥相应的作用。如果这些培育形式能真正的形成合力，就可以形成一个大学生志愿服务中价值观培育的“生态圈”，在联动中达到培育目标。

（一）立足高校培育，拓展培育维度

高校是大学生志愿服务中价值观培育的主阵地和重要场合，要想实现培育目标，必须不断拓展大学生志愿服务中价值观培育的高度、深度、广度，提高培育的针对性、实效性。

1. 要提升大学生志愿服务中价值观培育的高度

大学生志愿服务中价值观，既是社会主义核心价值观在大学生志愿服务领域的具体体现，又是社会主义核心价值观的实践表达。因此，要将大学生志愿服务的目标、内容与社会发展需要紧密结合，与社会主义核心价值观紧密结合，形成具有中国特色社会主义大学生志愿服务中价值观；从社会主义核心价值观层面来说，社会主义核心价值观是大学生志愿服务中价值观的理论来源，因此要树立和培育社会主义核心价值观要于实处用力，从知行合一

上下功夫。习近平总书记强调："培育和践行社会主义核心价值观，贵在坚持知行合一、坚持行胜于言，在落细、落小、落实上下功夫。要注意把社会主义核心价值观日常化、具体化、形象化、生活化，使每个人都能感知它、领悟它，内化为精神追求，外化为实际行动，做到明大德、守公德、严私德。"① 而大学生志愿服务正是培育和践行社会主义核心价值观的有效载体，是其融入大学生日常化、生活化的重要手段，因此，要将社会主义核心价值观贯穿大学生志愿服务全过程。

第一，高校要以社会主义核心价值观引领大学生志愿服务中价值观培育。社会主义核心价值观是高校德育工作的核心，大学生是社会主义现代化的建设者和接班人，高校必须坚持"育人为本、德育为先"的教育理念，做好当代大学生意识形态教育工作，帮助大学生树立正确的理想信念，养成高尚的道德情操和行为习惯。高校要扎实做好对大学生进行社会主义核心价值观的培育工作，不仅要通过不断的学习、灌输、解释等教育方法，更要对社会主义核心价值观的抽象概念进行具体化诠释，将其内容不断细致化、具体化、生活化。要充分利用不同的教育场合、教育载体，以通俗易懂的方式对社会主义核心价值观进行生活德行的示范性解读，提高大学生的认知和认同，使大学生能够知行合一。

第二，高校要从思想上充分认识到大学生志愿服务中价值观的育人功能，充分尊重大学生的主体地位。当代大学生的道德认知较高，但道德行为与其存在脱节现象，大学生志愿服务能够实现大学生道德理想与道德行为相统一、价值认知与价值行为相统一。当前，高校对大学生志愿服务中价值观的育人功能认识不足，造成对大学生志愿服务中价值观培育工作的忽视。因此，高校要充分认识大学生志愿服务的育人功能，在志愿服务中培育社会主义核心价值观念，并注重发挥大学生的主体作用，引导大学生把在学校所掌握的理论知识和专业技能在志愿服务当中去检验。在检验技能实践能力和价值观实践能力的同时，实现知行统一。

第三，要把握大学生志愿服务中价值观培育的整体性与运动性。培育大学生志愿服务中价值观是一项系统工程，高校应坚持导向性、科学性、系统

① 习近平．青年要自觉践行社会主义核心价值观——习近平在北京大学师生座谈会上的讲话［EB/OL］．http：//www.gov.cn/xinwen/2014-05/05/content_2671258.htm，2014-05-05.

性、时代性与稳定性等原则，在整体中把握运动性，在运动中把握整体性，实现培育工作的全面化。从整体性上看，一方面，从大学生志愿服务活动本身来看，它是一个需要精心组织策划、系统实施的过程，需要各个环节相互协调、整体有序。另一方面，从大学生自身来看，大学生接受志愿服务中价值观受其自身认知、情感、思维等多种生理、心理方面的显性或隐性因素的影响，树立新的价值观念或改变原有的价值观念不是一蹴而就的，而是一个渐进、有序的过程。从运动性上来看，一方面，大学生志愿服务活动本身就是不断在运动、变化和发展的。每次志愿服务的项目、对象、时间、地点、目标都是不断的变化发展的，另外，随着时代的发展与变迁，对大学生志愿服务的要求也在不断变化。另一方面，大学生的价值观念不是自发形成的，而是在一定环境和理论教育的影响下逐渐形成的。因此，大学生志愿服务中价值观的培育与形成也是不断的与大学生志愿服务环境进行物质、能量、信息动态交流的。因此，有效地培育大学生志愿服务中价值观，就一定要整体的把握，宏观的看待，重视培育大学生志愿服务中价值观的整体性和运动性。

总之，要提升大学生志愿服务中价值观培育的高度，需要在坚持社会主义核心价值观统领地位的前提下，主动发挥大学生的主体作用，在过程中实现整体性和运动性的有机结合，为大学生志愿服务中价值观培育奠定基础。

2. 要挖掘大学生志愿服务中价值观培育的深度

从理论上来说：第一，要精准把握大学生志愿服务中价值观的核心要义。将大学生志愿服务中价值观与大学生个人发展需求和社会发展需要紧密结合，以社会主义核心价值观为基础，培育具有中国特色的大学生志愿服务中价值观。这不仅是大学生有效开展志愿活动的首要条件，更是践行社会主义核心价值观的必要条件。第二，教育者要将大学生志愿服务中价值观的内涵融入到思想政治理论课课堂教学中去。大学生志愿服务中价值观培育本质上是对社会主义核心价值观的培育。由于大学生志愿服务中价值观更加细致化、具体化，因此教育者在对社会主义核心价值观进行理论灌输和渗透的同时，以大学生志愿服务中价值观内容为介体，生动地解读社会主义核心价值观，促进大学生对社会主义核心价值观的理论认同。思想政治理论课作为大学生价值观教育的主阵地，大学生志愿服务中价值观培育也要始终如一地坚持思想政治理论课在培育中的主渠道地位。同时，主动融入现有课堂教学，在丰富教学内容的同时优化课程内容，使大学生群体切实地意识到大学生志愿服务中价值观理论的重要性，实现志愿服务中价值观培育的科学性、目的性、针对性与实效性。第三，要深入挖掘除思想政治理论课之外的通识类、专业课课程的思想政治教育资源，使其能够成为大学生志愿服务中价值观培育的有效因子，实现大学生整体课程的深入融合，从而提升大学生志愿服务中价值观培育的理论深度和认知范围。

从实践上来说，要挖掘大学生志愿服务中价值观培育的深度，必须实现大学生志愿服务专业化。第一，要提高教学设计的科学性和目标性，使课程教育具有针对性和实效性。2010 年 7 月，中共中央、国务院联合提出，"要创新人才培养模式，要求加强学生社团组织指导，鼓励学生积极参与志愿服务和公益事业。"① 志愿服务是培育大学生社会主义核心价值观的新载体，推进志愿服务的全员化、普及化既需要不断的创新实践，也需要创新理论教学。因此，高校应积极推动志愿服务进教材、进课堂的工作。一是在现有的大学生思想政治理论课中增加志愿服务教育模块，让大学生志愿服务中价值观成为培育社会主义核心价值观的重要内容。二是开设大学生志愿服务实践课程，将参加大学生志愿服务活动纳入学分，对优秀的大学生志愿者应给予表彰和就业推荐。第二，要在实践中强化大学生志愿服务组织的能力，推动大学生志愿服务专业化发展。管理体系的建立是为了管理好、服务好大学生志愿者，是大学生志愿服务活动顺利有效开展的必要保障。高校要建立起社会、高校、院系三位一体的组织管理体系，强化完善大学生志愿服务的组织管理能力，形成高校党委直接领导、团委组织实施、各部门协同管理的组织模式。首先，要优化现有的大学生志愿者招募工作，包括确定大学生志愿活动的项目、评估服务对象、划定大学生志愿者具体工作的范围与职责、确定招募之前应做好的准备工作。其次，要选拔和培训大学生志愿者。大学生志愿服务的有效开展，要积极进行选拔工作，使大学生志愿者与志愿服务的相关岗位情况、需求情况等高度匹配，以提升志愿服务效果。同时，要加强相关志愿服务知识和技能的培训。这能够帮助大学生志愿者更好地完成服务任务，尤其是参加重大活动或是服务特殊群体的时候，相应培训更为重要。因此，对大学生志愿者进行选拔和培训是大学生志愿服务组织建设的重要环节。再次，高校

① 国家中长期教育改革和发展规划纲要工作小组办公室 . 国家中长期教育改革和发展规划纲要（2010–2020 年）［EB/OL］. http：//old.moe.gov.cn/publicfiles/business/htmlfiles/moe/info_list/201407/xxgk_171904.html，2010–7–29.

要建立健全大学生志愿服务组织保障体系，主要包括资金保障、制度保障。资金保障是高校目前建立大学生服务组织保障体系中面临的最普遍、最突出的问题。由于当前大学生志愿服务活动开展资金来源单一，因此高校应不断加强拓展吸纳社会资金的能力，包括政府、企业、基金会、私人捐款等。同时，高校还应制定完善的志愿服务制度体系，以实现大学生志愿服务制度化、系统化与科学化。第三，要完善大学生志愿服务评价体系。科学的评价体系不仅能最大限度的激发大学生参与志愿服务的动力和激情，对促进大学生志愿服务事业的发展也具有助推器的作用。具体来说，大学生志愿服务评价是一项全面的系统性工作，目前单一的评价方法无法获得科学的评价结论。因此，大学生志愿服务评价必须综合运用多种评价方法，如过程评价与结果评价相结合、定量评价与定性评价相结合、自我评价与学校评价社会评价相结合等评价方法，通过评价机构给予客观准确的综合性评价。科学的大学生志愿服务评价体系，不仅能够有效提高大学生参与志愿活动的积极性和规范性，还可以对培育大学生志愿服务中价值观起到导向作用和激励作用，实现大学生志愿服务活动的良性发展。

总之，要挖掘大学生志愿服务中价值观培育的深度，不仅要从理论层面充分理解大学生志愿服务中价值观培育的具体内容，更要从实践层面提升大学生志愿服务的能力，为大学生志愿服务中价值观培育提供不竭动力。

3. 要拓展大学生志愿服务中价值观培育的广度

第一，要将继承中华传统美德与弘扬时代精神相结合。随着全球化进程的加快，西方思潮大量涌入，对大学生树立正确的价值观念产生了直接的冲击和影响。因此，高校要将继承中华传统美德与弘扬时代精神相结合，用中华传统美德滋养大学生思想道德建设，用弘扬时代精神和民族精神引导大学生抵制拜金主义、享乐主义、极端个人主义的侵蚀。

第二，要打破单一的培育模式，形成全面培育合力。当前，各个高校对大学生志愿服务中价值观培育都不同程度地存在知行脱节、教育方法单一、教育资源整合不利等方面的问题。因此，要打破单一的培育模式，形成全面培育合力。如设立与大学生志愿服务相结合的专业教育课程，以大学生成长发展为主线，构建以专业课程教育为中心，辅以大学生心理健康教育、就业指导教育等既层次分明又协调统一的课程体系。

第三，要与社会公益组织对接，营造志愿服务文化氛围，拓展培育资源。

大学生志愿服务中价值观不是空洞的论调，培育和践行大学生志愿服务中价值观必须体现在大学生志愿服务活动中。因此，要想使大学生志愿服务中价值观培育更加具有生机和活力，高校就应该在培育形式上除了采取学校组织的形式以外，还应积极主动的与社会公益组织对接，在拓展大学生志愿服务模式、扩大志愿服务内容、增加组织资金补助等单向扶持的同时，还可以共同构建大学生公益孵化基地，实现大学生志愿服务组织可持续发展；另外，高校要扩大大学生志愿服务的宣传力度，营造一种参与志愿服务的风尚和文化，形成鼓励志愿服务的良好校园氛围，为大学生志愿服务中价值观培育奠定良好的舆论氛围和校园文化基础。

总之，要拓展大学生志愿服务中价值观培育的广度，需要将其与中华民族优秀传统文化相结合；将其体现在多种学科模式教育中；还要将其与社会公益组织积极对接，从而拓宽其外延，多管齐下，为大学生志愿服务中价值观培育提供扎实的实践基础。

4. 要拓宽大学生志愿服务中价值观培育的幅度

第一就是要引导大学生对志愿精神的内在认同。志愿精神是志愿服务内在特征时代性的集中体现，也是社会主义核心价值观在志愿服务中的特色呈现，是保障志愿服务顺利开展，保证志愿服务科学化的理论支撑，是进行大学生志愿服务中社会主义核心价值观培育的重要立足点。因此，要提升志愿服务的层次和水平，保证大学生志愿服务中价值观培育的方向与目标的科学性，必须强化大学生对志愿精神的外在认知和内在认同。首先就是要积极开展志愿服务精神在大学生群体中的宣传教育，使其首要接受志愿精神的具体内容，实现奉献、友爱、互助、进步的志愿精神在大学生群体中的理论渗透与内在认知，强化大学生形成稳定的志愿伦理规范，从而为大学生志愿服务中价值观培育奠定坚实的理论基础。具体来说，首先就是突出大学生对志愿服务精神的内在认知，在对其进行相关志愿服务精神宣传教育的基础上，真正认识到志愿精神的深刻内涵，认识到大学生志愿服务的类型与形式与志愿精神的内外一致性，以及我国大学生志愿服务精神的时代性、特色型，更要明确我国志愿服务精神的范畴，强调志愿服务精神对大学生志愿服务本身，以及社会发展与个人成长的引导性与实践性。其次，积极推进志愿服务精神的内化，在大学生对志愿服务精神基本外在认知的基础上，对志愿服务精神形成认可、认知、认同、喜欢、主动等积极的心理态度，从而满足大学生的情感和心理需求，将大学生这个志愿服务的主体与志愿服务形式的客体有机融合，以特色的志愿服务活动为抓手，将大学生志愿服务活动与社会发展、个人成长、国家需要高度结合，逐步形成其对大学生志愿服务精神的内化，对志愿服务精神形成更为深层次的理解和认同。再次，推进大学生志愿精神的内化，还应该强化活动的执行，逐步形成大学生志愿服务的精神认同，进而实现知行合一。鼓励大学生参与各种类型的志愿服务活动，力图实现其在大学生志愿服务过程中对志愿精神的内在认同，并在实践的过程中不断深化理论认知。我国大学生志愿服务作为与时代相伴而生的新生实践活动类型，对于社会发展、国家进步以及个人成长成才具有重要的实践意义。2016 年 5 月 20 日，国家主席习近平明确指出："支持和发展社会志愿服务组织，要以践行社会主义核心价值观和服务人民群众根本利益为出发点，以能力建设为基础，以完善体制机制、健全政策制度、强化法律保障为重点，形成充满活力、服务完善、布局合理、管理规范的志愿服务组织体系。"通过鼓励和引导更多的大学生参与到志愿服务中来，让大学生在志愿服务活动中感受志愿精神的实质，从而进一步提升大学生志愿服务的能力和水平，进而实现大学生志愿服务中价值观培育的落细落实。

第二就是要厘清社会主义核心价值观与中国特色志愿精神的本质一致性、内在契合性。首先，社会主义核心价值观倡导的国家观、社会观和公民观与中国志愿服务精神提倡的奉献、友爱、互助、进步具有本质一致性。社会主义核心倡导的国家观与大学生志愿服务追求的终极目标相一致、社会主义核心价值观倡导的社会观与大学生志愿服务的伦理正义相吻合、社会主义核心价值观倡导的公民观与大学生志愿服务的主体参与互为基础。社会主义核心价值观要想在大学生群体中落地生根，借助大学生志愿服务这个特殊的社会实践活动，无形中促进了社会主义核心价值观的理论分解和外在认同，大学生志愿服务，以社会主义核心价值观为基础，又保障了大学生志愿服务活动的系统性、机制化、方向性与科学性，两者本质一致，一以贯之。其次，廓清大学生志愿服务精神与西方倡导的公益价值观或者多元化价值观的本质区别。中国特色的大学生志愿服务精神，立足中国大地，结合中国实际，吸收中国传统优秀文化的有益因子，使得中国志愿服务精神倡导的奉献、友爱、互助、进步独具中国特色。我们倡导的奉献，是无私的奉献，是真正的奉献，既不是来源于宗教寄托，也不是寄希望于来生为善；我们倡导的友爱不仅仅是人与人的关系和谐，也指人与自然，人与社会的关系和谐友爱，这样和谐友爱的状态不是浅层次的冠冕堂皇，不是以私有化为基础，而是基于社会主义公有制基础上，三者关系的深层次共融共通的和谐关系；我们倡导的互助，不仅仅是人与人之间物质资料上的互相帮助，更可以指精神财富的互相帮助，甚至指的是一方有难，八方支援，你我同在的互相帮助；我们倡导的进步，不仅仅指的是人物质财富的增加，更指的是人的精神世界的高度解放，在基本的生存发展条件满足之后的人与社会高度发展的互相进步，这种进步是和谐的进步，这种进步是共生共通的进步。最后，我们更应该看到，社会主义核心价值观倡导的价值目标、价值准则、价值原则和西方多元化价值观的本质区别。我们倡导的核心价值观是社会主义核心价值体系的重要组成部分和最大公约数表达，既不是所谓的普世价值，又不是所谓的大同法则，而是在中国特色社会主义伟大实践中形成的，推进中国特色社会主义持久发展的精神动力和指导理论，是中国亿万人民群众最大公约数的价值表达和价值诉求，是放之四海而皆准的理论法宝。

只有明晰了大学生志愿服务中价值观培育的本质内容，拓宽大学生志愿服务中价值观培育的幅度，才能强化大学生志愿服务中价值观培育的路径基础，夯实大学生志愿服务的思想根基，确保通过大学生志愿服务这个有效载体，实现社会主义核心价值观培育的真正实现。

（二）强化政府支持，提供相关保障

大学生志愿服务活动本质上是大学生积极投身社会实践，开展社会奉献的实践活动，若没有政府的大力支持，我国大学生志愿服务工作在许多方面的推进和发展就会受限制，这样就会大大影响大学生志愿服务中价值观培育工作的时效性。想要解决大学生志愿服务中遇到的各种问题，无疑需要相应的政策支持和合理有效的工作机制做保障。政府的政策支持和机制保障主要体现在志愿服务法和志愿服务条例的颁布上。志愿服务法是关于志愿服务的法律，它不仅对“志愿者组织”“志愿者”“志愿服务”等概念予以明确，也对志愿者组织和志愿者的资格条件、权利和义务等进行了立法限定。我国目前还没有专门的志愿服务法。通过统一立法明确规定志愿服务组织、志愿者的性质和法律地位，能够保障志愿服务组织和志愿者合法权益，规范志愿服务活动，对提高全社会认知程度，倡导和促进全社会积极开展志愿服务活动，

对推动志愿服务事业不断发展具有重要作用。截至 2013 年，中国尚未颁布专门的志愿服务法。共青团中央书记处书记袁纯清等在 1995 年的全国政协八届三次会议上提交了《关于制定社会志愿服务法》的提案，1998 年，在全国政协九届一次会议上，团中央书记处书记巴音朝鲁建议适时开展志愿服务全国性立法的准备工作。

志愿服务管理办法指的是各志愿者组织为规范志愿者服务工作，加强注册志愿者管理，所制定的规章制度。志愿者管理办法对志愿者的注册、权利及义务、组织与管理、激励与表彰等具体问题都进行了详细的规定。志愿者管理办法有助于规范志愿者行为，有序管理志愿者服务。在中国，为贯彻落实党的十六届六中全会精神，引导、鼓励广大青年和社会公众参与志愿服务，为和谐社会建设贡献力量，共青团中央在 2002 年颁行的《中国青年志愿者注册管理办法（试行）》的基础上，结合志愿服务事业的新发展，制定了《中国注册志愿者管理办法》。制定并实施《中国注册志愿者管理办法》，对于进一步规范志愿者注册工作，加强注册志愿者管理，实现志愿者注册和服务的“两个便利化”，深入推进社区志愿服务和谐行动，壮大志愿者队伍、传播志愿服务理念、夯实志愿服务事业的基础具有重要意义。

2015 年，在全国志愿服务制度化建设交流研讨会上明确指出，“政府应该发挥引导作用，加强志愿服务的制度化、法制化建设，强化政府支持”，主要体现在以下方面：第一，通过立法为大学生志愿服务提供相关的法律、法规保障；通过逐步完善相关法律、法规、政策，进一步实现大学生志愿服务法制化、系统化，进而保障大学生志愿服务的有序发展。第二，政府要提供相关政策保障。大学生参加志愿服务是出于自愿，但不等于政府没有维护大学生权益的责任。因此，政府也要对大学生志愿者的基本权利、义务、保障等方面做出明确规定，进一步推动大学生志愿服务相关保险制度的建立，为大学生志愿服务保驾护航。第三，加大资金筹措政策支持力度。政府对大学生志愿服务的财政支持主要体现在财政拨款、财政补贴等方面。但只依靠政府财政拨款或补贴是远远不够的，还需要政府能发挥引导作用，从政策上建立个人或企业多方、多渠道的捐赠制度，建立一个持久稳定的大学生志愿服务资金筹措机制，为培育工作提供资金保证。第四，要做好价值引领工作。政府应全面布局大学生志愿服务中价值观的培育工作，强化政策支持、明确舆论导向、创造更多的平台，形成大学生志愿服务中价值观培育新格局。

总之，加强政府支持力度，提供相关保障，既可以保证大学生志愿服务持久性、规范性，又可以为大学生志愿服务中价值观培育提供良好的物质基础和制度保障，为培育工作提供坚实的基础。

（三）借助社会环境，营造良好氛围

良好的社会环境是大学生志愿服务中价值观培育的外部条件，营造良好的社会环境，对大学生志愿服务中价值观培育能起到重要的促进作用。首先，社会要大力加强对大学生志愿服务中价值观的宣传力度。强有力的宣传力度可以促进大学生对大学生志愿服务中价值观内涵深刻、全面的认知，营造良好的社会舆论氛围。一是在大学生志愿服务活动开展的不同阶段，根据不同形式的实际情况，侧重选择不同的宣传主题和宣传重点，把弘扬大学生志愿服务中价值观摆在重要位置。二是精心培育大学生志愿服务文化，大力宣传典型。高校要加强对重点项目、特色活动以及典型人物的宣传报道力度，集中展现大学生志愿服务活动和志愿者的风采，扩大大学生志愿服务的影响力，引领大学生积极参加志愿服务、践行所学。其次，加强社会舆论引导，淡化功利主义气息和浮躁氛围。大学生志愿服务中价值观培育的影响力和生命力受志愿服务宣传推广程度的影响，高校要充分利用宣传途径，加强舆论宣传与引导。一方面，要加强大学生志愿服务中价值观宣传引导，引发社会对大学生志愿者的认同。在高校中，“志愿者”一词很少有一个集中展示，特别是向社会展示的机会，因此社会的理解和认可度不高，常常被认为是廉价劳动力而贬低了大学生志愿者所蕴藏的价值。以大学生志愿服务中价值观为价值导向进行广泛的宣传并激起社会的反响，有利于大学生志愿服务工作长期、稳定、有序地发展。另一方面，要弘扬道德建设，营造良好社会氛围。大学生志愿服务活动，归根到底就是“志愿”，它的本质决定了它和功利主义、实用主义背道而驰。大学生志愿服务中价值观的宣传工作，要在社会层面营造出良好的社会氛围，为大学生志愿服务活动提供适宜的社会环境，潜移默化地使每一个大学生摒弃杂念，阳光积极地加入、全身心地参加志愿服务活动，削弱西方不良思想观念的影响，为大学生志愿服务中价值观培育创造良好的社会环境。再次，创新宣传手段，提高宣传效果。高校大学生志愿者组织除了充分利用传统宣传手段，也要不断创新宣传手段。一方面，高校大学生志愿服务要通过传统的发放宣传资料、张贴海报、下发通知等传统手段进行宣

传，另一方面，要通过新媒体，如建立大学生志愿者微博、微信、公众号、制作专题片等手段，不断提升大学生志愿服务宣传工作的吸引力。

除此以外，更要营造良好的文化自信氛围，潜移默化的促进大学生志愿服务中价值观的培育。当代大学生在社会主义核心价值观培育的过程中非常需要增进对中国的传统文化、对中国的革命文化、对中国的社会主义先进文化更为深刻的了解和学习，文化自信的社会氛围对大学生社会主义核心价值观的培育极其重要。习近平总书记指出："中国的自信，本质上是文化自信"[①]。"中华5000多年的文明孕育出了璀璨的中华优秀传统文化；在中国共产党领导中国人民开展的革命斗争中孕育出了自强不息的革命文化；在中国社会主义建设实践中形成了社会主义先进文化，这些文化之精神都体现在社会主义核心价值观的三个倡导中"。我们之所以一定要在营造文化自信的良好社会氛围中、在坚持文化自信的基础上来培育社会主义核心价值观，那是因为"文明特别是思想文化是一个国家、一个民族的灵魂。无论哪一个国家、哪一个民族，如果不珍惜自己的思想文化，丢掉了思想文化这个灵魂，这个国家、这个民族是立不起来的"。[②]那是因为"我国今天的国家治理体系，是我们在历史传承、文化传统、经济社会发展的基础上长期发展、渐进改进、内生性演化的结果"；那是因为"没有文明的继承和发展，没有文化的弘扬和繁荣，就没有中国梦的实现。"[③]要通过对中国传统的民族文化、先进的社会文化以及理论与实践相结合下红色文化的培育与弘扬展示中国正在从文化大国向文化强国迈进的形象，进一步增强人们的文化自信，在全社会形成文化自信的良好社会氛围，使大学生在文化自信的良好社会氛围中潜移默化地接受教育与熏陶，从而更主动地培育社会主义核心价值观。

总之，良好的社会环境是培育大学生志愿服务中价值观的外部条件，要通过大力加强对大学生志愿服务中价值观的宣传力度、加强社会舆论引导，淡化功利主义气息和浮躁氛围、创新宣传手段、提高宣传效果等方式努力营造良好社会氛围，促进大学生志愿服务中价值观的有效培育。

---

① 陈振凯等. 习近平谈文化自信［EB/OL］.：人民网，2016-7-13：.

② 习近平：不同国家、民族的思想文化无高低优劣之分［EB/OL］.：人民网，2014-9-24：

③ 习近平. 在省部级主要领导干部全面深化改革专题研讨班上的讲话［N］. 人民日报，2014，2（18）：1.

（四）筑牢家庭阵地，强化融入生活

从传统角度来看，大学生志愿活动的开展是以学校为主线展开的，在学校，大学生能够得到关于志愿服务的相关培训和教育，然而，对于大学生志愿服务中价值观培育而言，仅仅依靠学校教育是远远不够的。要想实现大学生志愿服务中价值观培育，必须全方位的形成合力，实现学校教育社会化，社会教育家庭融入的良性格局，才能够真正培养大学生的志愿服务精神。“家庭是大学生受影响最深的场所，也是大学生良好价值观培养的关键环节”。就大学生志愿服务而言，如果缺乏相应的家庭教育，或者是受到家庭的反面教育，那么大学生志愿服务活动就很难推进，大学生参与志愿服务的积极性和主动性就会大大降低。

大学生志愿服务中价值观培育是一项系统工程，需要家庭、高校、社会、政府多方的共同努力。其中，家庭培育发挥着基础的、隐性的促进作用。习近平讲道：“家庭是社会的基本细胞，是人生的第一所学校。不论时代发生多大变化，不论生活格局发生多大变化，我们都要重视家庭建设，注重家庭、注重家教、注重家风。”家风家教对家庭成员的品格、修养、观念等方面发挥着重要作用。因此，培育大学生志愿服务中价值观应重视发挥家风家教的作用，形成良好的家庭志愿文化氛围。第一，家庭要树立与大学生志愿服务中价值观相一致的价值取向。父母是孩子人生的第一位老师，也是孩子一生的人生导师，塑造良好的家风是大学生形成正确价值观的起源和保障。良好的家风是中国人最切身的道德追求，不仅是培育大学生志愿服务中价值观的生活源泉，更是我国社会主义核心价值观所积极倡导的。第二，父母要积极参加志愿活动。家庭对大学生志愿服务中价值观的培育同样不能仅靠说教来完成，父母需要以身作则，成为大学生做人、做事的榜样。因此，父母要积极投身于志愿活动或社会公益活动，并带领和引导大学生参加志愿服务活动。第三，将大学生志愿服务中价值观融入家庭生活。父母平日里似有似无的言传身教，将大学生志愿服务中价值观融入普通的日常生活，这种持久、隐性、常态化的培育方式是影响大学生树立志愿服务中价值观影响最直接、最深沉、最持久的培育方式，它不仅是家风家教的延续，更是价值精神的传承。

同时，还要强化家庭和高校的联合引导，形成双向契合的合力，加快大学生志愿服务中价值观培育的进程。具体来说，在大学生志愿服务意识培养

的过程中，单靠家庭是远远不够的，我们还应该注意把家庭教育和学校引导有机结合起来，真正对大学生志愿服务中价值观进行培养，把家庭教育和学校教育真正融合起来，把大学生参与志愿服务互动真正纳入到家庭、社会教育的环节，强化德育实践环节。首先，构建家庭与学校联合培育的良性格局。在学校，学校应该积极向大学生灌输志愿服务精神，让大学生对志愿服务活动的相关规章制度、流程、内容等进行了解，加大对志愿服务的宣传教育，设置专门负责大学生志愿服务的部门答疑解惑，除此之外，还应该把两者引导起来，学校积极邀请大学生父母参与到志愿服务学习和实践中来，强化实践联合，提高志愿服务能力和水平。其次，把志愿服务带到学生的身边，让学生用心感受志愿服务。可以通过发布家庭志愿服务手册、设置学生专项奖学金、开设社区志愿服务课程等形式，让学生真正感受志愿服务，能够走进志愿服务，把志愿服务带进每一个家庭，实现家庭教育和志愿服务的有机融合，实现专业培养和德育工作的深度结合，提升志愿服务活动的公益性和社会性。

家庭是大学生志愿服务中价值观培育的重要场所，应筑牢家庭阵地，发挥父母榜样作用，将大学生志愿服务中价值观融入到家庭生活中去，以隐性培育方式促进大学生志愿服务中价值观的有效培育。

（五）提升自我修养，促进知行统一

大学生作为志愿服务的主体，其思想道德素质和理论文化修养是影响大学生志愿服务中价值观培育的重要因素。因此，大学生志愿服务中价值观的培育需要大学生积极发挥主观能动性、积极地进行自我学习、自我教育、自我提升。

首先，理论的自我学习。大学生志愿者可以通过阅读一些经典著作、参加理论研讨等学习方式认识正确的价值观念或理论原则，理解和掌握科学的价值理论，提高价值判断和价值选择的能力。特别是对社会主义核心价值观、社会主义核心价值体系的学习，能够帮助大学生树立正确的价值取向，更好地指导大学生志愿服务活动的开展。

其次，在反思与肯定中提升自我教育。每次参与完一些志愿服务活动后，大学生可以采用回顾的方式进行活动的总结和反思。一方面，可以更深刻地领悟什么是爱国、友善、和谐等大学生志愿服务中价值观的内涵，另一方面，

可以理性的思考和总结在活动中自己的思想和行为，并通过反思进行自我剖析和自我评价，进而提高自己的价值观念和准则。

最后，在自律中实现自我成长。自律是自我监督与自我控制的能力，它既是成长的开始，也是成长的保障。自我控制能力越强，自律性就越高，自我成长就越快。在大学生志愿服务中价值观培育的过程中，大学生要自省自律，自觉抵制错误观念和行为，最终实现自我成长。

大学生志愿服务中价值观培育是通过志愿服务对大学生进行社会主义核心价值观培育的过程，大学生本人是培育工作实现的主体。因此，大学生通过进行自我学习、自我教育、自我成长等方法进行自我修养的提升，促进大学生思想道德认知与行为的统一，才能真正实现大学生志愿服务中价值观的培育。

（六）创新大学生志愿服务载体，提升培育效率

大学生志愿服务活动作为培育和践行社会主义核心价值观的有效载体，可以提升对大学生进行社会主义核心价值观培育的实效性。因此，大学生志愿服务中价值观培育必须牢牢把握大学生志愿服务，通过这个载体来培育和践行社会主义核心价值观。面对新形势、新情况、新问题，只有创新大学生志愿服务形式，才能够提高大学生志愿服务中价值观培育的实效性和针对性。

首先，创新“第二课堂”新领域。培育大学生志愿服务中价值观，除了传统的课堂模式外，还应将大学生志愿服务中价值观融入“第二课堂”之中，创新培育形式，形成一种长期的、多种形式并存的培育机制。高校应充分发挥第一课堂和第二课堂的作用，整合各种育人资源，因材施教，开展多形式、多层次的培育活动，让大学生可以从不同的角度去理解什么是爱国主义、什么是友好良善、什么是社会和谐、什么是公平正义、什么是文明价值等内容。第一，以论坛、讲座、沙龙、读书会的方式，搭建起校外专家、校内教师与大学生之间的深层次交流平台。以国内外理论热点及大学生普遍关注的现实问题为主，为师生搭建起深层次交流的平台。第二，依托政府相关部门、高校培养单位、科研机构、慈善公益部门等多方力量，创新大学生志愿服务实践基地，拓展大学生志愿服务项目，进一步拓展大学生志愿服务中价值观的培育平台。创新志愿服务实践基地，可以帮助在校的大学生真实感受参加工作的状态，使大学生进一步深刻领会大学生志愿服务中价值观的内涵，将价

值准则与价值取向更好的内化于心，外化于行。同时，通过与社会各企事业单位开展实践合作、项目合作，特别是参加项目建设等活动，诸如企业扶贫、成果转化等，使大学生能够学以致用，增强他们参加实践活动、投身志愿服务的兴趣。第三，以组织大学生观看电影、参加展览等活动形式，将大学生志愿服务中价值观间接的渗透其中，使大学生在“无意识”的状态下接受大学生志愿服务中价值观。这种寓教于乐的方式能够有效的消除大学生的抵触心理，能够隐性传输志愿服务中价值观的相关知识，让大学生在潜移默化中树立正确的价值观念。

其次，创新网络培育新载体，加强利用新媒体进行大学生志愿服务中价值观培育的力度，拓宽培育渠道。第一，以网络为主的新媒体是大学生志愿服务中价值观培育的重要阵地，良好的网络环境对培育大学生志愿服务中价值观有积极的作用。大学生志愿服务组织者应积极运用以新媒体为代表的网络媒体，将其作为有效的培育载体，发挥新媒体即时、生动、灵活等方面的优势，增强大学生志愿服务中价值观的吸引力与感召力，达到网络培育的目的。第二，在积极运用新媒体的同时，也要控制约束新媒体技术对大学生志愿服务中价值观产生的负面影响。高校要切实完善利用网络开展大学生志愿服务中价值观培育的信息监管机制。对负面的舆论和影响实施有效的监控与合理的引导，保证网络培育的方向性。第三，网络新媒体也是检验培育效果的绝佳手段。高校的相关机构也可以将大学生志愿服务中价值观培育的实际效果通过网络平台进行检验，积极主动地开展类似网络志愿服务演示、知识竞赛等趣味活动，充分调动大学生的积极性，增强他们在网络平台中践行大学生志愿服务中价值观的能力。

再次，走进社区，深度创新基层服务。通过大学生基层志愿服务活动常态化、广泛性的开展，形成基层特色的大学生社区志愿服务体系是培育大学生志愿服务中价值观的新途径。一方面，面向社区基层深入开展大学生志愿服务活动，既符合志愿服务活动的目的，也是当代大学生使命感和责任感的具体体现；另一方面，大学生基层社区志愿服务活动常态化，既符合针对性帮扶工作的要求，也是提升大学生志愿服务效果长效性的必由之路。大学生志愿服务活动进社区，开展深度服务，要加强对大学生社区服务的分类指导，依据每名大学生志愿者的性格特征、专业所长，对社区不同行业、不同人群开展不同的志愿服务。通过这种与时俱进的形式创新，吸纳社会资源，推动大学生志愿服务活动常态化、持久化、时代化，促进大学生志愿服务中价值观的有效培育。

最后，创新国际志愿服务新平台。当今，大学生志愿服务活动国际化趋势越来越明显，使具有中国特色的大学生志愿服务彰显民族性与国际性特色，创新国际志愿服务新平台，拓展大学生志愿服务范围，是提升大学生志愿服务中价值观培育的新思路。一方面，积极开展国际交流与合作，深度挖掘合作内容新领域。比如将中国“教育扶贫项目”“经济扶贫经验”与国际志愿服务高度结合，使传统国际志愿服务彰显新的中国时代特色；另一方面，新时代背景下，大学生志愿服务中价值观培育呈现出新特点、新问题、新方法，我国通过大学生志愿服务培育社会主义核心价值观的新思路可以与国际公益价值观培育有机结合，为世界贡献中国价值、中国力量、中国智慧。

同时，值得注意的是，大学生志愿服务中价值观培育是一项长期而复杂的过程，它不仅面对大学生志愿者，更多的是面对整个大学生群体，通过大学生志愿服务这个有效载体，并不断创新新载体，对大学生进行社会主义核心价值观的培育，使他们在参与志愿服务过程中深刻理解社会主义核心价值观的丰富内涵，更好地践行社会主义核心价值观。

总之，中国特色社会主义进入了新时代，面对新形势，大学生志愿服务中价值观培育无论在高校培育、政府培育、社会培育、家庭培育还是自我培育上，都需立足新时代、把握新变化、创新新载体，从而实现大学生志愿服务中价值观培育的社会化、时代化，为实现中华民族伟大复兴的中国梦奠定坚实的思想基础。

结　语

大学生志愿服务是践行社会主义核心价值观的有效载体和示范平台，在社会主义核心价值观培育过程中嵌入和运用大学生志愿服务这一载体，对于大学生更好地践行社会主义核心价值观具有重要的理论意义和现实意义。本书在正确分析大学生志愿服务与社会主义核心价值观的内在关系的基础上，厘清大学生志愿服务中价值观的具体内容，并明确提出大学生志愿服务中价值观就是社会主义核心价值观在大学生志愿服务领域的具体体现，是与大学生志愿服务紧密结合的爱国价值观、友善价值观、和谐价值观、文明价值观和公正价值观。在此基础上，本书又通过实证调查、家长访谈和高校调研，尽可能多地获取一手资料，以厘清大学生志愿服务中价值观培育的现状，并对现状做出追根溯源的分析。针对问题，以小见大，在借鉴国外相关价值观培育做法的基础上，有的放矢地提出了我国大学生志愿服务中价值观培育的要求、机制和路径，为加强对大学生进行社会主义核心价值观的培育提供了直接的理论参考和现实路径。

笔者在本书的研究和写作中力求做到言之有理、言之有据，但是由于水平和知识储备有限，本书还存在着一些缺憾。我国大学生志愿服务中价值观的相关培育工作还处于学习和摸索阶段，与发达国家相比尚有一些差距，虽然也分析了国外的一些做法，由于所搜集资料还不够系统，以至于在培育路径中的前瞻性依然不足。将来的研究应该在合理借鉴国外相关做法的基础上，结合我国国情，着力打造出具有中国特色的大学生志愿服务中价值观培育体系，并希望在此方向上能有更进一步的研究和收获。

参考文献

一、中央及各部门文件

[1] 中共中央国务院. 关于进一步加强和改进大学生思想政治教育的意见 [N]. 人民日报，2004-10-15，(1).

[2] 中共中央宣传部，中央文明办，民政部，教育部，财政部，全国总工会，共青团中央，全国妇联. 关于支持和发展志愿服务组织的意见，2016.

[3] 中共中央宣传部. 习近平总书记系列重要讲话读本. 北京：学习出版社，2014.

[4]《公民道德建设实施纲要》，2001.

[5] 中共北京市委员会，北京市政府. 关于进一步加强和改进志愿者工作的意见，2009.

[6]《北京市志愿服务促进条例》，2007.

[7]《北京市志愿者管理办法（试行）》，2010.

[8] 中共中央关于构建社会主义和谐社会若干重大问题的决定（2006 年 10 月 11 日中国共产党第十六届中央委员会第六次全体会议通过），2016-10-11.

[9] 胡锦涛. 高举中国特色社会主义伟大旗帜 为夺取全面建设小康社会新胜利而奋斗——在中国共产党第十七次全国代表大会上的报告，2007-10-15.

[10] 胡锦涛. 坚定不移沿着中国特色社会主义道路前进 为全面建成小康社会而奋斗——在中国共产党第十八次全国代表大会上的报告，2012-11-8.

[11] 吴邦国. 十一届全国人大四次会议举行第二次全体会议. 全国人民代表大会常务委员会工作报告，2011-3-10.

[12] 习近平. 决胜全面建成小康社会 夺取新时代中国特色社会主义伟大胜利——在中国共产党第十九次全国代表大会上的报告，2017-10-28.

[13] 中共中央办公厅印发《关于培育和践行社会主义核心价值观的意见》，2014.

[14] 国家中长期教育改革和发展规划纲要工作小组办公室. 国家中长期教育改革和发展规划纲要（2010-2020 年），2010-7-29.

二、中文著作

[1] 马克思恩格斯全集：第 1 卷 [M]. 北京：北京人民出版社，1995.

[2] 马克思恩格斯全集：第 2 卷 [M]. 北京：北京人民出版社，1995.

[3] 马克思恩格斯全集：第 3 卷 [M]. 北京：北京人民出版社，1995.

［4］马克思恩格斯选集：第 4 卷［M］. 北京：北京人民出版社，1995.
［5］恩格斯. 自然辩证法（中文版）［M］. 北京：人民出版社出版，1984.
［6］毛泽东选集：第 1 卷［M］. 北京：人民出版社，1991.
［7］毛泽东选集：第 2 卷［M］. 北京：人民出版社，1991.
［8］毛泽东选集：第 3 卷［M］. 北京：人民出版社，1991.
［9］毛泽东选集：第 4 卷［M］. 北京：人民出版社，1991.
［10］邓小平文选：第 1 卷［M］. 北京：人民出版社，1994.
［11］邓小平文选：第 2 卷［M］. 北京：人民出版社，1994.
［12］邓小平文选：第 3 卷［M］. 北京：人民出版社，1994.
［13］江泽民文选：第 1 卷［M］. 北京：人民出版社，2006.
［14］江泽民文选：第 2 卷［M］. 北京：人民出版社，2006.
［15］江泽民文选：第 3 卷［M］. 北京：人民出版社，2006.
［16］胡锦涛文选：第 1 卷［M］. 北京：人民出版社，2016.
［17］胡锦涛文选：第 2 卷［M］. 北京：人民出版社，2016.
［18］胡锦涛文选：第 3 卷［M］. 北京：人民出版社，2016.
［19］胡锦涛. 坚定不移沿着中国特色社会主义道路前进，为全面建成小康社会而奋斗——在中国共产党第十八次全国代表大会上的报告［M］. 北京：人民出版社，2012.
［20］中共中央宣传部. 习近平总书记系列重要讲话读本［M］. 北京：学习出版社，人民出版社，2016.
［21］国务院新闻办公室会同中共中央文献研究室，中国外文局. 习近平谈治国理政［M］. 北京：外文出版社，2014.
［22］金炳华. 马克思主义哲学大辞典［M］. 上海：上海辞书出版社，2003.
［23］林崇德等. 心理学大辞典［M］. 上海：上海教育出版社，2003.
［24］郑功成. 社会保障学［M］. 北京：商务印书馆，2000.
［25］梁绿琦. 志愿服务与大学生社会主义核心价值观培育研究［M］. 北京：中国社会科学出版社，2016.
［26］佘双好. 志愿服务概论［M］. 武汉：武汉大学出版社，2013.
［27］丁元竹，江汛清. 志愿活动研究：类型、评价与管理［M］. 天津：天津人民出版社，2001.
［28］江汛清. 与世界同行——全球化下的志愿服务［M］. 杭州：浙江人民出版社，2005.
［29］王为正，刘佳. 大学生志愿服务长效机制建设研究［M］. 北京：人民出版社，2015.
［30］杜晶波，张慧欣. 大学生社会主义核心价值观培育路径研究［M］. 沈阳：东北大学出版社，2014.
［31］户可英. 大学生社会主义核心价值观教育方法研究［M］. 北京：新华出版社，2016.
［32］沈杰. 志愿行动：中国社会的探索与践行［M］. 北京：人民出版社，2009.
［33］何增科. 公民社会与第三部门［M］. 北京：社会科学文献出版社，2000.

[34] 陈章龙，周莉. 价值观研究 [M]. 南京：南京师范大学出版社，2004.
[35] 袁银传. 价值观、核心价值观、核心价值体系、中国特色社会主义核心价值观 [M]. 武汉：武汉大学出版社，2014.
[36] 彭秀良. 守望与开新：近代中国的社会工作 [M]. 石家庄：河北教育出版社，2010.
[37] 赵爱玲. 当代大学生核心价值观培育若干热点难点问题研究 [M]. 武汉：武汉大学出版社，2016.
[38] 王崎峰. 改革开放以来中国大学生精神生活研究 [M]. 武汉：武汉理工大学出版社，2016.
[39] 叶南客. 社会主义核心价值观研究系列丛书. 文明篇 [M]. 南京：江苏人民出版社，2015.
[40] 陈金华.《思想道德修养与法律基础》难点解析 [M]. 上海：复旦大学出版社，2014.
[41] 冯骥. 哲学大辞典 [M]. 上海：上海辞书出版社，1992.
[42] 张耀灿，郑永廷，吴潜涛，骆郁廷. 现代思想政治教育学 [M]. 北京：人民出版社，2006.
[43] 陈万柏，张耀灿. 思想政治教育学原理 [M]. 北京：高等教育出版社，2015.
[44] 苏振芳. 思想政治教育学 [M]. 北京：社会科学文献出版社，2006.
[45] 张景荣. 社会主义核心价值观研究综述 [M]. 北京：社会科学文献出版社，2017.
[46] 杜晶波，张慧欣. 大学生社会主义核心价值观培育路径研究 [M]. 沈阳：东北大学出版社，2014.
[47] 卓高生. 大学生志愿精神作用与机理及实证研究 [M]. 北京：中国社会科学出版社，2016.
[48] 田军. 志愿服务理论与实践 [M]. 上海：立信会计出版社，2007.
[49] 丁元竹，江汛清，谭建光. 中国志愿服务研究 [M]. 北京：北京大学出版社，2007.
[50] 北京志愿者协会. 志愿组织建设与管理 [M]. 北京：中国国际广播出版社，2006.
[51] 莫于川. 中国志愿服务立法的新探索 [M]. 北京：法律出版社，2009.
[52] 顾成敏. 公民社会与公民教育 [M]. 北京：知识产权出版社，2008.
[53] 王名，刘国翰，何建宇. 中国社团改革：从政府选择到社会选择 [M]. 北京：社会科学文献出版社，2001.
[54] 卜建华，胡玉宁，王群林著. 社会思潮的传播与维护高校意识形态安全研究 [M]. 济南：山东人民出版社，2016.
[55] 夫马进著，伍跃，杨文信，张学锋译. 中国善会善堂史研究 [M]. 北京：商务印书馆，2005.
[56] 孙绍聘. 中国救灾制度研究 [M]. 北京：商务印书馆，2005.
[57] 鲁洁，王逢贤. 德育新论 [M]. 南京：江苏教育出版社，2010.
[58] 朱小蔓. 情感德育论 [M]. 北京：人民教育出版社，2005.
[59] 朱小蔓. 情感教育论纲 [M]. 北京：人民出版社，2007.

［60］鲁洁.道德教育的当代论域［M］.北京：人民出版社，2005.
［61］李建华.道德情感论——当代中国道德建设的一种视角［M］.北京：北京大学出版社，2011.
［62］周国平.把心安顿好［M］.长沙：中南出版传媒集团，湖南人民出版社，2011.
［63］张燕婴译注.论语［M］.北京：中华书局，2010.
［64］郑玄注.周礼·地官［M］.上海：上海书店，1989.
［65］嵇璜，曹仁虎等.修清朝通志·卷88［M］.杭州：浙江书局，1882.
［66］夏征农，陈至立.辞海（第六版彩图本）［M］.上海：上海辞书出版社，2009.
［67］［古希腊］亚里士多德著，苗力田译.尼各马科伦理学［M］.北京：中国社会科学出版社，1990.
［68］［古罗马］西塞罗著，徐奕春译.西塞罗三论［M］.北京：商务印书馆，1998.
［69］［法］托克维尔，董果良译.论美国的民主（下卷）［M］.北京：商务印书馆，2004.
［70］［美］弗朗西斯·福山著，彭志华译.信任——社会美德与创造经济繁荣［M］.海口：海南出版社，2001.
［71］［德］马克思·韦伯著，马奇炎，陈婧译.新教伦理与资本主义精神［M］.北京：北京大学出版社，2012.
［72］［美］莱斯特·萨拉蒙著，贾西津，魏玉等译.全球公民社会：非营利部门视界［M］.北京：社会科学文献出版社，2007.
［73］［英］大卫·休谟著，关文运译.人性论［M］.北京：商务印书馆，1980.
［74］［英］亚当·斯密著，蒋自强等译.道德情操论［M］.北京：商务印书馆，1997.
［75］［德］马克斯·韦伯著，马奇炎，陈婧译.新教伦理与资本主义观［M］.北京：北京大学出版社，2012.
［76］［美］莱斯特·萨拉蒙著，贾西津译.全球公民社会：非营利部门视界［M］.北京：社会科学文献出版社，2014.

三、期刊

［1］王卫平.论中国古代慈善事业的思想基础［J］.江苏社会科学，1999（02）.
［2］王君南.基于救助的社会保障体系——中国古代社会保障体系研究论纲［J］.山东大学学报（哲学社会科学版），2003（05）.
［3］沈杰.志愿精神在中国社会的兴起［J］.中国青年政治学院学报，2009，28（06）.
［4］余逸群.志愿服务与大学生社会主义核心价值观培育［J］.马克思主义学刊，2016（03）.
［5］邵建朝，周照.大学生在志愿服务中践行社会主义核心价值观［J］.山东农业工程学院学报，2017，34（04）.
［6］姜长宝，任俊霞.志愿服务：大学生践行社会主义核心价值观的有效载体［J］.思想理论教育导刊，2016（03）.

[7] 张伟娟. 刍论完善志愿服务活动与培养大学生社会主义核心价值观 [J]. 理论导刊，2014 (08).
[8] 高山. 以社会主义核心价值观引领大学生志愿服务工作 [J]. 国家教育行政学院学报，2014 (12).
[9] 张育民. 核心价值观引领高校精神文明建设的志愿服务体系构建 [J]. 晋中学院学报，2018 (2).
[10] 张耀灿. 关于弘扬志愿精神的几个问题 [J]. 思想政治教育研究，2011，27 (05).
[11] 代倩. 志愿精神对当代大学生公民意识的培育及思想政治教育意蕴 [J]. 北京教育，2013 (3).
[12] 佘双好. 思想政治教育领域的开拓与创新——读《当代中国志愿精神的培养研究》[J]. 思想教育研究，2014 (4).
[13] 李月娥，安建等. 试探大学生社会主义核心价值观教育的系统化与生活化 [J]. 中国成人教育，2010 (01).
[14] 赵有田，李丹等. 在大学生中加强社会主义核心价值体系教育 [N]. 光明日报，2010-01-07, (007)
[15] 沈娇. 对志愿服务在大学生社会主义核心价值观培育实践中存在问题的调查研究 [J]. 长春教育学院学报，2015 (20).
[16] 宋志强，范红雨. 近五年大学生社会主义核心价值体系认同研究述评 [J]. 思想理论教育导刊，2012 (8).
[17] 林培雄，王玉周. 社会主义核心价值观根在实践 [J]. 求是，2013 (10).
[18] 邓剑刚. 大学生社会主义核心价值观培育路径探析——以志愿服务为载体 [J]. 领导科学论坛，2015 (21).
[19] 梁绿琦，纪秋发. 国外及港台地区志愿服务的经验与借鉴 [J]. 中国青年研究，2011 (11).
[20] 黄富峰. 论志愿者精神的伦理内涵 [J]. 东岳论丛，2009 (5).
[21] 侯芸芸. 浅析亚当·斯密的行为合宜性思想及其对道德教育的启示 [J]. 山西青年，2017 (1).
[22] 陈月兰. 志愿服务的思想渊源 [J]. 科技信息：科学·教研，2008 (13).
[23] 张勤. 创新社会治理体系中的志愿者行动及其价值 [J]. 中共浙江省委党校学报，2014，30 (04).
[24] 唐文清，张进辅. 中外价值观研究述评 [J]. 心理科学，2008 (03).
[25] 毕丽娜，李忠华. 志愿者活动在提升大学生社会责任感中的作用 [J]. 人民论坛，2014 (02).
[26] 吴秉健. 国外中小学公民道德价值观培养研究综述 [J]. 中小学信息技术教育，2014 (Z1).
[27] 薛德震. 马克思主义是科学性与价值观的统一——为《共产党宣言》发表160周年而

作［J］. 马克思主义与现实，2008（3）.
［28］张建云. 马克思“价值”范畴的深层解读［J］. 马克思主义研究，2016（09）.
［29］姜泽廷. 志愿服务价值与马克思主义人的价值理论的联系［J］. 北京交通大学学报（社会科学版），2012，11（02）.
［30］王久高. 社会主义核心价值观的生成与内涵［J］. 中国特色社会主义研究，2014（8）.
［31］胡锦涛. 在中央人口资源环境工作座谈会上的讲话［N］. 人民日报，2004-03-11，（002）.
［32］高国希. 马克思人的自由全面发展理论与社会主义核心价值观［J］. 中州学刊，2007（6）.
［33］李国荣. 现代志愿服务行为的理论基础研究［J］. 中国青年研究，2009（1）.
［34］赖新民，刘玉生. 坚持共产党人为人民服务的价值观［J］. 泉州师专学报，1998（S1）.
［35］桑运川. 大学生青年志愿者活动的实践与思考［J］. 党政干部论坛，2006（3）.
［36］冯宁，邵子剑. 高校校园志愿文化的建构培育与发展［J］. 北京教育（高教），2016（01）.
［37］元竹. 国外志愿服务的发展［J］. 社区，2005（8）.
［38］牛云平. 爱国的含义具体而切身［N］. 人民日报，2014-11-05，（007）.
［39］宋西雷. 人类共同价值追求与社会主义核心价值观的建构［J］. 华北电力大学学报（社会科学版），2013（3）.
［40］王艳丽，周国栋. 论中国特色社会主义核心价值观的内涵［J］. 山东社会科学，2007（12）.
［41］戴维书. 志愿服务对社会主义核心价值观培育的意义［J］. 教育界：高等教育研究，2013（30）.
［42］徐丽葵. 国外青少年核心价值观教育的经验借鉴及其对我国的启示［J］. 吉林省教育学院学报，2016，32（1）.
［43］王芳. 中外大学生志愿服务比较研究［J］. 化工高等教育，2000（03）.
［44］谌宪伟，彭志庭等. 美国纳税志愿服务运作机制简介［J］. 国际税收，2016，（01）.
［45］董轶文，姜相志. 澳大利亚青少年价值观教育［J］. 思想政治教育研究，2008（4）.
［46］牛海，李江，夏小华. 日本价值观教育服务于本国发展的方式探究［J］. 上海理工大学学报（社会科学版），2015（01）.
［47］江泽全. 英国志愿服务发展及对中国的启示［J］. 广东青年干部学院学报，2004（03）.
［48］周利方，沈全. 国外核心价值观建设的实践类型及启示［J］. 全球视野，2011（11）.
［49］李晗，郑凌冰等. 大学生志愿服务评价国际比较研究［J］. 思想教育研究，2015（05）.
［50］李勃. 国内外青年志愿者工作机制比较研究［J］. 中国青年研究，2009（04）.
［51］张勖. 大学生参与志愿服务长效机制研究——中美比较的视角［J］. 中国高教研究，2009（12）.
［52］高嵘. 当代中国志愿服务发展历程与特征［J］. 理论导刊，2013（5）.

[53] 高彦君. 大学生志愿服务对策研究——以保定为例 [J]. 中国成人教育，2011 (14).

[54] 邓清华. 大学生志愿服务活动机制初探 [J]. 学校党建与思想教育，2010 (19).

[55] 于琳. 大学生志愿服务调查：以山东大学为例 [J]. 重庆社会科学，2012 (02).

[56] 王顺茗，张华胜. 浅析大学生志愿服务活动的特征 [J]. 科教导刊 (上旬刊)，2010 (10).

[57] 谈杰. 国内大学生志愿服务研究述评 [J]. 陕西青年管理干部学院学报，2007 (04).

[58] 宋来，钱嫦萍. 大学生参与志愿服务活动的价值研究 [J]. 青年探索，2008 (05).

[59] 王晓斌，宋喆，胡凤飞. 大学生志愿服务的理论与实践 [J]. 学理论，2011 (29).

[60] 融燕，詹瞻. 对大学生参加志愿服务的思考 [J]. 北京电子科技学院学报，2007 (15).

[61] 顾洪英. 充分发挥志愿服务在大学生思想政治教育中的载体作用 [J]. 思想理论教育导刊，2014 (06).

[62] 李媛媛. 浅析大学生志愿服务活动中存在的问题 [J]. 商业经济，2010 (03).

[63] 卓高生，李昱熹，陈瑞洋. 大学生志愿服务现状调查及对策 [J]. 河南科技学院学报，2014 (11).

[64] 王宏. 大学生志愿服务现状调查报告 [J]. 工业技术与职业教育，2013 (04).

[65] 龙永红，吴晓东. 大学生志愿服务：问题、动力及其激励 [J]. 青年探索，2011 (05).

[66] 黄艳. 当代大学生志愿服务现状、问题与对策 [J]. 高等农业教育，2014 (02).

[67] 刘海春，姚岱虹. 社会治理视域下大学生志愿服务长效机制构建 [J]. 思想教育研究，2014 (06).

[68] 王民忠，狄涛. 论大学生志愿服务长效机制的构建 [J]. 思想理论教育导刊，2013 (10).

[69] 陈曦，潘小俪，刘晓东. 构建大学生志愿服务长效机制，加强和改进大学生思想政治教育——北京科技大学实践类课程《大学生志愿服务》的建设和探索 [J]. 思想教育研究，2009 (08).

[70] 邱秋云，李义丰. 论大学生社会主义核心价值观的培育——以志愿服务活动为载体 [J]. 长春工业大学学报 (高教研究版)，2013 (01).

[71] 安国启，曹凯. 论青年志愿服务对我国社会发展的作用 [J]. 中国青年研究，2002 (01).

[72] 陈成文，高小枚. 从志愿精神的功能看北京奥运青年志愿服务 [J]. 陕西青年管理干部学院学报，2006 (03).

[73] 丁元竹. 志愿精神是公民社会的精髓 [J]. 人民论坛，2008 (08).

[74] 邓国胜. 中国志愿服务发展的模式 [J]. 社会科学研究，2002 (02).

[75] 何海燕. 大学生志愿服务体系分析及发展路径思考 [J]. 思想理论教育，2014 (03).

[76] 江汛清. 中外志愿服务比较 [J]. 青年研究，2003 (01).

[77] 祝灵君. 志愿者组织、志愿精神与政党领导 [J]. 中共中央党校学报，2005 (3).

[78] 刘珊. 大学生志愿服务：动机、类型及问题 [J]. 陕西青年干部管理学院学报，2005

（02）.
［79］方苏. 以大学生志愿服务活动为载体推进高校德育工作创新［J］. 吉林省教育学院学报，2014（02）.
［80］李勇军，陆金亮. 西方第三部门的兴起及其对我国发展第三部门的启示［J］. 成都行政学院学报，2002（10）.
［81］李文娴，傅建明. “自爱”到“道德”——卢梭道德情感的线索及启示［J］. 教育现代化，2014（1）.
［82］沈杰. 志愿精神社会动员与人本化行动的新能源［J］. 北京观察，2008（07）.
［83］方敏. 启蒙何以走向自我毁灭——哈贝马斯对《启蒙辩证法》的解读与反思［J］. 牡丹江师范学院学报（哲学社会科学版），2015（01）.
［84］陶倩，刘海云. 志愿精神的德性分析［J］. 上海大学学报（社会科学版），2008（01）.
［85］谭建光. 全球化与中国青年志愿服务的发展［J］. 北京青年政治学院学报，2004（09）.
［86］谢玲丽. 美国社区中的非政府组织［J］. 探索与争鸣，1998（06）.
［87］黄金结. 近代以来中国志愿服务的变迁研究［J］. 青年探索，2016（4）.
［88］许亚玲. 浅析志愿精神在中国得以发展的基础［J］. 唐山师范学院学报，2004（11）.
［89］祝小迁. 大学生志愿服务长效机制建设研究［J］. 科教导刊，2011（31）.
［90］刘珈含. 社会思潮对大学生思想行为的影响及对策［J］. 吉林省教育学院学报，2013（29）.
［91］张晓红，张海涛. 后奥运时代志愿精神的大学延伸——大学生志愿服务与社会性发展［J］. 教育学术月刊，2008（11）.
［92］胡凯，杨欣. 论大学生志愿服务的思想政治教育功能［J］. 思想教育研究，2010（02）.
［93］王亚科. 美国大学生志愿服务的成功经验及其启示［J］. 产业与科技论坛，2010（05）.
［94］祝小迁，窦贤琨. 近十年来我国大学生志愿服务研究综述［J］. 当代教育论坛，2012（02）.
［95］王泓. 大学生志愿服务的社会支持与保障状况分析［J］. 思想理论教育，2012（17）.
［96］黄巧荣. 大学生志愿精神的培育与弘扬［J］. 当代青年研究，2012（3）.
［97］曾琰. 公共精神：志愿精神培育的内核［J］. 思想理论教育，2012（15）.
［98］彭海. 大学生志愿服务的思想政治教育意蕴［J］. 思想政治教育研究，2011（8）.
［99］阚宝涛. 大学生志愿精神培育问题研究［J］. 山东青年政治学院学报，2012（5）.
［100］顾晓静. 自媒体环境下巩固马克思主义在高校意识形态领域的指导地位［J］. 华北水利水电学院学报（社会科学版），2014，30（2）.
［101］侯华莉. 当代大学生价值观形成机制研究［J］. 安徽职业技术学院学报，2013，12（4）.
［102］黄树光.《马克思主义基本原理概论》教材体系化研究［J］. 唐山学院学报，2013，26（4）.
［103］路向峰. 人学视域中的“为人民服务”思想［J］. 唯实，2012（4）.

[104] 敬芳. 论当代大学生“为人民服务”思想的践行 [J]. 齐齐哈尔师范高等专科学校学报，2013（5）.
[105] 张猛. 论人与自然辩证关系下的绿色消费 [J]. 时代报告（学术版），2013（3）.
[106] 冯鹤玉. 加强大学生社会主义荣辱观教育刍议 [J]. 长春教育学院学报，2011（12）.
[107] 王国麟. 学习和践行社会主义核心价值观 [J]. 贵州社会主义学院学报，2014（2）.
[108] 蓝善康. 大学生社会主义核心价值观教育的意义 [J]. 浙江青年专修学院学报，2012（2）.
[109] 邓礼坤. 浅析大学生价值观教育的意义 [J]. 高教研究，2004（1）.
[110] 李松林. 深刻认识培育和践行社会主义核心价值观的重大意义 [J]. 思想理论教育导刊，2014（7）.
[111] 林蔚华. 构建大学生志愿者活动长效机制的探究 [J]. 泉州师范学院学报，2012，30（2）.
[112] 刘余莉. 中华优秀传统文化与“中国梦”[J]. 精神文明导刊，2014（1）.
[113] 任云兰. 西方慈善救济思想在近代中国的传播与影响分析 [J]. 天津大学学报（社会科学版），2007，9（5）.
[114] 陈桦. 中国社会救助活动的近代转型 [J]. 学术月刊，2007（12）.
[115] 古正. 内蒙古：树立正确价值观 [J]. 长安，2012（8）.
[116] 邓亮. 我国志愿服务立法亟待解决的问题分新 [J]. 决策与信息，2011（3）.
[117] 李飞龙. 中国人民救济总会和建国初期的社会救济 [J]. 兰台世界，2012（25）.
[118] 魏娜. 我国志愿服务发展：成就、问题与展望 [J]. 中国行政管理，2013（7）.
[119] 王建新. 我国现代志愿服务研究述评 [J]. 南方论刊，2011（12）.
[120] 宁靖姝. 在志愿服务活动中培养大学生的社会责任感 [J]. 产业与科技论坛，2012（16）.
[121] 荣文婷. 大学生志愿服务文化的思想政治教育功能探析 [J]. 江苏技术师范学院学报，2013（3）.
[122] 程渝，韩文华. 大学生社会主义核心价值观的培育与践行 [J]. 改革与开放，2014（4）.
[123] 周井娟. 在校大学生持续参与志愿服务的意愿及影响因素分析 [J]. 学理论，2013（33）.
[124] 许阳. 谈大学生主流意识形态教育 [J]. 重庆科技学院学报（社会科学版），2011（16）.
[125] 邱琳. 英国学校价值教育的方法 [J]. 比较教育研究，2011（11）.
[126] 王凤梅，梅宗奇，刘海龙. “国家教育”：全球化时代新加坡思想政治教育的新维度 [J]. 扬州大学学报（高教研究版），2012（06）.
[127] 陈素文. 比较与借鉴：中外青年志愿服务现状透视 [J]. 山西青年管理干部学院学报，2008（03）.

[128] 王璐，尤铮. 英国传统文化教育研究 [J]. 比较教育研究，2014 (06).
[129] 吴雪萍，张程. 促进社会和谐的英国公民教育 [J]. 教育发展研究，2007 (11).
[130] 朱莉玲，王媛媛，谭建光. 国际视野下的中国志愿组织发展 [J]. 中国青年政治学院学报，2012 (05).
[131] 苏小波. 美国体育志愿服务的激励机制及其启示 [J]. 周口师范学院学报，2013 (02).
[132] 滕素芬. 海外志愿服务成功经验对我国的启示 [J]. 中国青年研究，2011 (05).

四、硕博论文

[1] 黄晓辉. 大学生志愿者活动管理创新研究 [D]. 福州：福建师范大学，2010.
[2] 牛雅林. 当代中国志愿服务现状研究 [D]. 临汾：山西师范大学，2013.
[3] 张军. 价值的存在论基础 [D]. 北京：北京师范大学，2011.
[4] 徐帅. 中国特色志愿服务体制研究 [D]. 北京：北京交通大学，2017.
[5] 白宏亮. 中美大学生志愿服务比较研究 [D]. 哈尔滨：东北林业大学，2009.
[6] 姜蕊. 当代大学生志愿精神培育研究 [D]. 锦州：渤海大学，2015.
[7] 高娱. 大学生志愿服务的思想政治教育功能及其实现途径 [D]. 西安：陕西师范大学，2012.
[8] 于红霞. 大学生志愿服务的德育功能及实现 [D]. 延吉：延边大学，2012.
[9] 黄艺. 以志愿服务为载体的大学生思想政治教育研究 [D]. 金华：浙江师范大学，2012.
[10] 马思宇. 大学生志愿服务精神缺失及其培育研究 [D]. 长春：长春理工大学，2014.
[11] 梅霞. 高校大学生志愿者服务相关问题研究 [D]. 武汉：华中农业大学，2014.
[12] 沈丹. 大学生志愿服务的思想政治教育价值研究 [D]. 上海：上海师范大学，2014.
[13] 郑金凤. 大学生志愿服务的实践育人功能及其实现路径研究 [D]. 福州：福建师范大学，2014.
[14] 肖海珍. 大学生志愿服务活动的思想政治教育作用发挥状况及其对策 [D]. 武汉：华中师范大学，2012.
[15] 魏立娟. 大学生志愿服务的"育人价值"与实践路径 [D]. 兰州：兰州理工大学，2012.
[16] 李壮. 大学生参与志愿服务的问题与对策研究 [D]. 武汉：武汉科技大学，2015.
[17] 张树琼. 大学生志愿服务激励机制构建研究 [D]. 上海：华东师范大学，2015.
[18] 黄小玲. 大学生志愿服务的德育功能研究 [D]. 南昌：南昌大学，2013.
[19] 徐玉钦. 大学生志愿服务作为思想政治教育实践方式的有效性研究 [D]. 兰州：兰州大学，2013.
[20] 阚宝涛. 大学生志愿精神培育研究 [D]. 济南：山东师范大学，2012.
[21] 白宏亮. 中美大学生志愿服务比较研究 [D]. 哈尔滨：东北林业大学，2009.

［22］邓文英. 论当代大学生志愿精神的培育［D］. 长沙：中南大学，2010.
［23］胡飞飞. 新时期大学生志愿精神的培育探析［D］. 上海：华东师范大学，2013.
［24］姜丹. 大学生志愿服务精神培育研究［D］. 大连：大连理工大学，2009.
［25］王倩. 当代大学生价值观教育中志愿精神培育研究［D］. 锦州：辽宁工业大学，2013.
［26］郑朝静. 大学生志愿精神培育研究［D］. 福州：福建师范大学，2012.
［27］张墨亮. 美国志愿服务的发展动力研究［D］. 南昌：南昌大学，2015.
［28］王志秀. 和谐社会构建中的大学生思想政治教育研究［D］. 秦皇岛：燕山大学，2011.
［29］韩宝磊. 我国慈善组织筹资方式研究［D］. 福州：福建师范大学，2010.
［30］曾桂林. 清末民初的慈善事业与社会变迁（1895-1928）［D］. 长沙：湖南师范大学，2002.
［31］杨倩. 试析现阶段我国慈善事业的发展［D］. 成都：西南财经大学，2007.
［32］袁阳. 思想政治教育视野下的北京精神培育研究［D］. 北京：中国矿业大学，2015.
［33］镇琴琴. 国外核心价值体系建设的经验与启示——以美国、日本、新加坡和瑞典为例［D］. 武汉：华中师范大学，2009.

五、外文译著

［1］Barker，R.L，The Social Work Dictionary. New York：National Association of Social Work，1998：.
［2］Dunn，P.C，Volunteer management. In Encyclopedia of Social Work（19th），1995.
［3］Clary E G，Snyder M，Ridge R D，Copeland J，Stukas A A，Haugen J，Miene P，Understanding and assessing the motivations of volunteers：a functional approach［J］. Journal of personality and social psychology，1998，74（6）.
［4］Kluckhohn C，Values and Value Orientations in the Theory of Action an Exploration in Definition and Classification/Parsons T，Shiles EA［J］. Toward a General Theory of Action Cambridge，America，Howard University Press，1951.
［5］Rokeach M，The Nature of Human Values［M］. New York，New York Free Press，1973.
［6］Steven Hitlin，Jane Allyn Piliavin，Values：Reviving a Dormant Concept［J］. Annual Review of Sociology，2004（30）.
［7］Super.D.E，A Life-Span，Life-Space Approach to Career Developmen［J］. Journal of Occupational Psychology，1980，（52）.
［8］Hofstede，G，Cultural Relativity of the Quality of Life Concept［J］. Academy of Management Review，1984（9）.
［9］Schwartz .S，H.，Bilsky，W.，Towards a Universal Psychological Structure of Human Value［J］. Journal of Personality and Social Psychology，1987（53）.
［10］Joseph M. Paxton，Joshua D. Greene，Moral Reasoning：Hints and Allegations［J］. Topics in Cognitive Science，2010.

[11] David Portent, Getting to the 21st Century: Voluntary Action and Global Agenda [M].West Hartford: Mariana Press, 1990.

[12] Peter Grafter, Personal Services in the Industrialize economy: Adding Nonprofits Toto Welfare Mix [J]. Sociopolitical & Administration, 2004 (5).

[13] Susanne Menzies, Economic Analysis of Volunteers Motivations—Countryside [J]. The Journal Economics, 2006 (3).

[14] Walter O. Simmons, Rosemarie Amanuensis Are Volunteers Substitute for Paid Aborigine Nonprofit Organizations [J]. Journal of Economics and Business, 2010 (1).

[15] Gao Z, Inspiration of Britain value education to China [J]. Compar-active Education Study, 2011.

[16] Terence Lovat, Evil Clement, Kerry Dally, Ronald Tome, Values education as holistic development for all sectors: researching for effective pedagogy. Oxford Review of Education, 2010.

[17] Hewitt, W, Mallow's Hierarchy of Needs. Educational Psychology Interactive, 2007.

六、网站

[1]“中华人民共和国中央人民政府”网址：http://www.gov.cn/.

[2]“人民网”网址：http://www.people.com.cn/.

[3]“新华网”网址：http://www.xinhuanet.com/.

[4]“中国青年志愿者”网址：http://www.zgzyz.org.cn/.

[5]“中国文明网”网址：http://www.wenming.cn/.

[6]“上海志愿者网”网址：http://www.volunteer.sh.cn/.

[7]“中国青年志愿者网”网址：http://www.zgzyz.org.cn/.

[8]“中国共青团网”网址：http://www.ccyl.org.cn/.

[9]“志愿北京”网址：http://www.bv2008.cn/.

[10]“北京社会建设网”网址：http://www.bjshjs.gov.cn/.

[11]“北京共青团”网址：http://www.bjyouth.gov.cn/.

[12]“北京市社会组织公共服务平台”：http://www.bjsstb.gov.cn/

附录一：大学生志愿服务中价值观培育问题调查问卷1

亲爱的同学：

您好！

这是关于“大学生志愿服务中价值观”培育现状的问卷调查，我们保证本次问卷只是作为相关研究的依据，不会向社会公布，请您如实回答。谢谢您的参与和支持！

一、基本信息

1. 请问您的性别是〔单选〕：

A 男　　B 女

2. 您来自农村还是城市〔单选〕：

A 农村　　B 城市

3. 您的政治面貌是〔单选〕：

A 党员　　B 团员　　C 群众　　D 其他

4. 您目前所处的学习阶段〔单选〕：

A 本科在读　　B 硕士在读　　C 博士在读　　D 其他

5. 您参加过志愿服务吗？〔单选〕：

A 有　　B 没有

二、主体问卷

(一) 大学生志愿服务中价值观内容认知倾向的调查

1. 以下哪些内容是社会主义核心价值观的具体内容？

A 富强　　B 民主　　C 文明　　D 和谐

E 自由　　F 平等　　G 公正　　H 法治

I 爱国　　G 敬业　　K 诚信　　L 友善

您如果认为还有其他内容，请留下您的观点：

2. 您认为大学生志愿服务与社会主义核心价值观的关系如何？

A 社会主义核心价值观完全呈现在大学生志愿服务中

B 社会主义核心价值观部分呈现于大学生志愿服务中

C 两者之间没有什么联系

D 不清楚

3. 您认为是否树立社会主义核心价值观，对志愿服务效果所起的作用是什么？

A 决定作用　　B 关键作用　　C 没有作用

4. 请结合志愿服务活动将下列 12 个词语的重要性由高到低进行排序：

“文明礼貌”（　　）“诚信意识”（　　）“团结协作”（　　）

“自立能力”（　　）“人文素养”（　　）“责任意识”（　　）

“集体观念”（　　）“不求回报”（　　）“自由参与”（　　）

“利于社会”（　　）“创新精神”（　　）“勤俭节约”（　　）

5. 您认为大学生在志愿服务中有正确的价值观吗？

A 有较好的志愿服务价值观，而且能做到知行合一

B 有较正确的志愿价值观，但需要社会的理解与培育

C 志愿价值观不明显，没有服务社会、利他的动力

D 基本没有树立志愿价值观，更多只关注自身的发展

E 其他______________________________

6. 您认为大学生志愿服务中的价值观包含下列哪些？

A 自由、平等、公正、法治

B 富强、民主、文明、和谐

C 爱国、敬业、诚信、友善

7. 您认为志愿服务中价值观培育有什么作用？

A 有利于大学生综合素质的提高，形成健全人格

B 有利于传承和弘扬中华民族优秀传统文化

C 树立爱国奉献友善责任的新风气

D 有利于和谐社会、和谐校园建设

E 缓和社会矛盾、维持安定局面

F 作用不大

G 其他

8. 您觉得大学生志愿服务中价值观体现了什么？

A 社会的需求和认同，是社会发展的第三方力量

B 大学生自我需要

C 服务者与被服务者都得益

D 其他

9. 在大学生志愿服务中树立价值观带来的影响是什么？

A 积极的　　B 消极的　　C 没有影响

10. 您认为价值观对志愿服务的影响有哪些？

A 影响着志愿服务的实践

B 影响着学生素质的培养

C 没有影响

11. 您认为社会主义核心价值观是否会影响您在志愿服务中的自由发挥？

A 会

B 会，但能协调好之间的关系

C 不会

12. 您希望您的志愿团队在志愿服务中都有坚持社会主义核心价值观吗？

A 希望　　B 不希望　　C 无所谓

13. 在大学生志愿服务中您有一个构建价值体系的愿望吗？

A 很强烈　　B 有　　C 没有

14. 您认为大学生志愿服务中价值观的培育对学校教育会带来什么作用？

A 基础作用　　B 促进作用　　C 没有作用

15. 对于西方文化中的公益价值观念，您的看法是什么？

A 部分认同　　B 完全不认同　　C 完全认同，因为价值观无国界

（二）大学生志愿服务的认知及态度调查

1. 您对大学生志愿服务中诸如价值观、志愿者、志愿服务等相关的词语涵义领会的理解程度是？

A 非常了解　　B 比较了解　　C 一般　　D 不了解

2. 您对志愿者的评价是什么？

A 傻瓜　　B 故意作秀　　C 爱心天使　　D 宗教信仰

E 热衷公益

3. 您认为大学生志愿服务应当是什么？

A 无偿服务　　B 应当得到补贴

4. 您认为大学生志愿服务是形象工程吗？

A 是　　B 不是　　C 不好说

5. 您是如何看待大学生志愿服务的？

A 发展社会公益的好渠道　　B 能够帮助到弱势群体

C 促进社会和谐　　D 纯粹是搞形式

6. 您听说过青年志愿者协会吗？

A 知道　　B 不知道

7. 您对加入大学生志愿者的报名流程了解吗？
A 非常了解　　B 不太了解
8. 您对于志愿服务的态度？
A 主动参加　　B 只在有时间的时候参加
C 学校的要求下参加　　D 能躲就躲
E 从不参加
9. 您参加过以下哪些志愿服务项目？（多选）
A 大型活动志愿服务　　B 社会公益志愿服务
C 依托专业的志愿服务　　D 其他类型志愿服务
10. 您在参加志愿服务之前有没有参加过相应的培训？
A 接受过系统的培训
B 接受过临时性的培训
C 从未接受过培训
11. 您参加志愿服务的原因是什么？
A 帮助有需要的人　　B 充实自己的生活并实现自我价值
C 发挥自己的潜能和特长　　D 增加社会见识
E 结交志同道合的朋友　　F 为以后就业打下基础
G 为了完成学校交给的任务　　H 受周边人的影响
I 其他
12. 您认为参加志愿服务有什么作用（多选）？
A 实现自我价值　　B 履行社会责任
C 利于专业学习和职业发展　　D 拓宽朋友圈
E 对公益有了一定的了解　　F 综合素质不错
G 占用太多时间，影响学习　　H 形式大于实际意义
I 对个人成长无明显作用　　J 各方面能力不足，有很大提升空间
13. 您不能参加志愿服务的原因？
A 没有空闲　　B 不清楚报名流程
C 不敢保证自己能长期坚持　　D 不大感兴趣
14. 您所在院校有专业的志愿服务社团并且经常开展工作吗？
A 有　　B 经常开展　　C 不太了解
15. 你认为在大学生志愿服务中是否实现了社会价值和个人价值的统一？
A 总能实现　　B 偶尔实现　　C 不能实现

（三）大学生志愿服务中价值观判断抉择能力的调查

1. 当今社会总体上是否是公平正义型的社会？
A 是　　B 基本是　　C 存在着诸多不公平现象

2. 在公共场合看到不符合社会主义价值观的谋利行为，您会怎么办？

A 和自己无关

B 可能会私下告诉利益受损者

C 果断制止

D 看情况而定

3. 对于大学生志愿服务中以权谋私的不良风气，您怎么看？

A 看不惯，但无能为力

B 想阻止，改变这些不良风气，但不知怎么去做

4. 将来走向社会，您手中有了一定权力，您会怎么做？

A 会在公平正义的原则下行使权力

B 可能会将权力转化为谋取个人利益的手段

C 公私兼顾

D 各种选择都会有，但是都不会太过分

5. 在志愿服务中您的团结协作能力如何？

A 和同学相处良好

B 无论思想差异如何能够和同学间保持融洽

C 不融洽

6. 在与同学一起的志愿服务中是否可以共享自己的成绩？

A 可以

B 一起共事可以，但自己的成绩属于自己

C 自己更喜欢做“独行侠”，不喜欢协作的模式

7. 您认为个人利益和集体利益是统一的关系，还是相冲突的？

A 统一的关系

B 个人在社会发展中不应该受到约束

C 理论上是统一的，现实中不一定

D 不清楚

8. 在个人利益和集体利益的冲突中你的看法是？

A 个人服从社会

B 以个人为主

C 具体情况具体分析

9. 您认为自我实现与奉献社会的关系是什么？

A 奉献的同时，满足自己

B 只考虑自己的发展

C 只求奉献，不求回报

10. 您是否具备并且会在一定的信仰中去实现社会帮扶中的信念？

A 是　　　　　　　　B 不清楚

11. 您是否相信自身能够做到在社会奉献中对涉及价值观念的问题进行评判，自己心里已经具备了评判是非的标杆，不会受到他人和环境的左右？

A 是　　B 不清楚

12. 对部分大学生在志愿服务中的功利思想您怎么看？

A 为了就业，可以理解

B 比不参加的好

C 非常反对

13. 您如何看待大学生追求名利的行为？

A 大学生不应以追名逐利为目标

B 大学生追名逐利的行为不应受到约束

C 不清楚

14. 您的知识的汲取主要来自？

A 完全在于本专业知识的学习

B 主要精力在于汲取对社会有用的课外知识

C 自己的知识结构会完全按社会的要求进行调整

15. 您如何看待大学生志愿服务中的投机现象？

A 这是不可避免的现象

B 是正常现象，但自己绝不会参与其中

C 既然不可避免的现象，自己也可以参与其中

D 鄙视这种行为

16. 在大学生志愿服务的过程中，最能纠正自己行为偏差的是？

A 价值观念　　B 法规　　C 宣传引导

17. 关于文明，您的看法是？

A 大部分人具有文明意识　　B 大部分人没有文明意识

C 不管他人，自己讲文明就行　　D 在监督下我会讲文明

E 只对亲人讲文明

18. 您是否会考虑参加或已经参加必须以放弃自己某些切身利益的志愿行动？

A 会考虑　　B 不会考虑

19. 下列对你最重要的一项是，选择三个。

A 财富　　B 职位　　C 荣誉　　D 感情

E 知识　　F 身体　　G 权力　　H 国家

I 成功　　J 其他

20. 您觉得什么是幸福？

A 儿女双全　　B 事业有成　　C 花天酒地　　D 大权在握

E 普通人生　　F 其他

21. 影响您价值观建立最重要的是什么？
A 学校思想教育　　B 家庭教育　　C 社会宣传　　D 朋友同学
22. 您判断人生价值的标准是？
A 对社会贡献的大小　　B 社会地位的高低
C 金钱的多少　　D 说不清
23. 您学习之余想的最多的问题是
A 如何获得较高的社会地位　　B 如何获得更多的金钱
C 怎样做到贡献与获取兼顾
24. 您觉得社会责任体现在哪？
A 为家庭尽力　　B 好好工作
C 遵守法律，有社会公德　　D 关心社会，响应国家号召
E 不偷漏税　　F 积极参军
G 不清楚

（四）大学生志愿服务中价值观接受程度的调查

1. 您觉得做志愿者是否光荣？
A 非常光荣　　B 光荣　　C 一般
2. 您认为大学生在志愿服务中是否需社会主义核心价值观的引导？
A 非常需要　　B 比较需要　　C 一般　　D 不太需要
E 无所谓
3. 您认为在大学生志愿服务中是否有必要树立社会主义核心价值观？
A 非常必要　　B 必要　　C 没有必要
4. 您对大学生志愿服务中价值观的基本看法是？
A 与每个人密切相关，需倡导更需践行
B 这是少数人讨论的问题，与我无关
C 没有必要
D 其他（请留下您的观点）
5. 您认为大学生志愿服务中价值观重要程度如何？
A 非常重要，不可或缺　　B 比较重要
C 一般　　D 无关紧要
6. 您认为大学生志愿服务需不需要在活动中培育社会主义核心价值观？
A 需要，因为大学生志愿服务是培育社会主义核心价值观的载体之一
B 不需要，有自己的奉献行为就行
C 都一样，反正都是爱心，奉献
D 不需要，因为和西方的一样，都是公益行为

7. 在志愿服务中遇到问题时，您会怎么做？

A 要有是非判断能力　　B 趋利避害就可以了

C 只会根据自身利益去判断抉择　　D 不清楚

8. 您觉得西方的自由民主平等的价值观念，对您的行为导向有影响吗？

A 影响很大　　B 有较小影响

C 没有影响　　D 不知道

（五）大学生志愿服务中价值观主动传播程度的调查

1. 您对于自己学校志愿服务的开展和价值观的培育状况了解吗？

A 非常了解　　B 比较了解　　C 不太了解

2. 您是否愿意为志愿服务中价值观的传播尽一份力？

A 非常愿意　　B 比较愿意　　C 一般　　D 不太愿意

E 不愿意

3. 您在志愿活动的宣传过程中

A 很愉悦　　B 比较愉悦　　C 一般　　D 不太愉悦

E 很复杂，说不清

4. 您在志愿服务的宣传咨询中，主动向您询问相关活动内容的人多吗？

A 多　　B 不多

5. 学校在社会服务中宣传力度是否到位，是否提炼出过通俗易懂的价值理念？

A 宣传力度很大，有明确的口号

B 宣传力度很大，只是没有明确的口号

C 宣传力度不大，没有明确的口号

D 没关注过

6. 您是否通过网络获取各种资讯？

A 是　　B 不是

7. 互联网交往是否减弱了您现实交往的能力？

A 是　　B 否　　C 有影响，但不大　　D 没想过这个问题

8. 您是否通过网络获取志愿服务相关信息？

A 是　　B 不是

9. 对自己社会价值取向和人生理想形成的影响排第一位的是？

A 后天知识的学习　　B 宣传的环境　　C 家庭中的长辈

10. 在学校内部对自己社会价值取向和人生理想形成的影响排第一位的是？

A 同学、舍友及其他校友

B 学校的老师

C 各种书本和资料

11. 当您在工作中遇到相关价值理念的困惑时？

A 会向一起共事的人请教

B 会向家里长辈进行请教

C 会向以前的同学舍友请教

D 会向所在企业的管理者或党团组织进行沟通

（六）大学生志愿服务中价值观培育载体的调查

1. 您认为大学生志愿服务中价值观培育仅仅体现在思想政治理论课上，还是在所有学科里都有体现？

A 当然只体现在德育课中

B 不一定，在所有社会学科中都体现

C 不但社会学科体现，自然学科也同样体现

D 没想过这个问题

2. 您认为在学校德育方面，理论、实践和宣传能否互相承接，形成合力？

A 能够承接，从而形成培育合力

B 不能够承接，没有形成培育合力

C 不太清楚

D 无所谓

3. 您认为中华民族传统美德对于现代文明的价值作用？

A 对现代文明社会具有正面积极的作用

B 有作用，但不大

C 对于现代社会是一种桎梏

D 不清楚

4. 您认为开展哪种活动最有利于思想道德建设？

A 道德模范评选和学习实践活动

B 形势政策教育和革命传统文化教育活动

C 送温暖献爱心志愿服务和公益活动

D 百姓宣讲和社会宣传活动

E 其他（请留言说明）

我们的调查结束了，再次向您表示深切的感谢，您对本次调查有什么建议意见和要求，欢迎写在下面。

附录二：大学生志愿服务中价值观培育问题调查问卷 2

大学生问卷

第一部分：单项选择题

1. 您认为学校现在开设的各类思政课程（如思修毛概等）对大学生志愿服务中价值观教育作用怎么样？

A 作用非常大　　B 作用较大　　C 作用不大　　D 没有起到作用

2. 您认为我校的老师是否重视加强对大学生志愿服务中价值观培育？

A 很重视　　B 比较重视　　C 不怎么重视　　D 完全不重视

3. 您认为培育大学生志愿服务中价值观最有效的途径是什么？

A 加强学校教育和家庭教育　　B 加强社会环境建设

C 加强典型的引导示范　　D 积极参与，从自己做起

4. 你们学校是否较为重视政治课或者常开设有关志愿文化的讲座？

A 经常有　　B 偶尔有　　C 没有

5. 您对大学生志愿服务了解吗？

A 了解　　B 简单的了解　　C 不了解

6. 您觉得志愿价值观和雷锋精神有区别吗？

A 有　　B 没有

7. 您参加的志愿活动是主动的吗？

A 主动　　B 任务　　C 其他

8. 家人支持您参加志愿服务活动吗？

A 支持　　B 不知道　　C 不支持

9. 家人反对您参加志愿服务，你会有什么反应？

A 不理　　B 与家人沟通　　C 听家人的

10. 学校经常组织志愿服务的宣传活动吗？

A 经常　　B 偶尔　　C 不组织　　D 不知道

11. 在大学思想政治理论课中有社会主义核心价值观的内容吗？
A 没有　　B 有　　C 不记得
12. 学校提供的志愿服务机会多吗？
A 较少　　B 一般多　　C 很多　　D 较多
13. 您认为大学生志愿服务中价值观宣传效果怎么样？
A 一般　　B 到位
14. 您认为学校的思想政治理论课程怎么样？
A 不同于一般课程，有德育作用
B 有德育知识，无德育作用
C 无德育知识，无德育作用
D 不清楚
15. 您认为思想政治理论课程中的价值观教育到位吗？
A 非常到位　　B 比较到位　　C 一般　　D 比较不到位
E 非常不到位
16. 在参加志愿服务过程中您的专业知识作用大吗？
A 有作用，而且很大　　B 一般
C 不大　　D 没有作用
17. 您认为在大学生志愿服务中价值观培育过程中，有必要和其他课程（包括自然学科）相融合吗？
A 非常有必要　　B 有必要　　C 没必要　　D 不清楚
18. 您对当前培育载体是如何看待的？
A 载体丰富，具有多样性和时效性　　B 载体单一化，套路化，功利化
C 除了课堂不知道有其他载体　　D 不知道什么叫载体

第二部分：任意选择题

1. 您觉得影响大学生树立社会主义核心价值观受哪些因素的影响？（多选）
A 一切向钱看　　B 社会道德滑坡
C 浪费现象　　D 攀比之风
2. 您觉得是什么影响了大学生树立社会主义核心价值观？（多选）
A 腐败现象　　B 西方不良思想
C 学校教育　　D 媒体负面信息
3. 您在志愿服务中不被认可，您会怎么样？
A 失落　　B 继续努力　　C 无所谓

4. 您觉得大学阶段什么最重要？

A 实践机会　　B 提升道德　　C 交朋友　　D 学习
E 其他

5. 什么原因让您参加志愿服务?
A 锻炼自己　　B 真心付出　　C 交朋友　　D 接触社会
E 追求使然　　F 利于就业　　G 新鲜感

6. 您如何看待人生价值的大小?
A 社会贡献　　B 职位大小　　C 社会地位　　D 挣钱多少

7. 对您参与志愿服务活动影响最大的是?
A 朋友同学　　B 家人　　C 偶像

8. 您觉得学校应该采取哪种激励机制?
A 就业激励　　B 入党激励　　C 评奖激励　　D 物质激励

9. 您觉得大学生志愿服务活动受哪些限制?
A 政府的支持不够　　B 社会各界的支持不足
C 媒体的宣传不够　　D 其他

家长问卷

第一部分：单项选择题

1. 您知道大学生志愿服务活动吗?
A 知道　　B 不知道

2. 您是否参加过学校组织的志愿服务活动?
A 是　　B 否

3. 您对孩子有过志愿服务相关方面的沟通吗?
A 有　　B 没有

4. 您愿意让孩子参加志愿服务活动吗?
A 愿意　　B 不一定，看情况　　C 不愿意

5. 您能够在孩子参加志愿服务活动时给予一些指导和帮助吗?
A 不会，因为不懂，有心无力　　B 可以，给他一些经验
C 看情况

6. 您认为家庭教育会对孩子正确价值观念产生影响吗?
A 不会，因为大部分时间都在学校
B 会，家庭也是一个环境
C 不清楚

高校团学部门访谈调查

1. 请问，我们学校现在针对大学生志愿服务都开展了哪些活动?
2. 请问，我们学校现在针对大学生志愿服务中价值观培育问题有哪些举措?
3. 请问，我们学校针对践行社会主义核心价值观有哪些具体措施呢?
4. 您觉得社会主义核心价值观和大学生志愿服务活动的关系如何？怎么理解?
5. 针对作者阐述的大学生志愿服务中价值观培育方面的问题，您有什么看法?